O DESENVOLVIMENTO ESTÉTICO

Blucher

KARNAC

O DESENVOLVIMENTO ESTÉTICO

O espírito poético da psicanálise
Ensaios sobre Bion, Meltzer e Keats

Meg Harris Williams

Tradução
Nina Lira Cecilio

Authorised translation from the English language edition published by Karnac Books Ltd.

O desenvolvimento estético: o espírito poético da psicanálise: ensaios sobre Bion, Meltzer e Keats

Título original: *The Aesthetic Development: The Poetic Spirit of Psychoanalysis: Essays on Bion, Meltzer, Keats*

© 2010 Meg Harris Williams

© 2018 Editora Edgard Blücher Ltda.

Equipe Karnac Books
Editor-assistente para o Brasil Paulo Cesar Sandler
Coordenador de traduções Vasco Moscovici da Cruz
Revisora gramatical Beatriz Aratangy Berger
Conselho consultivo Nilde Parada Franch, Maria Cristina Gil Auge, Rogério N. Coelho de Souza, Eduardo Boralli Rocha

Blucher

Rua Pedroso Alvarenga, 1245, 4º andar
04531-934 – São Paulo – SP – Brasil
Tel.: 55 11 3078-5366
contato@blucher.com.br
www.blucher.com.br

Segundo o Novo Acordo Ortográfico, conforme 5. ed. do *Vocabulário Ortográfico da Língua Portuguesa*, Academia Brasileira de Letras, março de 2009.

É proibida a reprodução total ou parcial por quaisquer meios sem autorização escrita da editora.

Todos os direitos reservados pela Editora Edgard Blücher Ltda.

Dados Internacionais de Catalogação na Publicação (CIP)
Angélica Ilacqua CRB-8/7057

Williams, Meg Harris
    O desenvolvimento estético : o espírito poético da psicanálise : ensaios sobre Bion, Meltzer e Keats / Meg Harris Williams ; tradução de Nina Lira Cecilio. – São Paulo : Blucher, Karnac, 2018.
    320 p.

    Bibliografia
    Título original: *The Aesthetic Development: The Poetic Spirit of Psychoanalysis: Essays on Bion, Meltzer, Keats*
    ISBN 978-85-212-1297-3

    1. Psicanálise 2. Psicanálise e filosofia 3. Estética – Aspectos Psicológicos 4. Bion, Wilfred R. (Wilfred Ruprecht), 1897-1979 5. Meltzer, Donald 6. Keats, John, 1795-1821 I. Título. II. Cecilio, Nina Lira.

18-0271   CDD 150.195

Índice para catálogo sistemático:
1. Psicanálise

Aos meus antepassados

Agradecimentos

Gostaria de agradecer a Irene Freeden, a Dorothy Hamilton e a Neil Maizels por generosamente desviarem a atenção dos seus próprios trabalhos para examinar o meu, permitindo-me corrigir algumas das suas infelicidades; aos colegas que assistiram a série de apresentações que fiz com o mesmo título e cujas participações igualmente ajudaram com esclarecimentos de última hora, especialmente Jonathan Bradley por presidir os encontros; e acima de tudo ao meu marido, Adrian Williams, que, como sempre, lê todas as versões preliminares do livro à medida que elas vão surgindo. Quero agradecer também a Meriel Gold e a Morag Donnelly por suas inspirações no estúdio de desenho de modelo vivo, e a todos os meus modelos maravilhosos.

Agradeço ainda aos editores dos periódicos nos quais as seções deste livro foram primeiramente publicadas: *The British Journal of Psychotherapy*: "Inspiration: a psychoanalytic and aesthetic concept", 14(1), pp. 33-43, 1997; "Psychoanalysis; an art or a science?", 16(2), pp. 127-135, 1999; "The three vertices: science, art, religion", 21(3), pp. 429-441, 2005; "Psychoanalysis as an art form", 25(3), pp. 381-392, 2009; *Encounter*: "'Knowing' the mystery: against reductionism", 67, Junho, 1986, pp. 48-53, jun., 1986; "Looking with the mind: psychoanalysis and literature", 74, maio, pp. 33-38, 1990; *Journal of Melanie Klein and Object Relations*: "The aesthetic perspective in the vii work of Donald Meltzer", *16*(2), pp. 209- -218, 1998; *The Psychoanalytic Review:* "The role of incantation: life drawing as an analogue to psychoanalytic process", *95*(3), pp. 463-472, 2008.

Conteúdo

Introdução	13
1. Psicanálise: uma arte ou uma ciência?	31
2. Conceitos estéticos de Bion e Meltzer	65
3. O domínio do objeto estético	107
4. A Bela Adormecida	165
5. A beleza em movimento	209
6. A psicanálise como uma forma de arte	227
Posfácio: meus antepassados kleinianos	283
Referências	303

Entre a realização e a sua profecia
Vivemos, entre mundos mortos e ainda não nascidos;
O crescimento é o princípio de nossa beleza,
Esforçando-se para falar do sentido interior das coisas...
(*Roland Harris*, "Intervalos da sala de aula")

Um dia os homens aprenderão a pensar
sobre a sanidade como uma conquista estética.
(*Adrian Stokes*, "Vivendo em Ticino")

Introdução

Estamos tão familiarizados com as teorias psicanalíticas que tendemos a esquecer os pontos básicos; tanto é assim, que é difícil dizer quais são os pontos fundamentais. Livres associações – às vezes ouvimos falar da análise de tal maneira que nós pensamos como é maravilhoso o tempo que nós todos estamos tendo, vagando entre as ervas daninhas, arrancando as flores selvagens e bonitas, admirando as silvas, os arbustos, não chegando nem perto de perturbar o sono da Bela Adormecida – a sabedoria que está dormindo em algum lugar no bosque (Bion, 1997, p. 37).

O estudo da "estética" como um modo particular de aquisição de conhecimento começou, formalmente, no final do século XVIII. Ele nunca perdeu sua procedência original grega de estar fundamentado em uma consciência baseada nos sentidos, tão diferente dos procedimentos cognitivos puramente racionais ou analíticos; isto foi de grande importância para manutenção de seu

14 INTRODUÇÃO

lugar no pensamento psicanalítico, no qual desempenha um papel cada vez mais proeminente. Filósofos modernos reconhecem que o estético e o ético – nosso conhecimento íntimo relativo a valores – estão inextricavelmente interligados.[1] O reino da estética na psicanálise começou a ser reconhecido a partir da importância que Bion atribuiu às limitações do nosso conhecimento científico da mente e à necessidade de melhorar nossas ferramentas observacionais para aprender a perceber, e ingerir, a pequena quantidade de conhecimento que é acessível à nossa consciência. Este livro reflete minha própria preocupação, de toda uma vida, em desenvolver as filiações estéticas da psicanálise, e em sugerir, por analogia literária, o tipo de poesia que é inerente ou implícita ao método psicanalítico, bem como as influências poéticas relativas ao seu modelo da mente.

Pode-se considerar que a psicanálise adquiriu uma dimensão estética em três pontos centrais. São eles: o modelo psicanalítico da mente; a natureza do encontro psicanalítico como um processo estético; e a evolução da própria psicanálise como uma ciência-arte. É claro que esses aspectos são interdependentes, mas também é útil manter-se ciente das suas distinções. De acordo com Meltzer, o modelo da mente empregado no *setting* clínico serve como um porto seguro para fenômenos clínicos que já são bem conhecidos, e como um ponto de partida para novos fenômenos que venham a aparecer. É o que torna a observação – e não apenas a interpretação – possível. Em meus próprios escritos anteriores, quando eu tentava combinar as epistemologias da poesia e da psicanálise, concentrei-me nas raízes literárias deste modelo psicanalítico da mente: em particular, a dramatização da luta entre as forças de desenvolvimento e de antidesenvolvimento na busca pelo autoconhecimento. Além disso, gostaria de examinar de forma mais detalhada, neste livro, a segunda dimensão estética – o encontro onírico psicanalítico – e sua relação com algumas formas tradicionais de resposta estética. Os exemplos que fornecerei incluem poemas, pouco ou bastante conhecidos, algumas passagens de apreciação da arte, e uma discussão sobre a prática e filosofia do desenho de modelo vivo (*life-drawing*).[2] Todas essas formas estão fundamentadas no estabelecimento de um diálogo entre duas mentes, em relação a um objeto estético. Bion e Meltzer lamentaram o empobrecido vocabulário disponível à psicanálise para a descrição da realidade psíquica; e o potencial para avançar neste ponto é uma das maiores vantagens da articulação com as formas literárias.

Para contextualizar esta investigação, gostaria de chamar brevemente a atenção para a natureza essencial do modelo psicanalítico moderno, realizando, em seguida, um esboço de algumas das principais características do vasto conhecimento filosófico a partir do qual ele surgiu, pois, assim como Meltzer rememora-nos, a psicanálise tem suas "raízes históricas mais na filosofia e na teologia do que na ciência do século XIX" (1978a, vol. III, p. 94).[*] O desenvolvimento estético no modelo dessa nova ciência permite-nos ver, de forma mais clara, as evidências do seu pertencimento a uma tradição, na verdade, muito antiga, cuja preocupação central é o "conhecer a si mesmo" de Delfos – "apresentar o paciente a si mesmo", como diz Bion.[3] O primeiro passo nessa comunhão interna é o reconhecimento socrático da ignorância. A psique precisa ser construída através da ingestão de pensamentos, e isso torna a saudável imagem do "aprendendo da experiência" tanto mais problemática quanto mais interessante do que somente aquela perspectiva psicopatológica. O desenvolvimento psíquico "normal" não é automático, mas sim algo trabalhado e conquistado

---

[*] O restante deste capítulo está, essencialmente, baseado em "The aesthetic perspective in the work of Donald Meltzer", *Journal of Melanie Klein and Object Relations* (Williams, 1998).

16 INTRODUÇÃO

mediante processo evolutivo. Este é um modelo que torna a psicanálise mais aberta a analogias com modos artísticos de saber, incluindo a "crítica estética" das diversas artes, desde que dependa tanto das capacidades expressivas quanto das autoanalíticas: ou seja, do diálogo interno que ocorre em resposta a um objeto estético, tal como, na terminologia poética tradicional, a Musa.

Bion deu ênfase à natureza da observação psicanalítica e ao observador-observado, e Meltzer acrescentou a isso o método psicanalítico como objeto estético – o objeto fundamental da observação. Nossas reações estéticas, em todas as dimensões, estão fundadas no conhecimento original, e primordial, alcançado a partir da primeira percepção do bebê da beleza do mundo reconhecida na mãe, ou no seio-como-objeto-combinado. "No princípio era o seio e o seio era o mundo" (Meltzer, 1986, p. 204). Assim, o objetivo do encontro psicanalítico passa a ser o de restituir ou remodelar quaisquer questões de desenvolvimento frustrado ou retardado ("equívocos" de Money-Kyrle).[4] Nas palavras de Roland Harris:

> *Growth is the principle of our beauty,*
> *Striving to speak the inward sense of things.*
>
> (Harris, "The schoolroom empties")
>
> *O crescimento é o princípio da nossa beleza,*
> *Lutando para falar do sentido interior das coisas.*
>
> (Harris, "Intervalos da sala de aula")[5]

Essa busca pela reconexão com o *"inward sense"* [sentido interior], que torna a nossa vida bela, é alcançada não através da ação direta por parte do analista, mas por meio da facilitação do contato renovado com as raízes que alimentam a mente do método psicanalítico enquanto um objeto estético. Desenvolvimento frustrado, doença mental, não integração e desintegração – todos podem ser vistos sob uma nova ótica: a do fracasso emocional em manter esse contato estético. O "princípio da beleza" precisa ser restabelecido. Isso muda o foco das mínimas variações que tem a psicopatologia para as misteriosas complexidades da reciprocidade estética, que regula o desenvolvimento ético do indivíduo de uma forma análoga à "inspiração" poética. Esse é o "espírito psicanalítico" que Bion acredita que "persistirá por centenas de anos" (1997, p. 34).

O terceiro aspecto do desenvolvimento estético – a psicanálise como uma ciência-arte em evolução – tem sido o assunto de *The Kleinian Development* e outras obras de Meltzer. Neste sentido, pode-se considerar que as origens modernas da psicanálise tiveram início com o iluminismo e a sua preocupação com a natureza do "homem enquanto um animal que cria símbolos", como descrito por filósofos como Cassirer, Whitehead, Wittgenstein e Langer, e filosoficamente desenvolvido na psicanálise por Money-Kyrle e outros. O padrão geral desse contexto cultural poderia ser resumido como se segue.

Ao final do século XVIII (um período cujos pensadores interessaram, consideravelmente, tanto a Bion quanto a Meltzer), o modelo estático da "Grande Cadeia dos Seres" (*Chain of Being*), sobre a relação do homem com Deus e o universo, estava se desintegrando, e o caminho sendo traçado em direção ao conceito de evolução. A natureza essencial do homem já não era mais concebida em termos de coordenadas fixas de anjos e demônios, mas em termos mais progressistas de fonte ("origem") e direção. Era preciso fazer o homem lembrar-se de suas origens, a fim de redirecioná-lo ao verdadeiro propósito de sua humanidade inata. A nova ênfase era sobre o indivíduo, que precisava ser ensinado a tornar-se ele mesmo – "para seu próprio bem, e não o da sociedade", insistia Rousseau – e, somente então, ele poderia participar construtivamente

18 INTRODUÇÃO

da sociedade, a marcha da humanidade. A pergunta estava feita: o que realmente distingue o homem dos animais? Certamente não é sua fachada de vida civilizada (tal como Swift satirizou através dos Houyhnhyms). Segundo Rousseau, esta era, ao contrário, uma perversão ou um obscurecimento de seus talentos naturais. Assim como o "estado da natureza" proposto pelo autor, surgiram mitos que poderiam formular o mistério da essência da humanidade, e estes se destacaram naquilo que parecia ser sua característica mais distinta: a faculdade da fala.

Neste contexto, a questão relativa às "origens da linguagem" foi intensamente debatida e Dr. Johnson foi o primeiro a reconhecer que a linguagem não era inventável:

> *Uma vez que o homem possui linguagem, podemos conceber a possibilidade de que ele gradualmente a modifique. Quero apenas dizer que inspiração me parece ser necessária para que o homem tenha a faculdade da fala; para informar-lhe de que ele pode falar... (Life of Johnson, de Boswell, citado em Jain, 1991, p. 36)*

Ele percebeu que uma nova perspectiva sobre o debate era necessária. Ao dizer que a linguagem tinha que vir da "inspiração" e não da "invenção", Johnson fez uma distinção, análoga a de Bion, entre o homem "pensante" e o homem "que cria ferramentas" com sua capacidade inteligente de modificar o ambiente. Pensar é doloroso, dizia Bion, não por causa dos resultados, mas porque é, em termos evolutivos, apenas uma função muito recente da matéria animada (Bion, 1980, p. 31). Não é a "verdade" por si só, mas o processo de adquiri-la é estressante, razão pela qual o animal humano é tentado a preferir a ação. Como um primeiro passo no sentido de compreender isso, Johnson percebeu que os signos que poderiam ser manipulados eram, na verdade, de uma ordem diferente do princípio da própria aprendizagem, para a qual apenas o termo poético-religioso "inspiração" era adequado.

O sentido desta indagação resultou em um ressurgimento do interesse em Platão, o pai da filosofia estética; e, mais uma vez, seus mitos foram reinterpretados. Platão era um criador-de-símbolos e concebeu símbolos ulteriores. Apesar de ter banido artistas pelo que considerava tentativas arrogantes de sombrear a realidade (seu próprio distanciamento do conflito estético), ele sempre foi o filósofo dos poetas. Com exceção de Blake, que raivosamente acusou Platão de "refutar a si mesmo", pensadores poéticos geralmente têm ignorado o moralismo de Platão e preferido concentrarem-se na sua estética, a prática de criar mitos. C. M. Woodhouse (1982) deu destaque à plasticidade do platonismo ao longo dos tempos, em oposição ao aristotelismo, que permaneceu um sistema bem mais estável. A relação significativa, mas também problemática, entre beleza e conhecimento foi considerada relevante mais uma vez. Michael Podro escreve como Diderot procurou por "relações" fora da esfera do pensamento proposicional, e por formas de unir sujeito e objeto; do mesmo modo, Kant mostrou a possibilidade de "reflexão sem a obrigatoriedade da cognição". Kant adotou o termo "estética" (originalmente cunhado por Baumgarten, em *Aesthetica*) e tornou-o indispensável desde então; a poesia mostrou que a natureza poderia ser usada como um "esquema para o suprassensível" (Podro, 2003, p. 65). Como consequência, o conceito estético tem sido visto como "carregado de valor por natureza" (ibid., p. 51). Em sua interpretação do platonismo, Kant definiu "razão pura" como um conhecimento estético inseparável da ética, e, poder-se-ia argumentar, que isso sustenta-se como a principal linha de pensamento até os dias de hoje, apesar das várias oscilações em direções tanto da decadência (visões negligentes

20 INTRODUÇÃO

e autoindulgentes da estética) quanto do behaviorismo (noções rígidas, mecânicas, e pseudocientíficas da estética).[6]

Cassirer descreve como o termo "símbolo" foi cunhado por Goethe em resposta à visão kantiana de um "ideal", não como algo distante da realidade, mas como "um momento, um fator no processo da própria experiência" (Cassirer, 1953, p. 74). Em vez de referir-se a algo superior e para além da experiência do momento, ele, na verdade, dá forma e unidade à experiência particular. É "constitutivo" e não "regulador"; "penetra em", em vez de "orientar-se para fora". O conhecimento, que é assimilado diretamente através dos sentidos e fora da manipulação consciente, mantém vínculos com as nossas origens animais, enquanto proporciona, simultaneamente, uma orientação platônica no sentido de formas mais evoluídas – possivelmente, infinitamente evoluídas – de conhecimento.[7]

Coleridge fez uma apropriação entusiasmada da filosofia romântica alemã, disponibilizando-a a todos os escritores ingleses da época (ver Holmes, 1982; Stephenson, 1995): ele fez uma distinção entre as formas "mecânicas" e "orgânicas" de ser e de conhecer, identificando (como Bion o fez com seus "vértices") que era necessário focalizar nas "relações das coisas" e não apenas em um ou outro fator da equação, e afirmando enfaticamente que "uma ideia não pode ser conhecida, a não ser por meio de um símbolo". Os poetas estavam certos de que a maneira pela qual essas ideias éticas pessoais tomavam formas mundanas ou sensuosas[*] e tornavam-se "conhecidas" era um processo estético. Keats

---

[*] No original *sensuous*. Esta palavra foi cunhada pelo poeta Milton na sua famosa definição de poesia: "*simple, sensuous and passionate*". Ao fazer isso, Milton marca uma distinção importante entre as palavras *sensuous e sensual*. Segundo Meg Harris Williams, "ele quis dar ênfase ao impacto direto, e até primitivo, da

fala do "conhecimento de contraste, sentimento de luz e sombra, toda aquela informação (sensação primitiva) necessária para um poema" (carta a Brown, 30 de novembro, 1820; 1970a, p. 398). O primitivo e o poético são extremidades de um único espectro cognitivo, e representam o tipo de conhecimento que não é discutível, mas que, não obstante, é demonstrável – se imprime "na própria pele". Nisto, vemos a gênese da distinção bioniana entre o "conhecer" e o "saber sobre". E Croce, tal como Bion reconheceu, estabeleceu a importância da estética como uma "linguística universal".

Desta forma, a capacidade inata para criar-símbolos – em vez da linguagem, apenas – passou a ser reconhecida como a faculdade que identificava a essência da humanidade. A própria linguagem tinha evoluído de formas pré-verbais de expressão e chegou perto de provar a natureza essencial da formação-do-símbolo (Sparshott, 2004, p. 278). Mesmo assim, levou mais um século para que a confusão entre signos e símbolos, que tinha desorientado o debate das "origens da linguagem", fosse abordada de forma decisiva. No campo da filosofia, isso foi feito por autoras como Langer, que, segundo Meltzer, "concentrou a atenção nos problemas da formação de símbolos, nos sistemas de notação, nos modos de pensamento, nos usos da ambiguidade, no significado dos silêncios, no papel do nível musical *versus* o lexical na comunicação" (1978a, vol. III, p. 21). A capacidade de criar-símbolos é uma função inata da mentalidade humana – como Wittgenstein percebeu – e, portanto, exige realização. Pensar é a consequência lógica da fala, da música, da arte e da dança, e, talvez,

---

linguagem poética, que transpassa o entendimento intelectual e evoca um significado via ritmo e sonoridade". Tanto na língua inglesa como na portuguesa, o termo "sensual" adquiriu uma conotação sexual ao longo do tempo, restringindo a abrangência do seu significado. Tendo em vista que não existe uma correspondência ao termo *sensuous* em português, optou-se pelo neologismo "sensuoso" e seus derivados, como "sensuosidade" (*sensuousness*). [N.T.]

22 INTRODUÇÃO

também, na mesma linha de pensamento, a consequência lógica da psicanálise. Isso delineia o contexto filosófico até o atual interesse pelas qualidades estéticas da transferência-contratransferência. Quando nos voltamos para isto, torna-se claro que o conceito de formação de símbolos ainda não produziu todos os seus efeitos sobre o modelo psicanalítico da mente, e que a ideia da psicanálise como uma experiência estética requer muito mais inteligibilidade, até que possa ter seu lugar reconhecido no centro do modelo moderno. A formação de símbolos, no sentido coleridgeano, é uma função do trabalho clínico e da sua busca pelo significado das experiências emocionais. Mas, como Meltzer frisou várias vezes, Freud e muitos psicanalistas subsequentes usam o termo como sinônimo de "palavra" ou "signo", no sentido mecânico – como em dicionários – de um sistema de referências. Esse não é somente um problema de terminologia, mas de apreciação da natureza e valorização das qualidades estéticas da psicanálise. Ele está relacionado com a explicação apresentada em *The Kleinian Development* (Meltzer, 1978a) sobre a luta interna de Freud entre o clínico e teórico. Na visão de Meltzer, Freud foi prejudicado por sua relutância em abandonar as características explicativas e psicopatográficas de seu modelo. Sua abordagem à lá detetive procurava por "signos" que permitiriam deduzir as raízes anteriores de uma neurose, em vez de de símbolos de uma situação emocional presente, no mundo interior. Em momentos cruciais, diz Meltzer, o "poeta" se apossa do neurofisiologista (ibid., vol. I, p. 27), e o Freud clínico torna-se "um artista trabalhando" capaz de seguir o método e o paciente, e capaz de tolerar não entender o que estava acontecendo (p. 62). Por outro lado, tanto o Freud teórico como o Freud romancista representam aspectos "impositivos" de si mesmo (p. 25). A imposição faz uso da linguagem de signos; a exploração faz uso da linguagem de símbolos.

É significativo que tanto Meltzer como Bion consideraram a psicanálise como uma ciência ainda em sua infância: nesse sentido, haverá muito mais a ser dito no futuro do que podemos dizer agora.

Seu mito de nascimento, na perspectiva Meltzer-Bion, leva a psicanálise a ser "uma coisa-em-si que existia no mundo antes de ser descoberta pelo gênio místico Freud... que lhe deu forma" (ibid., vol. III, p. 104). Esse foi o encontro estético de O com um pensador.[8] Então, como que respondendo às demandas do próprio espírito psicanalítico, Melanie Klein encontrou uma forma inspirada para difundir a trajetória diagnóstica reconstitutiva de Freud. Ela observou os elementos dos mundos internos concretos infantis e suas fantasias existentes, que eram expressas, principalmente, através das brincadeiras, e deduziu que "o simbolismo é a base de todas as aptidões" (Klein, 1930, p. 220). Ou seja, ela observou a formação de símbolo – as origens da mentalidade humana – regenerando-se e redirecionando-se, continuamente, bem ali no processo dinâmico da transferência. O aprendendo-da-experiência psicanalítico começou a convergir com o aprendendo-da-experiência poético e seu modelo subjacente da mente. Até que, finalmente, à época de Bion – ou, como ele diria: "por que finalmente?" (1991, p. 527) – o processo psicanalítico estético passa a assemelhar-se ao "pensamento que se assenta atônito na caverna de Platão" (Meltzer, 1978a, vol. III, p. 2). Parafraseando Mênon de Platão, a alma da psicanálise preexiste, assim como o pensamento que exige seus pensadores para realizá-lo.

Para Meltzer, a ciência embrionária busca um desenvolvimento lógico interno próprio, tal como a "história natural" do próprio processo psicanalítico (1967). Ele diz que essa inevitabilidade interna de evolução é, de fato, sua "fé" (1978a, vol. I, p. 27). Para descrever a evolução de suas "proposições logicamente necessárias", emprestou uma metáfora de Freud, do fio que vai circundando uma guirlanda de flores (ibid., p. 4). No modelo Bion-Meltzer de desenvolvimento, o fio é o espírito poético do "tornar-se" (*becoming*) que leva ao domínio da estética e que Meltzer entendeu como

24 INTRODUÇÃO

constituindo a última categoria da Grade de Bion para categorizar o desenvolvimento dos pensamentos.[9] Não somente as características e preocupações estéticas desempenham um papel cada vez mais proeminente, mas, na verdade, elas tornam-se *logicamente necessárias* para sustentar o desenvolvimento da psicanálise. Na explicação de Meltzer sobre o progresso lógico da psicanálise, o método e o modelo da mente entrecruzam-se e ajustam-se passo a passo em direção à Ideia platônica de psicanálise.

Ao sugerir, portanto, que a psicanálise está entrando em uma fase "estética" de desenvolvimento, ou melhor, de conceituar sua própria ontologia, deve-se haver uma preocupação com a maneira como se modulam os continentes de significados (símbolos), com as sutilezas das "conversas entre objetos internos"[10] enquanto forma de resposta estética, e com os problemas espirituais de relacionar-se com o objeto estético, ao mediar nosso contato com o platônico mundo das ideias. Na visão de Meltzer, artista e cientista nunca foram separados na perspectiva de Bion, em contraste com a de Freud (palestras de 1985; Meltzer, 1994a, p. 523). A única coisa que mudou no discurso de Bion sobre a evolução da psicanálise foi o uso da metáfora, que cada vez mais se alinhou com o mundo da arte e da ficção. Bion compara essa evolução com a forma em que a geometria algébrica fica "implícita" na geometria euclidiana: "que a verdade implícita era uma espécie de Bela Adormecida à espera de ser resgatada... a verdade não tinha sido alterada, ela tornara-se explícita" (2005a, p. 92). Analogamente a Meltzer, Bion fala do pensamento "implícito" de Melanie Klein como algo que existia na sua prática, em vez de na teoria, à espera de uma articulação mais formal (1991, p. 628). Isso novamente se relaciona diretamente à necessidade de considerar a natureza da psicanálise mais próxima de uma forma de arte, dotada de uma capacidade de gerar significados inconscientes, não só sobre os seus sujeitos integrantes, mas também sobre si, como uma ciência evolucionária. Tais significados só podem se tornar formuláveis "séculos à frente".

Bion, enquanto se sentia pessimista em relação à continuidade das ideias de Freud, percebeu a "Bela Adormecida" do "espírito psicanalítico", frequentemente negligenciada por aqueles que circulam ao redor dela no bosque e nas silvas (1997, pp. 34-37).[11] No entanto, as considerações estéticas estão tornando-se cada vez mais formuláveis, portanto, mais amplamente discutidas como uma questão de interesse para a epistemologia psicanalítica em geral, não somente para a pós-kleiniana. É impossível dar atenção abrangente o suficiente para as diversas ligações entre a psicanálise e as artes, que agora estão desenvolvendo-se em formas que vão muito além das substituições dogmáticas do início da "psicanálise aplicada". Ao focalizar-me na obra de Bion e Meltzer, gostaria de aproveitar Money-Kyrle quando ele explica que se concentra nas ideias que ele "acredita serem as mais progressivas, ao custo de talvez perder muitos trabalhos bons que poderiam ser encontrados em outro lugar" (1961, p. 8). Isso alinha-se à visão de Keats, expressa em uma carta a Reynolds datada de 3 de maio de 1818, de que há uma "grande marcha do intelecto", de progressão lógica, construída sobre qualidades estáveis de ideias passadas (Keats, 1970a, p. 96). A minha abordagem própria des-sas ideias pode ser mais bem descrita como a aplicação da poesia à psicanálise do que como a aplicação da psicanálise à poesia, mas apenas no sentido de que a poesia, com seus séculos de experiência em simbolizar questões de mente-para-mente e revelações do tipo que chamamos de "autoanalíticas", pode ajudar a direcionar a atenção para o espírito poético que existe dentro da própria psicanálise, e, assim, melhorar o seu desempenho. Em *Memoir*, Bion debate com [o] "*Myself*" acerca do que Kant quis dizer com [a formulação] "conceitos sem intuição são vazios e intuições sem conceitos são cegas":

26 INTRODUÇÃO

BION: Eu conheço a citação a que você se refere, é claro, mas, foi *isso* que ele quis dizer?

MYSELF: Não tenho ideia do que ele quis dizer, mas eu estou usando os "conceitos" *dele* para combinar com as *minhas* "intuições", pois desta forma posso reunir um conceito e uma intuição, tornando possível sentir que *eu* sei o que *eu* quero dizer. (Bion, 1991, p. 194)

Neste livro, que foi originalmente concebido como uma coleção de ensaios reimpressos, tentei tecer, em uma narrativa coerente, fragmentos do meu trabalho ao longo dos últimos trinta anos, combinando conceitos de Bion e Meltzer com minhas intuições, a fim de entender melhor "o que eu quero dizer". A ideia kantiana, na qual me apoio para unificar o material, é a do método psicanalítico enquanto um objeto estético. Entendo isso como os poetas entendiam a poesia: como uma das muitas "formas divinas", na qual a "ideia do belo" torna-se manifesta.[12] Em tais formas, como disse Meltzer, os aspectos artísticos, apaixonados e científicos da personalidade tornam-se um. Como diz Platão, em seu mito das encarnações da alma, o problema mais difícil é usar a "experiência presente" para "recordar o mundo da realidade"; e, neste contexto, "A alma que mais já viu, entra em um bebê que está destinado a se tornar um caçador de sabedoria ou beleza, ou um seguidor das musas e um amante" (Fedro, 248; Platão, 1975, p. 54).

Notas

1. Contudo, isto é interpretado de diversas formas. Às vezes, o "ético" é simplesmente aplicado ao assunto ou tema de uma obra de arte (Gaut, 2004, p. 283). A ética que se aplica à psicanálise, no entanto, é mais complexa e está relacionada à natureza dos sím-

bolos profundos na arte – ao seu sistema de valores intraduzíveis (ver Capítulo 3).

2. Inicialmente, eu tinha a intenção de incluir neste livro uma seção sobre narrativas autobiográficas de Bion; no entanto, ela ultrapassou o formato previsto e tornou-se um livro separado, *Bion's Dream* (2010).

3. Tal como Bion disse: "Conhece-te a ti mesmo – o oráculo em Delphi. Hoje em dia nós não dizemos nada tão simples quanto isso, existe um termo muito mais amplo, tal como psicanálise, vinculado a isso, mas seu princípio é praticamente o mesmo." (1977, citado na transcrição da gravação do seminário da Tavistock).

4. Money-Kyrle, educado como um filósofo, deriva o conceito de equívoco da noção de memória do Aristóteles, desarticulando o conceito platônico da imagem como manifestação da ideia (*eikon*) (ver também Ricoeur, 1977, pp. 8-48).

5. Para informações sobre Roland Harris, ver Posfácio.

6. Até mesmo a estética analítica (que, em termos, pode ser considerada uma contradição, uma vez que seus métodos são aqueles de evidência lógica e que apreensão estética não é discutível) está gradualmente, e um pouco meticulosamente, seguindo os passos da tradição filosófica imaginativa (ver Lamarque & Olsen, 2004).

7. Bion salienta as qualidades sensuosas da intuição psicanalítica por meio de uma analogia com os sentidos utilizados pelo médico (1970, p. 7), e a necessidade de uma cesura permeável entre psíquico (incluindo psicótico) e somático.

8. A formulação bioniana de O, tal como está na sua obra posterior (pela primeira vez em 1965a, p. 17), refere-se à "ideia subjacente" ou "realidade última" de uma situação emocional; isso é tão inefável que nunca pode ser totalmente conhecido (no sentido da "verdade absoluta"), mas pode ser "alinhado com". É conhecido por

28   INTRODUÇÃO

meio de suas "evoluções" (ver 1970, pp. 26-27). Para mais tipos de "evolução", ver, por exemplo, Bion, 1991, pp. 36, 209. Associações tais como "objeto" e "divindade" correspondem ao signo – o "um e totalmente solitário"; além disso, por meio da assonância, ele incorpora um equivalente musical para a palavra "maravilhamento" (*"awe"*) – que é o mesmo som da vogal com um toque de vibrato. [N.T.] Em inglês *"awe"* tem fonética semelhante a *"all"*, traduzido aqui como "totalmente"].

9. A Grade de Bion (1963, 1977) foi sua inspirada tentativa de mapear em dois eixos o processo pelo qual os pensamentos originam-se e desenvolvem-se, a começar com a formação de "elementos alfa". Ele a comparou à Matriz de Kant: "o que eu chamo de Grade e que Kant chamou à Matriz. Na prática é difícil, porque é como se a conversa realmente fosse escrita em água. A água fecha-se imediatamente em cima dela. Por isso, depende-se de ter algum sistema de gravação daquilo, mentalmente". A Grade pretendia proporcionar "uma matriz em que você pode adequar suas várias ideias de forma que elas começam a ter um significado e então o padrão começa a aparecer" (*seminário da Tavistock de* 1977, citado a partir de transcrição de fita). Bion deixou claro que ela não foi concebida como uma explicação, mas como uma ajuda para observação (Bion, 1970, p. 3). Meltzer, em *"The Kleinian Development"*, foi o primeiro a analisar a Grade enquanto uma forma extraordinaria de representar o movimento essencial dos pensamentos, na medida em que eles evoluem por meio do hipotético aparelho para pensar, que Bion deseja construir (Meltzer, 1978a, vol. III, p. 59), com a sua Negativa implícita ou "antigrade" sendo uma "imagem espelhada" para mentiras (ibid., p. 87). Para maiores considerações de Meltzer sobre a Grade e suas qualidades estéticas, consultar Meltzer, 1995b, 2005a. Para discussões adicionais sobre a Grade consultar, entre outros, Grotstein (2007) e Sandler (2005).

10. Esta foi a definição de Meltzer do método psicanalítico em seus últimos anos, ministrada informalmente em várias palestras (ver também 1983, p. 46).

11. Assim como diz Bion, "Eu sinto que a maioria das pessoas atinge uma idade em que elas têm tanto conhecimento que não podem penetrar a sabedoria – é um novo tipo de floresta na qual você não pode ver por causa das árvores" (2005b, p. 42).

12. Milton, por exemplo, em uma carta a Diodati, datada de 23 de setembro de 1637, descreveu a sua inclinação em termos platônicos como "buscando a ideia do belo... por todos os moldes e formas das coisas ('para muitos são as formas das coisas divinas')" (citado por Williams, 1982, p. 76). No mesmo sentido, Keats, em uma carta a Fanny Brawne de 1820 (sem data), disse que ele tinha sido fiel ao "princípio da beleza em todas as coisas" (Keats, 1970a, p. 361).

1. Psicanálise: uma arte ou uma ciência?[*]

Este capítulo tem como objetivo mapear o contexto epistemológico do campo de investigação deste livro, com foco nas qualidades artísticas da psicanálise. Nos capítulos subsequentes, entrarei em mais detalhes sobre algumas das particularidades mencionadas aqui, em especial, a natureza da formação-de-símbolo, a inspiração, o encontro onírico psicanalítico (ou autopsicanalítico); além disso, falarei mais sobre os principais conceitos estéticos de Bion e Meltzer.

A resposta moderna para a pergunta "arte ou ciência?" deve ser "ambas". Como diz Meltzer: "O grande artista e o grande cientista sempre foram a mesma pessoa" (1975, p. 221).[1] A relevância dessa

---

[*] Este capítulo une partes de dois artigos anteriores: "*Psychoanalysis: an art or a science? A review of the implications of the theory of Bion and Meltzer*", British *Journal of Psychotherapy*, 16(2), 1999: 127-135; e "*The three vertices: science, art and religion*", British Journal of Psychotherapy, 21(3), 2005a: 429-441.

pergunta encontra-se na forma como os aspectos artísticos ou científicos relacionam-se na busca pelo conhecimento da mente; e a maneira como esta busca é compreendida (bem como realizada) dependerá do modelo da mente. Assim como Aristóteles definiu o homem como um "animal político", que justifica suas mentiras e tendências manipuladoras, Bion vê o homem em sua capacidade de busca pela verdade como um animal científico, artístico e religioso. Essas são todas as orientações que dizem respeito à realidade, seja interna ou externa, e Meltzer diria que todas estão focadas no "objeto estético", quer se trate de um objeto interno, uma obra de arte, ou o próprio mundo. Quanto ao domínio da realidade psíquica, a interdependência do domínio e do instrumento para investigação localiza o conhecimento sobre a mente além do alcance de uma ciência de único vértice; portanto, o espírito de investigação científica precisa ser modificado por esses outros "vértices". É a tensão e sobreposição entre eles que é importante:

> *Pareceria absurdo se a tensão entre estes três grupos – ciência, religião e arte – que são todos, fundamentalmente, dedicados à verdade, fosse ou muito frouxa ou muito tensa, de tal forma que fosse incapaz de promover o propósito da verdade. (Bion, 1973-1974, vol. I, p. 96)*

A ciência e a arte unificam-se através da observação e exploração do mundo sensuoso; a arte e a religião por meio do devaneio e foco interior; a religião e a ciência pelo respeito que têm por uma ideia de realidade que não é nem inventada nem imaginada, mas que existe para além do nosso desejo ou controle. As disciplinas entram em conflito quando se tornam propagandistas, com um único vértice, e, de certa forma, autocaricatas. Qualquer abordagem unilateral tende na direção da mentira (encobertando-se de uma verdade que foi vislumbrada); em outros lugares, Bion chama isso de "calcificação" (2005a, p. 11) e a considera endêmica para o pensamento psicanalítico. As ligações entre os vértices precisam ser não muito frouxas, nem muito tensas; elas precisam aparecer sob a categoria da comunicação, e não da negação ou da ação de eliminar o desconforto da tensão. Uma desconfiança mútua inicial pode ser um estímulo na direção da "verdade", mas a negligência ou obliteração, não.

Mesmo que desde o início o elemento artístico estivesse presente na prática psicanalítica, foi só recentemente que ele começou a tornar-se explicitamente valorizado. A composição emocional da mente é, tradicionalmente, o campo de interesse de disciplinas artísticas, como a música e a poesia, que fazem uso de meios sensuosos para expressar a abstração da mente. Ora, como Bion sempre enfatiza, nós não sabemos o que é a mente, ou mesmo se os limites dela correspondem ao corpo de um indivíduo. Aconteceriam operações mentais em algum lugar "no ar", assim como os poetas têm descrito o advento da inspiração? Parte do esforço de Bion, Meltzer e outros tem sido estabelecer ligações entre a psicanálise e as disciplinas humanistas que já têm uma linguagem própria para descrever essa exploração suprassensuosa. É isso que tem ajudado a tornar a designação formal da "psicanálise como uma forma de arte" uma proposição convincente e útil.

A distinção entre as formas científicas e artísticas de conhecer é, pelo menos, tão antiga quanto Platão e Aristóteles, e, provavelmente, marca um dualismo tão arcaico e essencial quanto o da própria espécie humana. Uma lista de pares que parece derivar dessa dicotomia fundamental incluiria os seguintes: o clássico de *doxa* (opinião) *vs. episteme* (verdade); o quantitativo (mensurável) *vs.* o inefável (suprassensuoso); o prático e o contemplativo; os lados direito e esquerdo do cérebro; a razão e a intuição; as formas

34 PSICANÁLISE: UMA ARTE OU UMA CIÊNCIA?

discursivas *vs.* as formas apresentativas;[*] a análise e a síntese; o consciente e o inconsciente; os componentes masculinos e os femininos da personalidade; e assim por diante. Cada um desses pares cognitivos, em algum momento, foi usado para refletir o dualismo entre ciência e arte, muitas vezes com verossimilhança descritiva, e, por vezes, com aplicação prática de técnicas de ensino e aprendizagem. No entanto, qualquer disciplina humanística, quando levada a certo grau de profundidade, deparar-se-á com a convergência das relações de complementaridade entre esses modos de conhecer e, provavelmente, descobrirá que eles sustentam-se, ao invés de sabotarem-se.

Ao longo da sua história, a possibilidade da psicanálise ser uma forma de arte começou a surgir quando a mente e o cérebro foram reconhecidos como entidades diferentes e, em particular, quando Freud percebeu que transferência e contratransferência não eram telas que obscureciam a verdadeira visão científica, mas que, pelo contrário, tratavam-se das ferramentas da intuição. Se havia uma "verdade" sobre a mente a ser encontrada, esta era ela. Isso faz da psicanálise uma "forma apresentativa" (no jargão da estética) e não discursiva, uma arte mais do que uma ciência. No entanto, a ideia da psicanálise realmente ser uma forma de arte teria sido recebida com incompreensão na época, e, ainda hoje, é provável que sofra resistência e desconfiança. Há duas razões intelectuais e sociais para isso. As pessoas temem que o "rigor científico" possa ser substituído pela "licença artística" (como na "análise selvagem"): não haveria nenhuma padronização de procedimentos ou resultados, nenhuma consistência, nenhuma confiabilidade,

---

[*]   Termo original de Langer, S. (1971), *presentational* foi traduzido para o português como *apresentativa* por Meiches, J. e Guisburg, J. [N.T.]

nenhum respeito pela hierarquia acadêmica. Como Meltzer assinala, a ciência é respeitável, a arte não (Meltzer & Williams, 1988, p. XII). Surgem problemas sociais, disfarçados de problemas organizacionais, tais como: como se dá a avaliação dos analisandos e dos aprendizes? Que significado pode ser dado à "qualificação" de ser tanto um terapeuta habilitado como um analisando preparado? Existe alguma diferença entre uma pessoa "qualificada" e qualquer outro tipo de aceitação burguesa, e que não boicota cinicamente os propósitos espirituais que são a *raison d'être* da psicanálise? Ou, como Bion frequentemente diz, o rótulo não é um guia confiável do conteúdo.

Esses aspectos sociais da questão têm mais a ver com a imagem da psicanálise do que com a coisa em si: ela seria mais bem interpretada como uma "arte" ou como uma "ciência"? Grande parte do debate acadêmico que gira em torno das qualidades "científicas" da psicanálise entende a questão como uma tentativa disfarçada de se avaliar o status social, dando a impressão de que algum pedido de desculpas é necessário por causa da sua constituição nas relações emocionais subjetivas. Isso é sutilmente depreciativo e pessimista. A psicanálise fica sendo vista, efetivamente, como uma pseudociência, ou, na melhor das hipóteses, como uma ciência de segunda categoria debatendo-se, conscientemente, com um legado um tanto injusto de irracionalidade. Em contraste, a abordagem de Bion e Meltzer centra-se no conceito da "verdade de uma experiência emocional", que é visto como um fato, por si só, a ser apreendido com toda alegria e temor que estiverem ali. Eles consideram a natureza não sensuosa da existência da mente não como um entrave, mas como um estímulo; na verdade, um objeto de maravilhamento e admiração que realmente desperta a curiosidade científica de uma orientação descritiva, mas que não pode ser explorada por meios exclusivamente científicos.

As limitações da ciência prometeica

Meltzer relata que "a história da ciência poderia ser escrita como uma luta constante com o inesperado" (1975, p. 220), contudo o problema está na nossa receptividade emocional do inesperado, que pode despertar delírios infantis de onipotência e "poder sobrenatural". Se a ciência é, por natureza, baseada nos sentidos, racional, progressiva, categorizável, então ela está a um pequeno e sedutor passo de traduzir isso em "explicável": "a verdade modificada para caber na compreensão do homem", como expressa o vértice religioso de Bion (*Priest*) em *Memoir* (1991). Esse é o perigo típico do vértice científico, quando se perde o contato com os outros vértices do conhecimento.

Bion e Meltzer, persistentemente, enfatizam os perigos de tentar explicar os mistérios da mente. Além disso, diz Bion, "viciados" em psicanálise têm "uma qualidade curiosamente bidimensional" (1973-1974, vol. II, p. 6). Eles não partilham da capacidade essencial de fazer seres humanos e situações parecerem reais, que é proporcionada por métodos artísticos. Seria um alívio, continua o autor, se trabalhos científicos pudessem de alguma forma lembrar-nos dos seres humanos verdadeiros, de modo que eles não fossem tão chatos de ler. A teoria estética, de Aristóteles em diante, reconhece que essa capacidade realista é necessária à identificação humana e à participação no que é, essencialmente, um processo abstrato: um encontro de mentes. É o papel prescritivo da interpretação que mantém a psicanálise na camisa de força de fingir ser uma ciência. O analista novato, ou excessivamente rígido, acredita que sua tarefa é buscar uma interpretação correta e comunicá-la, ou coagir o paciente a aceitá-la. Bion narra, com ironia, como ele percebeu, pela primeira vez, a inadequação dessa abordagem pseudocientífica:

Um dos penosos e inquietantes padrões da experiência continuada era o fato de que eu tinha certos pacientes com quem eu empregava interpretações com base na minha experiência anterior com Melanie Klein, e, mesmo que eu sentisse que as empregava corretamente e que não poderia me culpar, nenhum dos bons resultados que eu previ aconteceu. (Bion, 1991, p. 559)

Ele explica que o "pensamento mecânico" e a "interpretação mecânica" têm o seu lugar, mas não devem ser utilizados de uma forma que "impeça o desenvolvimento do ultra ou infra-s-sensuoso, mesmo que eu não saiba o que seja isso, ou até mesmo se isso existe" (ibid., p. 204). A interpretação correta não faz da situação clínica uma em que se está aprendendo da experiência. Exatidão científica não é suficiente. É, inclusive, bidimensional; não evoca uma situação da vida real; não promove o crescimento. Algum outro tipo de comunicação entre analista e analisando é necessário, algum outro processo precisa ser ativado: não a aquisição de conhecimentos, mas a obtenção da sabedoria. "Sabedoria ou esquecimento", diz Bion firmemente, "faça a sua escolha" (ibid., p. 576). Ou, como ele frequentemente formula a questão: como você muda uma atividade que é "*sobre* a psicanálise" para outra que "é a psicanálise" (1970, p. 66)? Estar correto não é a mesma coisa que dizer a verdade. Retidão é uma função do *self* (o ego), enquanto dizer a verdade envolve a interação entre objetos internos do analista e paciente. Para Bion, a mente científica, em sua forma mais primitiva, foi modelada pelos ladrões de tumbas em Ur, um modelo arqueológico freudiano.

É o que Meltzer chamou de "ciência prometeica", como sendo diferente da "ciência inspirada" (1986, p. 183). A prometeica rouba do Céu o fogo do conhecimento, em vez de ser atingida pelo

38 PSICANÁLISE: UMA ARTE OU UMA CIÊNCIA?

comando do raio para "conhecer a si mesmo" (ver Coleridge, *Biographia Literaria*; 1997, p. 152). Mais do que ignorar a religião, ela a supera. Depois de muitos séculos, os ladrões romperam as invisíveis restrições de uma religião que havia se fossilizado em superstição sob a forma dos guardiões da tumba, as "sentinelas fantasmas dos mortos e seus assistentes sacerdotais" (Bion, 1973-1974, vol. I, p. 11). Os ladrões de tumba, diz ele, devem ter sido "homens valentes" e são "os patronos do método científico". Esse tipo primitivo de pesquisa científica (considerado incomplacente pela arte ou religião) vai trazer à tona alguns aspectos da verdade enquanto obscurecerá outros: não é um modelo que, sozinho, permitiria "pensar por si mesmo". A ciência tem superado a superstição, mas às custas de tornar o vínculo com a religião muito conflituoso e muito tenso, assim como na psicanálise freudiana ele é muito frouxo. A visão "científica e psicanalítica" da religião, diz Bion, "achata" o sentimento religioso (1973-1974, vol. I, p. 52).

Milton descreve a ciência-enquanto-roubo no seu grande épico, "Paradise Lost", quando os anjos caídos, liderados por Mamon (o "espírito menos nobre a cair do céu"), "saqueiam o centro" da Mãe Terra e "roubam suas entranhas" em busca de ouro e riquezas ("Paradise Lost"; I: 684-686). Essa mentalidade entende o objeto estético como contendo segredos a serem possuídos, em vez de um mistério a ser apreendido e respeitado por sua riqueza e diversidade. A contraparte intelectual do Mamon é o Belial, o pseudopensador, que lidera os diabinhos em debates teológicos acadêmicos sobre "destino, livre-arbítrio, absoluta presciência". A "falsa filosofia" deles não tem realidade emocional, devido a sua separação do conhecimento divino. Ela encarna a mentira-na--alma, que se parece com a coisa real, mas é, de fato, uma imitação da Grade Negativa: "Não podemos sua luz imitar quando quisermos?". Para Bion, eles performam "truques de macaco" mentais; são inteligentes, mas não sábios. (Quando lhe perguntaram qual era a diferença, ele disse: "a sabedoria é mais demorada" [Bion, 1973-1974, vol. II, p. 54]). Não podemos entender a natureza do pensamento sem compreender a natureza do não pensamento: "Nós temos que utilizar um método que inclui não só a compreensão, mas também o mal-entendido" (Bion, 1973-1974, vol. I, p. 40; veja também 1980, pp. 68-69).

O funcionamento do método científico prometeico, nessa esfera não sensuosa, estimula a operação da onipotência infantil, a imitação estéril de Deus. Ela está associada às reivindicações prematuras pelo status científico e ao desejo de respeitabilidade. Blake, em seu poema *Milton*, disse que precisávamos nos livrar dos "trapos apodrecidos de Memória" e substituí-los por "inspiração" (Blake, 1966, p. 533), um desses termos que, como diz Bion, precisariam ser revitalizados, a fim de redescobrir os seus significados (ver Capítulo 3). A identificação projetiva, por si só, não é suficiente. Os frutos do pensamento são científicos desde que eles sejam o resultado da experiência real, não invenções da imaginação ou da memória, que são tipos de racionalização. O vértice científico precisa da influência da arte e da religião para garantir que a experiência seja real, que seja uma descoberta e não uma invenção, na distinção continuamente enfatizada por Meltzer.

Para nos lembrarmos da sensação de "descoberta", podemos invocar a formulação poética de Keats em seu soneto "*On First Looking into Chapman's Homer*" [Homero de Chapman à primeira vista]:

Then felt I like some watcher of the skies
When a new planet swims into his ken;

Então me senti como um observador dos céus
Quando um novo planeta desliza para o seu campo de visão;

40 PSICANÁLISE: UMA ARTE OU UMA CIÊNCIA?

A descoberta é de uma velha ideia (Homero), mas ela ainda é um "*new planet*" [novo planeta] para o poeta astrônomo. Bion usa as palavras de Keats para transmitir o primeiro encontro com um elemento protomental (elemento-beta), dizendo que tudo o que podemos fazer é fornecer "caixas" para essas categorias "caso essa estranha criatura exista e deslize para o meu campo de visão" (1997, p. 29). O sentimento do "novo planeta" da ciência-enquanto-descoberta é ilustrado por Milton em "Paradise Lost". Sua imagem do recém-caído Satanás, encontrando o seu caminho através da "escuridão visível", é baseada em sua admiração por Galileu e seu novo instrumento de descoberta, o telescópio. O universo desconhecido do inferno representa o reino de uma experiência "não premeditada", que foi "dada pelo infinito vazio e informe", na frase muito admirada e muitas vezes citada por Bion ("Paradise Lost", III, 12). Assim como Satanás se move com cautela sobre a "marga escaldante", prevendo aterrissagens na lua do século XX, ele carrega uma aura de grandeza, seu escudo alojado atrás de seu ombro como a própria lua:

> *The moon, whose orb Through optic glass the*
> *Tuscan artist views At ev'ning from the top of Fesole,*
> *Or in Valdarno, to descry new lands,*
> *Rivers or mountains in her spotty globe.*
>
> (Milton, "Paradise Lost")

> *A lua, cuja esfera O artista*
> *toscano vê através da lente de vidro À noite, do topo de Fésulas,*
> *Ou, em Valdarno, para avistar novas terras,*
> *Rios, montanhas em seu globo manchado.*
>
> (Milton, "Paradise Lost")

A lua no ombro de Satanás é como a própria lente de vidro (telescópio), um atributo do cientista-poeta. Satanás desliza até a visão do poeta com a lua em seu ombro, estendendo a imaginação, e dizendo: "O espaço pode compor novos mundos" (p. 650). A identificação de Milton com Galileu (o "artista toscano") subjaz sua aventura nos espaços desconhecidos da mente, para dar à luz fatos de sentimento previamente desconhecidos, dando forma ao informe. O "Paradise Lost" está cheio de conjecturas imaginativas sobre o espaço, a fonte infinita de ideias ainda não pensadas na existência.

Também é interessante notar que, embora, para Blake, Newton representasse o próprio Diabo, a maioria dos poetas românticos e filósofos pareciam otimistas no sentido de uma eventual unificação dos tipos de conhecimento. Keats, por exemplo, manteve seus livros de medicina, porque ele considerava todos os "departamentos do conhecimento" como sendo "parte de um grande todo" (carta a Reynolds, 03 de maio de 1818; 1970a, p. 92). Os poetas românticos eram, em geral, fascinados por novos progressos científicos, e usavam a linguagem da física e da química, metaforicamente, para aprimorar suas expressões de realidades psíquicas (átomos, moléculas, magnetismo, valência, eletricidade, partículas de matéria, etéreo, gasoso, decomposição, etc.). Na verdade, Coleridge inventou o termo "cientista" para o seu grupo de discussão pessoal; ele participou das conferências de Humphry Davy e consagrou-lhe como "o homem que nasceu poeta, primeiro a converter poesia em ciência".[2] O uso que Bion faz da linguagem científica e matemática para expressar a especulação metafísica é análogo.

De acordo com Bion, portanto, a abordagem de um único vértice do autêntico cientista é, no contexto da psicanálise, um tipo de filistinismo. Ele é sarcástico com "pessoas cientificamente preconceituosas" e persiste buscando contorções mentais que subvertam tais posturas, como a ideia de um "facho de escuridão", porque quando o conhecimento é "muito obtuso", é impossível que qualquer nova compreensão penetre ali (1980, p. 121). O telescópio de

42 PSICANÁLISE: UMA ARTE OU UMA CIÊNCIA?

Galileu, com a sua história poética (e seu contexto de perseguição pela religião institucionalizada), é muitas vezes invocado por
Bion como a contraparte sensuosa da faculdade da "intuição" para
ilustrar o tipo de instrumento mental para o qual o pensador ou
psicanalista precisa encontrar uma analogia suprassensual. Precisamos desenvolver uma "intuição psicanaliticamente aumentada"
que seja equivalente ao "ver, tocar, cheirar, ouvir" do médico (Bion,
1970, p. 7); em outras palavras, uma dimensão estética, no sentido
que o termo "estético" foi originalmente cunhado, como aquele
que dá origem à experiência subjetiva de beleza. Bion nos lembra que o movimento heliocêntrico da Terra foi imaginado pela
primeira vez por Aristarco, séculos antes que o instrumento para
prová-lo fosse construído. E como diz Blake em *The Marriage of
Heaven and Hell*, "o que é agora provado foi outrora apenas imaginado" (Blake, 1966, p. 151). Para Milton, a cegueira tornou-se
o equivalente do telescópio; ela aumentou sua intuição para que
pudesse ver o heroísmo em Satanás. Não era o que ele desejava ou
pretendia ver; no entanto, como a subsequente queda do homem,
a visão cruelmente contradisse os dogmas da sua fidelidade dou-
trinal. Observar os céus, tal como assistir às sombras na parede
da caverna de Platão (como na descrição de Meltzer sobre o consultório [Meltzer & Williams, 1988, p. 200]), representa a ciência-
-enquanto-descoberta, distinta da ciência-enquanto-explicação ou
ciência-enquanto-invenção. Se observarmos os céus com paciência e capacidade negativa keatsiana suficientes, então, Bion diz,
"um padrão surgirá". Um novo planeta vai deslizar para o nosso
mundo do conhecimento.

Aberturas artísticas

Bion gostava de citar a passagem em que a cegueira de Milton metamorfoseava-se de um estado de prisão mental para um de
facilitação da visão interior:

Shine inward, and the mind through all her powers
Irradiate, there plant eyes... that I may see and tell
Of things invisible to mortal sight.
(Milton, "Paradise Lost")

Brilha para dentro, e a mente através de todos seus poderes,
Irradia, aí fixa olhos... que eu possa ver e dizer
Das coisas invisíveis à vista dos mortais
(Milton, "Paradise Lost")

Nesta passagem, Milton descreve como o seu já existente "livro do conhecimento" é substituído, a princípio, pela agonia do nada (*nothingness*) (correspondente a sua cegueira), um "universo em branco", "bastante fechado", e, em seguida, como a luz interior nasce e vigorosamente irradia sua mente, fora de sua própria capacidade de compreensão. O autêntico cientista proporciona a base para o artista religioso: seu conhecimento sensuoso é refletido em outro plano de existência. Bion foi profundamente afetado pela reorientação mental incorporada nessas linhas. Muitas de suas próprias metáforas para as formas alternativas de conhecer derivam disso, como a escultura cuja estrutura sólida age como uma "armadilha para a luz"; a quadra de tênis, que deixa uma pós-imagem de buracos reticulados brilhantes; ou as superfícies ásperas e feias nas quais uma "ideia pode alojar-se", em contraste com o suave contínuo da logicidade científica. A consciência artística tem que encontrar um caminho entre as tensões, as ligações, os espaços "entre", os buracos no conhecimento já existente. Estes podem capturar algum aspecto da verdade se puderem escapar da vigilância do controle consciente e do senso comum.

Isto é o "aprendendo da experiência", no sentido atribuído por Bion. Incorpora-se algo do "vértice religioso", que ele alegou ter sido negligenciado na investigação psicanalítica, desde que esta

44 PSICANÁLISE: UMA ARTE OU UMA CIÊNCIA?

substituiu problemas religiosos por sexuais. Quando lhe foi perguntado: "Que tal defender o direito de inventarmos nossas próprias mentes?", ele deu uma resposta característica: "É uma boa ideia; caso contrário, teríamos que considerar a possibilidade de que nossas mentes nos fossem inventadas por forças sobre as quais nada sabemos" (1980, p. 69). Na visão de Bion, seria necessário que os diferentes "vértices", representados pela ciência, religião e arte, se fundissem em algum tipo de tensão construtiva, para que ocorra qualquer investigação verdadeira daquela entidade suprassensuosa – a mente. Ele indaga:

> *Como se alcança um equilíbrio apropriado entre um vértice científico, que poderia ser descrito como devotado à verdade ou aos fatos, e um vértice religioso, que poderia ser igualmente considerado como devotado à verdade? De forma semelhante, o artista sincero também se preocupa em retratar a verdade. Se Vermeer pode pintar a pequena rua em Delft e se as pessoas podem olhar para ela, então elas nunca mais verão uma rua da mesma forma novamente. O pintor trouxe uma mudança no indivíduo que torna possível a ele ver uma verdade que ele nunca havia visto antes. (Bion, 1973-1974, vol. I, pp. 95-96)*

A partir disso compreendemos que Bion admira em relação ao método artístico – e o que espera que poderia contribuir para a prática psicanalítica – é, em primeiro lugar, que ele nos lembra da real existência humana (a pequena rua de Vermeer) e, em segundo, que, discretamente, arquiteta uma mudança radical na mente humana. Se o observador é capaz de realmente "olhar" para a rua de Vermeer, sua mente nunca mais será a mesma novamente; ele verá as ruas da vida sob uma luz diferente. Quando sair da galeria, será um homem diferente. Isto pode soar uma afirmação exagerada, mas não é mais do que esperamos, e sempre temos esperado, da "grande" arte, e que é plenamente apreciado na teoria estética filosófica. Esta é a mudança estrutural que Bion chama de "mudança catastrófica", que, em seu modelo, marca cada passo à frente em direção do autoconhecimento.

Na visão de Bion, essa mudança é, pela própria natureza, uma experiência estética. Esse é, de fato, o tradicional campo kantiano de investigação estética. Mas os fenômenos baseados nos sentidos, e que realizam esse tipo de conhecimento, são os "fatos de sentimento", que são intuitivamente descobertos pela luz da "atenção", como na analogia do telescópio de Galileu. "O que importa é o desconhecido, e nisto o analista deve concentrar sua atenção" (Bion, 1970, p. 69). Esses fenômenos intuídos começam a tomar forma quando alguma faceta da verdade numenal, alguma ideia nova, começa a pressionar sobre a mente. Se o objetivo moderno da psicanálise é "apresentar o paciente a si mesmo" (como Bion afirma muitas vezes), e ativar esses conflitos emocionais que irão definir o crescimento da sua mente em movimento, então ela deve, de alguma forma, fornecer esses encontros estéticos. Na visão de Bion, a essência do processo psicanalítico não reside na revisão de experiências passadas, mas em *ter* experiências atuais. Pensamento não consiste na organização de sentimentos por meio de percepções *a posteriori* (como no "processo secundário"), mas em adquirir acesso a sentimentos que, depois, são "transformados" em símbolos por meio da função-alfa, um processo complexo e de muitas camadas, para o qual a Grade conjecturou imaginativamente um mapa de rota, permeando gradualmente sentido com abstração.

Nisto, a Grade é intrinsecamente platônica em suas origens, bem como é matemática: ela tem muitos antepassados poéticos. Donne escreveu:

Love's mysteries in souls do grow, But yet the body is his book.
And if some lover, such as we, Have heard this dialogue of one,
Let him still mark us, he shall see
Small change, when we are to bodies gone.

(Donne, "The Extasie")

Os mistérios do amor, a alma os sente,
Porém o corpo é as páginas que lemos.
Se alguém – amante como nós – tiver
Esse diálogo a um ouvido a ambos,
Que observe ainda e não verá qualquer
Mudança quando aos corpos nos mudamos.

(Donne, "O Êxtase". Tradução de Augusto de Campos)

As "Almas que mais viram" (Platão) tomam a forma terrena dos amantes, ou da mente apaixonada, e o conhecimento transmuta a substância. Milton tinha uma grade na qual os cinco sentidos e compartimentos do cérebro estão conectados via uma escada neoplatônica de "transubstanciações", e, como Raphael explica a Adão, o alimento literal é transformado em intelectual "pela escala gradual sublimada", dando origem a ambos os tipos discursivos e intuitivos da razão (humana e angélica): "*Discourse is oftest yours, the latter most is ours, / Differing but in degree, of kind the same*" [A discursiva mais vossa, a última é mais nossa, / Diferindo somente em grau, não em gênero] ("Paradise Lost", V: 487-489). Keats igualmente falou da "*regular stepping of the Imagination towards a Truth*" [habitual caminhada da Imaginação em direção a uma Verdade], na qual a mente alcançaria "*a fellowship with essence... / Full alchemized and free of space*" [uma comunhão com a essência... / Completa fusão transmutada e livre de espaço].[3] A comunhão com a essência é, como as almas de Donne que fluem dentro e fora de seus corpos, uma espécie de "amor apaixonado", que, nas palavras de Bion, equivale ao alinhamento com O.

Sentimentos se reúnem em uma cesura entre os vértices. A presença de um "sentimento" criado assim pode, na opinião de Bion, resultar tanto em "dor" (que provoca sintomas) como em "sofrimento", que é acompanhado ou seguido por uma revelação de seu significado (1970, p. 18). A ideia de Bion sobre o sofrimento desenvolve-se a partir da sua percepção de que não devemos "nem lutar, nem fugir" (1961, p. 65). Em vez disso, nós tentamos localizar a origem do sentimento:

> *Este acontecimento triste, esta experiência de tristeza – de onde se originou? Poderia ser localizada em algum lugar geográfico? Ou poderia se originar na mente do analista? Ou poderia se originar no relacionamento entre duas pessoas? (Bion, 2005a, p. 64)*

Para tolerar o significado e aprender a partir da experiência atual, a memória e o desejo devem ser deixados de lado. Com paciência (capacidade negativa), "um padrão emergirá":

> *Eu acho que uma Grade revisada – não para tomar o lugar da primeira – seria útil para um analista praticante ser capaz de ponderar como "um padrão emerge". Eu a considero útil para levar em conta que os estágios são uma conjectura imaginativa, uma conjectura racional, uma imagem pictórica – o tipo de coisa que você pode ver em sonhos... Um minuto depois, a impressão sombria pode tornar-se mais sólida, "tridimensional". Você pode inventar essa grade para si mesmo – aquela que parece chegar mais perto de sua experiência real em análise. Ela também poderia ser submetida a um artigo*

48 PSICANÁLISE: UMA ARTE OU UMA CIÊNCIA?

> *científico ou a um seminário. O critério, se for verdadeiro, também deve ser submetido, mas desta vez para algo que é mais estético, como se você estivesse envolvido em uma obra de arte. Um artigo científico deve lembrá-lo de pessoas reais; ele não deve ser tão chato e tão inestético, a ponto da leitura dele tornar-se uma dor em sua mente. Temos um trabalho difícil; até mesmo os improvisos na análise, as interpretações que damos, seriam muito melhores se suportassem a crítica estética. (Bion, 1980, p. 127)*

Este convite para a revisão da sua Grade evidencia que ela foi uma tentativa de Bion de proporcionar um modelo para uma verdadeira "conversa psicanalítica", ao invés de "falar sobre psicanálise" (1970, p. 66). O convite é para rever, e não para substituir; isto é, ingerir sua ideia estética central por meio de uma resposta favoravelmente estética: "O espírito da coisa", como Meltzer diz em uma de suas últimas palestras (Meltzer, 2003). A ciência humana torna-se mais real e, portanto, mais precisa, caso seus vários modos de comunicação possam suportar a crítica estética. Na verdade, a fim de cumprir este objetivo terapêutico, a psicanálise deve tornar-se, em certo sentido, uma forma de arte. É o triunfo e o encanto das formas de arte que podem tornar as emoções acessíveis. "Que tipo de artistas podemos ser?" (Bion, 1980, p. 73). As implicações desta questão são contempladas no Capítulo Cinco.

Asituação da vida real que transparece em todas as operações de transferência é, no modelo pós-kleiniano desenvolvido por Bion e Meltzer, o bebê e a mãe-em-*rêverie*. Ali, a metabolização das ansiedades projetadas é um processo natural e artístico, e nem sequer em primeira instância, consciente. As origens da formação de símbolo e do pensar encontram-se nessa relação (interna), à qual é atribuída um uso específico no *setting* analítico. Seguindo Wittgenstein – bem como a Melanie Klein – Bion e Meltzer começam a levar em conta as capacidades do homem enquanto um animal humano, um fato da natureza que vem a ter certa herança genética denominada "mente"; e, uma vez que tem uma mente, o que diabos ele tem a ver com isso? Esta é uma abordagem científica-descritiva, que pode incorporar o que Bion chama de "conjectura imaginativa" e encontrar satisfação na coerência da natureza humana da forma como ela se revela, ao contrário do tipo mais onipotente de ânsia científica por manipular a natureza ou apaziguá-la por meio de "sublimações" etc., que acompanhou a teoria psicanalítica nascente e que ainda é a base dos estilos behavioristas e semióticos da psicanálise.

Na visão descritiva ou fenomenológica, a psicanálise pode ser considerada uma tentativa de deixar o homem mais em harmonia com as suas características naturais, incluindo aquelas que são indesejáveis, perturbadoras ou desagradáveis. O homem é visto como uma criatura que tem um desejo inato de conhecer a verdade sobre si mesmo. Isso decorre do recurso chamado "mente"; ela é parte de sua herança natural. A moralidade individual – a saber, a ética – evolui proporcionalmente ao grau de autoconhecimento. Embora as mentes sejam individuais, esse princípio subjacente aplica-se a todas elas. Os pensadores da tradição neoplatônica sempre enfatizaram que é a capacidade de autoconhecimento que dá vida a todos os outros tipos de conhecimento, e que torna o mundo significativo. Tal como diz Money-Kyrle: "A moralidade de indivíduos diferentes aproxima-se de um tipo comum, na medida em que seus mundos interiores aproximam-se da verdade. E este tipo é humanista" (1961, p. 130). Ele explica:

> *Eu espero, apenas, que as pessoas que são sábias, no sentido grego de conhecerem-se, tendam a ter o mesmo tipo*

50 PSICANÁLISE: UMA ARTE OU UMA CIÊNCIA?

de moralidade humanística – independentemente dos costumes das sociedades em que elas vieram a ser criadas. Todavia, muitas das obrigações específicas acatadas por elas como moral ainda seriam referentes a sua filiação desta sociedade. (ibid., n. 1)

A moralidade de uma cultura manifesta-se em tipos específicos de comportamento; a ética de um indivíduo, no entanto, diz respeito à motivação pessoal por trás de tais manifestações: o padrão lógico de evolução indicado pela Grade, o espírito poético do humanismo. Somente o ato de seguir um código moral já admite a possibilidade de estar "fazendo o ato certo pelo motivo errado", como T. S. Eliot disse em *Murder in the Catedral* (1935). A moralidade é relativa; a ética é da essência e é inspirada pelo objeto. A moralidade também pode ser um veículo para a mentira, quando tiranicamente praticada, como Bion examina em *Attention and Interpretation* (1970, pp. 102-105); "A mentira é uma falsidade associada a moral" (p. 117).[4] A natureza da mente, ao contrário do corpo, parece ter um potencial infinito de desenvolvimento, e poderia, portanto, ser compreendida como precisando se desenvolver para manter sua humanidade essencial em uma condição saudável. O paciente em análise é aquele cuja capacidade de desenvolvimento – de evolução ética – ficou emperrada, e o analista também precisa desenvolver-se a partir dessa experiência. Isso reformula a possibilidade de "cura" na análise, não em termos de algo jamais alcançado ou alcançável, mas em termos de o novo contato do paciente consigo mesmo ser de qualidade e perseverância suficientes para que possa continuar. De acordo com Bion, a cura é um canto de sereia que evita a contemplação do significado da "jornada": o próprio processo analítico (1985, p. 52). O "sucesso" analítico depende do paciente ter, suficientemente, introjetado uma capacidade de aprender a partir da experiência, para então ser capaz de levar sua autoanálise adiante. Isto deve ser diferenciado da adaptabilidade social, normalidade, ou alívio de sintomas, e depende de um determinado tipo de aprendizagem a partir do exemplo: isto é, aprender com a capacidade do analista de pensar sobre o paciente. Como a mãe e o bebê, temos aqui um modo artístico de cognição: a identificação com um processo de inspiração, ao invés de um fato. Meltzer escreve:

> Se a prática da psicanálise é uma arte, como eu acredito firmemente ser, e as suas descobertas são as de uma ciência descritiva, é essencial que seja feita por pessoas que podem pensar por si mesmas... Não é possível fazer observações e encontrar uma linguagem para transformação sem que haja um Modelo do Mundo por detrás da mente. O processo de descoberta de novos fenômenos é totalmente dependente do uso explícito e consciente de um modelo que reconheça a emergência de um fenômeno na consciência, que não pode ser descrito pelo modelo já existente. A evolução da ciência é dessa natureza espiral indutiva-dedutiva, que o novo fenômeno exige uma extensão do modelo, e esta extensão possibilita visualizar outros fenômenos que não só não podiam ser descritos antes, mas sequer podiam ser reconhecidos.
> (Meltzer & Williams, 1988, p. 204)

Nesse modelo, o conhecimento científico adquirido pela psicanálise e o modo artístico de alcançá-lo são interdependentes. Juntos, eles resultam numa progressão em espiral. Isso é devido à natureza peculiar da mente, que é um campo sempre em crescimento, suprassensuoso, ainda que natural, em que o instrumento de observação é igual ao objeto que é observado, fazendo

52 PSICANÁLISE: UMA ARTE OU UMA CIÊNCIA?

da psicanálise a "ciência perfeita" (Meltzer, 1983, p. 164). Bion escreve: "Independentemente de quão extensa a psicanálise possa ser, representa apenas o início de uma investigação. Ela estimula o crescimento do campo que investiga" (1970, p. 69).

Essa visão da função da psicanálise alinha-se mais perto das filosofias poéticas tradicionais, como a de Coleridge, que fala sobre o "espírito modelador da imaginação" e como estimular a personalidade estagnada ao reativar o "princípio do crescimento" dentro da mente, o que será mais amplamente discutido no Capítulo Três. Esse é o mesmo princípio que, de acordo com Wordsworth, o homem traz com ele, tal como uma criança "arrastando nuvens de glória" [trailing clouds of glory], como parte da sua herança inata desses reinos platônicos da verdade. Ele descreveu a mente infantil amamentando-se na fonte da verdade como "o que metade percebemos e o que metade criamos", indicando não a onipotência da criança, mas o ritmo de introjeção e projeção. Como Money-Kyrle disse, o objetivo da teoria psicanalítica é "imaginar e descrever, como se fosse a partir de dentro, a maneira pela qual [a criança] descobre e, em certo sentido, cria o mundo em que vive" (1961, p. 61). A psicanálise tenta restabelecer o processo de aprender a partir da experiência por meio da relação transferencial entre paciente e analista. Em uma visão de mundo mais abrangente, é uma atividade na qual o homem está perpetuamente procurando a próxima "ideia" para alimentar sua mente e realizar sua natureza.

A nova ideia

O que é essa ideia, esse princípio que acompanha a mente infantil em nuvens de glória? Tanto Bion quanto Meltzer fazem a distinção entre a *sensação* de novidade que acompanha uma ideia revigorada e o tesouro milenar da consciência humana, que de alguma forma já deve ter se deparado com essa mesma ideia. "Para ti isso é novo", o exausto Prospero informa Miranda – eis o velho cientista falando com a eternamente-renovada capacidade de espanto e admiração, que é sucessora de sua mente-ilha já ultrapassada. Fundado na preconcepção platônica, o reconhecimento substitui a invenção enquanto pedra angular da criatividade, o reconhecimento como "o ato básico no desenvolvimento cognitivo" (Money-Kyrle, 1978, p. 422). Tal como escreve Bion:

> *É muito improvável que qualquer um de nós vá descobrir algo novo. Eu nunca descobri nada que já não tenha sido descoberto... o desejo de acreditar na personalidade criativa ofusca a capacidade de discriminação entre singularidade e originalidade ou criatividade. (Bion, 1973-1974, vol. II, p. 58)*

Na verdade, a sabedoria de Salomão, mencionada pelo próprio Bacon, foi a de que "não há nenhuma coisa nova sobre a Terra" (*Essays*, 1625; Bacon, 1985, p. 228). Bion enfatiza que criatividade não deve ser confundida com "singularidade" e que, na verdade, depende do reconhecimento de seus "antepassados" internos. Meltzer, assim como Bion, sugere que a "criatividade não parece significar novas ideias", mas a capacidade de

> *desenvolver as ideias recebidas até... níveis de valores estéticos e espirituais. Deste ponto de vista, ciência e arte são completamente indistinguíveis e o grande risco está na área de implementação, de ação. (Meltzer, 1995b)[5]*

Ele acredita que essas categorias deveriam substituir o "sistema dedutivo científico" e o "cálculo algébrico" de Bion na Grade, sendo

54 PSICANÁLISE: UMA ARTE OU UMA CIÊNCIA?

elas as fases culminantes da produção do pensamento; e acha que o próprio Bion confirmou, implicitamente, essa modificação da Grade em *Memoir*. O nível estético-espiritual é dominado pelo comportamento[*] dos objetos internos, e a comunicação assume o lugar da ação: "o conceito de ação experimental, enquanto uma necessidade para os momentos em que o pensamento atingiu seu limite, pertence ao mundo computacional" (Meltzer, 2005a, p. 422).

Isso faz da nova ideia algo mais temeroso ou incrível, e não menos. Ela é revigorada pelas suas raízes naquela básica e fundamental constelação de emoções, a qual Meltzer, seguindo as suposições de Bion, chama de "conflito estético" (ver Capítulo 2). Na filosofia de Bion, a "nova ideia", que está sempre no horizonte de qualquer sessão analítica, é temida. Ela causa premonições de ansiedade catastrófica. Como o novo bebê, ela pode parecer um "monstro" para a complacência instituída da personalidade. Na ampliação dessa filosofia feita por Meltzer, ela é temida pelo *impacto da sua beleza*:

> *Se acompanhamos de perto o pensamento de Bion, percebemos que a nova ideia apresenta-se como uma "experiência emocional" da beleza do mundo e de sua organização maravilhosa, descritivamente mais perto do "coração do mistério" de Hamlet. (Meltzer & Williams, 1988, p. 20)*

Meltzer descreve em termos semelhantes o impacto do pensamento de Bion sobre ele próprio (1986, p. 204). A beleza é uma função essencial de sua relação com a verdade inatingível, o número, o mistério. Assim como Keats descreveu o limiar do conhecimento:

---

[*] No original *ethos*. [N.T.]

O quarto do pensamento virginal escurece gradualmente e, ao mesmo tempo, por todos os seus lados muitas portas se abrem – mas todas escuras, todas conduzindo a caminhos escuros. Nós não vemos o equilíbrio entre bem e mal. Estamos em uma neblina – Estamos agora naquele estado – Sentimos o "peso do Mistério". (carta a Reynolds, 3 de maio de 1818: Keats, 1970a, p. 95)

Na imagem de Keats, tal como as "coisas invisíveis aos olhos mortais" de Milton, o efeito de uma "visão apurada" é, paradoxalmente, experienciar o confuso mistério-nebuloso, resultado da união entre a escuridão e a luminosidade e das emoções simultaneamente conflitantes de amor e ódio: o "conflito estético". De acordo com Keats, é assim que o "princípio do pensar" nasce dentro de nós. Quando Bion, em sua obra posterior, começa a escrever sobre o impacto estético, é para igualmente enfatizar a estranheza e o desconforto da ideia disso poder estar no âmago do espírito poético, o O da psicanálise e da verdade da sessão: "Eu não posso sustentar essa convicção por meio de evidência considerada científica. Pode ser que a formulação pertença ao domínio da *estética*" (Bion, 1965, p. 37).

Certo desconforto e certa perplexidade parecem aderir a essa estranha transição. É a "dor mental" que, segundo a interpretação que Meltzer faz de Bion, "surge naquele momento do desenvolvimento de um pensamento em que ele torna-se fixo em mito onírico" (1978a, vol. III, p. 64). Essa "fixação" é o ponto no qual uma preconcepção é formada, pronta para procurar uma realização correspondente no mundo ou no consultório, um pensamento. Esse é um processo de organização estética.

O trabalho clínico de Meltzer e de outros colegas de trabalho ilustrou o princípio de que, caso o bebê não possa introjetar a ideia que é vivenciada ao ter sua mãe como bela, ele irá imaginar-se sendo o produto de uma união parental secreta e feia (como Edmundo em *Rei Lear*) e, orientado por isso, ser incapaz de tornar-se belo, isto é, desenvolver-se como um ser humano. Em nenhum lugar isso é mais dramaticamente ilustrado do que no trabalho de Romana Negri com bebês prematuros, no qual ela conclui: "Nós podemos perceber claramente como a 'beleza e o peso' de uma criança estão diretamente relacionados a sua viabilidade" (Negri, 1994, p. 19). No trabalho clínico aqui referido, sugere-se que a experiência primordial mútua de "beleza" entre mãe e filho é essencial para a capacidade de desenvolvimento do bebê, e, no caso de prematuros, também para a sua capacidade de sobreviver.

O conceito de conflito estético é um salto peculiar na teoria psicanalítica que não teria sido possível sem a assimilação das implicações das recomendações, feitas por Bion, para a renúncia da memória e do desejo e para entrar em um estado de "*rêverie*", que permite ao analista concentrar-se apenas na experiência presente. Em outras palavras, ele tem que colocar de lado o seu "conhecimento" – o que ele sabe sobre o paciente, o que ele sabe sobre a teoria psicanalítica – e, durante esse momento, tem que se tornar um artista, ao invés de um cientista. Em vez de buscar o conhecimento, ele deve esperar pela inspiração. Assim escreveu Martha Harris:

> *Assim como Keats e muitos outros poetas, [Bion] parece considerar a verdade como inevitavelmente ligada à beleza e, nos últimos anos, tornou-se cada vez mais preocupado com o problema de dar expressões adequadas à poesia das relações pessoais íntimas. (1980; 1987a, p. 341)*

MEG HARRIS WILLIAMS   57

Ela cita Bion quando fala sobre como as interpretações psicanalíticas seriam mais aprimoradas se "suportassem a crítica estética", ou seja, elas estariam *mais perto da verdade*. É o sentimento do belo que induz, que inspira o crescimento. Isso é o que organiza os diferentes vértices, as emoções conflitantes, em um padrão significativo; e é o que permite à "função-alfa", ou à formação de símbolos, acontecer. O sentimento de convicção psicanalítica pertence ao domínio da estética, ou, como Keats disse: "Eu nunca me sinto certo de qualquer verdade, a não ser de uma percepção clara de sua beleza" (carta a G. e G. Keats, dezembro 1818-janeiro 1819; 1970, p. 187).

Bion e Meltzer enfatizam a árdua qualidade da *rêverie* psicanalítica; embora imaginativa, é trabalho e não descanso. O padrão surge do trabalho em alguma forma sensuosamente apreensível ainda que intuída, que se assemelha ao aparelho sensório literal do médico. Provavelmente, ele assumirá a forma de uma imagem onírica – o sonho do analista – que contém o significado refletido da experiência emocional do paciente. O potencial terapêutico da psicanálise depende desse acontecimento realmente no momento presente da sessão. Lembrar ou reconstruir memórias infantis em nome do paciente seria algo diferente: organizacional (através de uma percepção retrospectiva), mas não indutor de crescimento. É parte da lógica científica da interpretação. Esse conjunto acumulado de conhecimento também é necessário, mas tem que ser mantido em suspensão ("esquecido"), enquanto a *rêverie* está operando. A *rêverie* dá às interpretações um *status* diferente para a essência do processo analítico; as deixa menos dogmáticas, mesmo quando "corretas", já que são entendidas como apenas uma expressão limitada da verdade científica. Uma função da interpretação é sustentar a comunicação verbal, para mantê-la acontecendo, junto aos seus aspectos musicais ou não lexicais. Pois a verdade

58 PSICANÁLISE: UMA ARTE OU UMA CIÊNCIA?

emocional da situação é capturada por meios artísticos no sonho resultante da *rêverie*.

É a imaginação artística que pode reconhecer padrões no vazio e no infinito, apesar de sua obscuridade, caos e feiura. É assim que ela, dado certo grau de tensão, sobrepõe-se ao vértice científico. Está na natureza da arte encontrar um caminho estrutural no significado, buscando contrastes existentes e ligações antagônicas: deleitar-se na "luz e sombra necessárias a um poema", como disse Keats (1970, p. 398). Hazlitt nomeou isso de "*gusto*"; Blake de "energia", algo que "existe" na realidade psíquica, ao passo que as suaves "negações" de exatidão e beleza convencional, de fato, não existem. Quando uma superfície bela e macia apresenta-se, a orientação artística sente a urgência de torná-la áspera e feia, a fim de revelar a ideia que está aprisionada sob ou dentro dela (como na famosa descrição de Michelangelo sobre a lapidação em pedra). Nas palavras de Coleridge, essa superfície "dissolve-se no intuito de recriar" (1997, p. 175).

Bion percebe que, muitas vezes, a arte pode tornar bela alguma coisa feia ou assustadora (e.g., 1980, p. 18). Isso também tem sido constatado por outros. E o que isso significa, precisamente? Costuma-se dizer que a beleza da arte consiste em proporcionar uma forma continente para os aspectos feios ou intoleráveis da mente, de modo que não sejam mais assustadores: eles podem ser sustentados a uma distância suportável, sem ser uma ameaça de ataque pessoal àquele que vê. Isso inclusive pode ser um dos benefícios proporcionados pela arte, mas que tem uma natureza muito limitada e não é central na visão de Bion que, por sua vez, está ligada ao conceito de mudança catastrófica (a ser discutido mais detalhadamente no Capítulo Dois).

Talvez devêssemos considerar que tudo que tem significado é belo. Parece feio quando o significado não é conhecido. Há uma beleza na autocegueira do Édipo e no suicídio da Cleópatra, que nada tem a ver com autoagressão, mas com autotranscendência. O belo está relacionado à função aspiracional do objeto e não ao seu aspecto confortante e consolador. A arte, portanto, não procura embelezar, impor ordem ao caos, mas encontrar ou descobrir a beleza escondida do sujeito: "o mundo d'ouro" das formas ideais, assim como disse Sidney em 1580 em sua "*Defense of Poesy*". A busca aspiracional difere-se da "idealização" do jargão psicanalítico, que é essencialmente uma forma de narcisismo.

A beleza escondida da ideia é imaginada, mas não conhecida. Essencialmente, ela implica em condensação (restringir, selecionar, focar sob a pressão do meio e suas limitações impositivas), eliminando a indeterminação da situação. Em outras palavras, a formação de símbolo. A arte responde ao "fato selecionado", que pode organizar todos os outros elementos, colocando-os em ordem, de forma que o significado irradie de dentro. Ainda assim, a nova ideia sempre carrega uma sensação ambígua: "Ela veio de Deus ou do Demônio?", tal como a questão levantada por Emily Bronte em *Morro dos Ventos Uivantes* em relação ao seu herói satânico Hethcliff. Um dos personagens de Bion em *Memoir* (outro "pequeno demônio") chama isso de "psicoalojamento".[4] Milton e Blake dizem que isso acontece em momentos "microscópicos" de sono ou sonhando.

Se a doença mental pode ser considerada feia, então a atração de ambos, analista e analisando, pode ser considerada como sendo a verdade escondida, a beleza da ideia latente ou do símbolo, que foi encoberta ou "invertida", feita negativa. A ideia espera a reversão do seu claustrofóbico estado negativo. A fim de revelar isso, os analistas geralmente concordam quanto à necessidade de encontrar uma linguagem particular que torne a comunicação possível, o que significa, diz Bion, ser

60 PSICANÁLISE: UMA ARTE OU UMA CIÊNCIA?

"uma espécie de poeta" assim como um cientista ou uma pessoa religiosa (Bion, 1973-1974, Vol I, p. 32): tratando a psicanálise como uma forma artística complexa ou apresentativa, ao invés de um procedimento simples e didático. A intuição artística, a *rêverie*, o contrassonhar (*counter-dreaming*), são percepções aguçadas que superam a tendência a onipotentemente explicar, que pode prejudicar o vértice científico, ou ainda a tendência a moralizar, que prejudica o vértice religioso. Não há interesse algum nessas formas inestéticas macias; na verdade, aprecia-se o contraste nos vértices. A arte pode suportar a aspereza desconfortável da contradição e da incompreensibilidade, e pode ajustar a tensão entre ciência e religião de modo que as suas qualidades contraditórias sejam construtivas, deleitando-se com suas "luzes e sombras", sem ter que nivelá-las em um meio-termo cinza. Conjectura-se que a expansão mental facilitada pela arte deriva da "descompartimentalização" pré-histórica das suas formas de conhecimento existentes (Mithen, 1996, p. 222), em particular, dos fundamentos da ciência e da religião, tornando assim as metáforas e analogias possíveis, bem como a existência simultânea em mundos diferentes. A "metáfora" significa, assim como a transferência, dar ou carregar significado, e sugere um acréscimo de sentido para além do existente com seus elementos separados. A nova ideia, como disse Coleridge, chega na forma de um símbolo e tem vida própria, mas como consequência também pode ser "morta" (tal como Bion evidenciou): "A ideia fetal pode ser morta, e isso não é *apenas* uma metáfora" (Bion, 1991, p. 417). Em conclusão: se a psicanálise é uma forma de arte com um objetivo científico (e também humanitário), vale a pena ter os seguintes fatores em mente.

1. A "*rêverie* artística" estimula a velocidade e a profundidade do pensamento, fazendo conexões para além do controle consciente.

2. Ela fortalece a tolerância ao não entendimento, já que ele é um componente aceito no método artístico. Dessa forma, há menos tentação de preencher as lacunas do conhecimento com explicações onipotentes ou autoritárias.

3. Abrem-se muitas possibilidades interdisciplinares que uma analogia de um único vértice com a ciência física teria fechado.

4. Claro que, na medida em que a análise "artística" é "real", o perigo de acabar em desastre, inerente a qualquer situação real, está em questão, como quando emergem conflitos reprimidos que nem a personalidade do analista nem do analisando são fortes o suficiente para suportar. Conforme Bion sempre reitera, qualquer analista que vai ver um paciente no dia seguinte deve sentir medo. Pode-se alegar, de forma plausível, que um modo puramente científico é mais seguro porque nada realmente acontece. Mas isso tem seus perigos equivalentes, ou, pelo menos, decepções, caso resulte em falha de desenvolvimento. Na verdade, Bion indaga qual é "o preço" por não se envolver na perigosa inundação da vida, como aquela necessária para "ajudar os próprios semelhantes", e nos lembra: "Ainda que a Alma vá morrer, o Corpo vive para sempre" (1991, p. 257). Tal como Martha Harris nos adverte: "A personalidade é ossificada por identificação com mentes fechadas e pode ser mantida viva somente através do desenvolvimento e do arriscar-se" (1978; Harris, 1987c, p. 178).

5. Permitir que a participação clínica seja artística possibilita sustentar uma distinção entre "pensar sobre" (fora da sessão) e experimentar modos científicos e artísticos de investigação. Se esses são reconhecidos como diferentes caminhos na direção do conhecimento, eles podem se conectar de forma mais fecunda e se apoiar um no outro.

62   PSICANÁLISE: UMA ARTE OU UMA CIÊNCIA?

Isso deve reforçar tanto a apreciação da beleza do método quanto as vantagens pessoais derivadas de um local de trabalho relacionado ao "Quarto do Pensamento Virginal" (Keats), e não ao dos horrores.

O método artístico, ao contrário do método científico, não pode ser ensinado, somente assimilado. É aprendido por exemplo. A maneira de aprender o método artístico é identificando-se com (introjetando) um modelo da mente em que a estética tem um lugar central; as implicações disso serão discutidas no Capítulo 5. A teoria do conflito estético torna o próprio método psicanalítico o objeto estético: no vértice religioso, a divindade ou número (veja Meltzer & Williams, 1988, p. 23). Isso é o que governa o processo e orienta o analista na sua busca por sentido. Não é o analista que está conduzindo a análise; em vez disso, está sendo conduzido pelos seus objetos em comunhão com os objetos internos do paciente. É imperativo que o drama emocional seja uma experiência *presente*, caso contrário, essa comunhão não pode acontecer. A psicanálise ainda seria bidimensional, um "falar sobre" ao invés de um "tornar-se". Desta forma, a ênfase de Bion em evitar a memória e o desejo forneceu um elo perdido, que se fazia necessário antes que Meltzer pudesse elucidar a função do "belo" na psicanálise clínica, por meio do conceito de conflito estético. Isso permitiu uma nova ligação estrutural entre psicanálise e as formas de arte, como a literatura, que acabou de começar a se desenvolver. Pois a psicanálise, de acordo com Meltzer, é "um novo método tão antigo quanto a religião e a arte, mas menos pretensioso do que a ciência baconiana, menos autoritário do que a Igreja e menos efetivado do que as artes que desenvolveram seu ofício por vários milênios" (1980; 1994b, p. 473). A enorme quantidade de conhecimento sobre a mente que veio sendo armazenado em forma de arte ao longo dos séculos assume uma nova relevância para a psicanálise, enquanto que, de forma correspondente, ideias e práticas psicanalíticas têm o potencial para nos ajudar com problemas em acessar o conhecimento que está armazenado na arte. Ao reconhecer o seu lugar nessa tradição antiga, e aspirando suas implicações, "os analistas de hoje podem estar diante das bases de uma ciência de enorme grandeza no futuro, da mesma forma que os alquimistas lançaram as fundações para a química moderna e suas realizações surpreendentes" (Meltzer & Williams, 1988, p. 23).

Notas

1. A visão original de Meltzer da psicanálise como uma ciência veio sendo (como a de Bion) progressivamente modificada pela necessidade de incorporar suas qualidades artísticas, em primeiro lugar no que diz respeito à natureza autobiográfica da sua investigação (ver, por exemplo, 1983, p. 165), e depois, no que diz respeito à destreza do próprio método.

2. Carta de Williamson, 11 de novembro de 1823 (1956, vol. V, p. 309).

3. Linhas de Endymion citadas por Keats em uma carta a Taylor, 30 de janeiro de 1818 (1970a, p. 59). Keats disse que escrever aquele "argumento poderá ser, dentre tudo que já fiz, o maior serviço que prestei a mim – definiu-se diante de mim, de uma vez só, as gradações de felicidade, como uma espécie de termômetro do prazer".

4. Também associada à "cultura opressora da hipocrisia protestante dissidente", a qual ele sentiu que inibiu sua sexualidade na juventude (Bion, 1985, p. 43).

5. Veja também Meltzer 2005a, em que ele escreve sobre substituir as categorias finais de Bion G e H (sistema dedutivo científico e cálculo algébrico) "por categorias mais espirituais e kierkegaardianas de estética" (p. 422).

2. Conceitos estéticos de Bion e Meltzer

Em *The Claustrum*, Meltzer escreve que a "essência da psicologia pós-kleiniana" consiste na adição de aspectos geográficos e epistemológicos do funcionamento mental às categorias originais de Freud – a dinâmica, a genética, a estrutural e a econômica. Ele, então, acrescenta: "Se o aspecto estético assumirá suficiente distinção para criar uma sétima categoria é algo que continua em aberto" (1992, p. 50). Ajudar a dar "distinção" à categoria estética é, essencialmente, o objetivo deste livro.

Neste capítulo, gostaria de rever dois dos conceitos-chave centrais do modelo Bion-Meltzer da mente: o "conflito estético" de Meltzer e a "mudança catastrófica" de Bion. Eles são conceitos-chave porque estruturam todo o processo do "aprendendo da experiência", no sentido próprio de Bion dessa frase: o processo de desenvolvimento mental com todas as suas implicações éticas, emocionais e cognitivas. Qualquer obra de arte relevante pode ser considerada *relativa* a esses conceitos-chave, que compreendem todos os outros conceitos estéticos de Bion e Meltzer: o pensamento

66 CONCEITOS ESTÉTICOS DE BION E MELTZER

sem um pensador, o observador-observado, as Grades Positiva e Negativa, continente-contido (Bion), o teatro "gerador" de significado, a dimensionalidade, a reciprocidade (Meltzer), o "objeto combinado" que rege a ética do mundo interior e a renúncia da memória e do desejo (Bion), a "capacidade negativa" de Keats.

Do ponto de vista de Bion, não há dor sem imaginação, e, na ausência de dor, não há vida mental. Mas existe sim uma "inexistência" (*nothingness*) para a qual diversas atividades podem ser um "disfarce", que vão desde as depredações de guerra e o terrorismo até as medidas aparentemente civilizadas das câmaras de debate ou da impecável "técnica" psicanalítica (1991, p. 610). O conselho de Bion era: "mantenha-se perto da linha de fogo", isto é, das realidades da dor mental, porque o derra mamento de sangue provocado por não combatentes que ficam nos bastidores pode ser terrível, seja ele interno ou externo (2005a, p. 95). Seus escritos estão imbuídos de um sentimento de perigo em relação à possibilidade real de que a vida mental possa ser extinta se a imaginação não for, no mínimo, "um pouco arejada" (1997, p. 47) e, espera-se, envolvida no disciplinado processo de "conjectura imaginativa" que sustenta tanto a produção de sentido na psique individual quanto a evolução da psicanálise como uma ciência inspirada. Na falta disso, é provável que a psicanálise torne-se "extinta", assim como outras espécies de animais e existências intelectuais não viáveis ou excessivamente complicadas: por isso, a necessidade de aprender a tolerar a "mudança catastrófica". A orientação estética da realidade que tanto Bion quanto Meltzer veem como poeticamente implícita no conceito de "posição depressiva" da Sra. Klein é indispensável.

Apesar da "mudança catastrófica" ter sido formulada primeiramente, considerando que o "conflito estético" acontece antes em termos de desenvolvimento psíquico (a não ser que consideremos o nascimento como a primeira catástrofe), eu analisarei os conceitos nesta ordem.

Conflito estético

O "conflito estético", elaborado em *The Apprehension of Beauty* (Meltzer & Williams, 1988) e em seu companheiro metafísico, *The Claustrum* (Meltzer, 1992), foi formulado pela primeira vez por Meltzer em *Studies in Extended Metapsychology* (1986) e esboçado em *The Psychoanalytical Process* (1967). Sua gênese, como um conceito, reside em três campos. O primeiro é o trabalho clínico, em particular, aquele com crianças autistas, ao qual Meltzer alega ter fornecido uma "solução" para as falhas na formação de símbolos em virtude de uma falta de dimensionalidade.

O segundo campo é o da observação de bebês, resultado da influência de Esther Bick e Martha Harris; o terceiro reside na apreciação estética da poesia e nas especulações da filosofia poética. A expressão de Milton para o fenômeno de conflito estético foi "o cerco odioso de contrários",* como experimentado por Satanás em resposta à beleza da Terra ("Paradise Lost", IX: 121-122); e foi Wordsworth que, em sua descrição de como o bebê "adquire paixão dos olhos de sua mãe", escreveu pela primeira vez sobre "aquele caráter inato mais apreensivo", que é o terreno fértil para o desenvolvimento da personalidade (*The Prelude*, II: 232-40). Pretendo falar mais sobre as raízes poéticas do conflito estético, mas antes resumirei brevemente a visão fundamental que o conceito representa.

---

* No original, *hateful siege of contraries*. [N.T.]

68   CONCEITOS ESTÉTICOS DE BION E MELTZER

Em *Extended Metapsychology*, Meltzer escreve que

> *a observação psicanalítica e a observação infantil reve-*
> *lam, assim como fazem os poetas, que o "conflito estético"*
> *na presença do objeto é primário em relação aos confli-*
> *tos de separação, de privação e de frustração, aos quais*
> *muitas reflexões têm sido devotadas. (1986, p. 182)*

Esta é a grande reorientação para os problemas altamente complexos do desenvolvimento normal, que coloca a epistemologia psicanalítica alinhada aos poetas e à relação mãe-bebê. Em relação a esta última, Meltzer escreve em seu artigo sobre Money-Kyrle:

> *Talvez tenha sido a experiência de ouvir aos seminários*
> *de observação mãe-bebê, nos últimos anos, que tenha*
> *me sensibilizado tanto para a inadequação do modelo*
> *psicanalítico... para descrever as nuances e complexida-*
> *des desse relacionamento primário. (1981; 1994c, p. 503)*

Meltzer associa a "beleza diária" (*Otelo*) na vida de uma criança com a sua "busca por conhecimento e entendimento" (Meltzer & Williams, 1988, p. 54), e acredita que a beleza de um bebê recém--nascido não reside na sua aparência, mas na sua "infantilidade*... [que] nos leva a vislumbrar o seu futuro" (ibid., p. 57), embora ele esteja ciente de que a maioria das mães discordaria de que um bebê não é bonito também no sentido objetivo. Em *Apprehension of Beauty*, ele escreve:

---

*   No original, *baby-ishness*. [N.T.]

flor ou pássaro de plumagem exuberante nos impõe tanto o mistério da experiência estética quanto a visão de uma jovem mãe com o seu bebê no seio. Nós entramos em um berçário tal qual em uma catedral ou nas grandes florestas da costa do Pacífico, silenciosamente, com a cabeça descoberta... [Winnicott] estava certo ao usar a palavra "comum", que remete à regularidade e ao hábito, em vez de "média" estatística. A experiência estética da mãe com seu bebê é comum, normal, costumeira, pois carrega milênios de anos anteriores, desde que o homem viu pela primeira vez o mundo "como" belo. E nós sabemos que isso vem desde, pelo menos, a última glaciação. (Meltzer & Williams, 1988, p. 16)

A primeira arte registrada data de 35 mil anos atrás, e constitui evidência duradoura do homem enxergar o mundo como belo, uma vez que o objeto de arte (seja qual for a sua função ostensiva) é sempre uma resposta à percepção da beleza, e isso indica algo especial da mentalidade humana, talvez até mesmo indicando o ponto evolucionário no qual a mente evoluiu a partir do cérebro. Pode-se até especular além, e indagar se não foi a capacidade do *homo sapiens* em apreender a beleza com reverência religiosa o que lhe permitiu (ao contrário dos neandertais) sobreviver à Era do Gelo.[1] Nesse caso, dar mais atenção à nossa apreensão da beleza do que às nossas armas de destruição em massa pode não ser tão inútil quanto parece.

O "conflito estético" pressupõe olhar para o desenvolvimento mental como uma função estética, fundada no princípio da reciprocidade entre a mente interna infantil e seus objetos internos, a começar com a real resposta do bebê à mãe-enquanto-o-mundo,

70 CONCEITOS ESTÉTICOS DE BION E MELTZER

que serve como protótipo para todas as explorações mentais subsequentes. É a complexa experiência da beleza do mundo, juntamente com o desejo de conhecê-lo, que põe em movimento a peculiar atividade humana de criar símbolos, uma função do "nível estético" da mentalidade (Meltzer, 1986, p. 200). Símbolos, tal como relacionamentos íntimos, representam nosso "esforço para falar do sentido interior das coisas" (Harris) e são atos comuns em tributo ao princípio da beleza no mundo.

A divindade é, inicialmente, o seio como objeto combinado, uma descoberta de Klein que ela considerava ter um toque de ambivalência, assim como todas as ideias novas (ou redescobertas). Redescobertas, porque é da tradição agostiniana a ideia de que a beleza do universo foi criada por Deus como uma composição de opostos. O "objeto combinado" (pais internos homem-mulher conjugados) foi descoberto por Klein através de seu trabalho com crianças; e, embora tenha ficado inicialmente impressionada pelo potencial persecutório que ele tinha, mais tarde ela passou a ver, ali, "uma qualidade pouco perceptível nos pais externos: sua privacidade essencial, ou até mesmo, sua sacralidade" (Meltzer, 1991; 2005c, p. xvi). O objeto combinado é fonte de confiança e também de desconfiança, de modo que Klein sentiu que ele poderia ser algo avassalador para a mente infantil (Meltzer, 1978a, vol. II, p. 113). Sua beleza é a fonte ou a qualidade regente de onde são derivadas a riqueza emocional e as qualidades éticas, como a bondade e a força; e é em relação a este objeto combinado e sua potencialidade para o "amor apaixonado" (Bion, 1991, p. 183) que, em última análise, "todo trabalho é sexual em seu significado" (Meltzer, 1973, pp. 94, 130). No entanto, embora a primeira reação seja de "maravilhamento pela alvorada" (Meltzer & Williams, 1988, p. 29), fundada no impacto da beleza sensuosa, ela fica quase que imediatamente prejudicada pela ambiguidade do interior materno, que se apresenta como desconhecido e incognoscível. O conteúdo mental da mãe – a face humana do O bioniano – provoca uma "incerteza torturante" (Meltzer, 1992, p. 61). Essa é a feiura que aguça a percepção da beleza na *presença* do objeto. Consequentemente, as emoções gêmeas de amor e ódio passam a existir, e as flutuações na tolerabilidade do impacto combinado entre elas colocam as orientações de valor de Ps (esquizoparanoide) e D (depressiva)[2] em uma oscilação perpétua. A estabilidade da posição depressiva não se encontra na conquista de uma inércia confortável, mas no fortalecimento da personalidade por meio de uma melhor capacidade para suportar a inveja e a destrutividade.

Quando o impacto do belo é excessivamente forte, pode ser que ele seja modificado, não pela continência, mas pela obscenidade, que tem suas utilidades. Veja o poema *"Switzerland"* (Suíça) de Roland Harris:

> *It is a relief to descend to the towns...*
> *Hotels and public buildings indistinguishable;*
> *A certain grossness of piety, unaware*
> *Of the terrible aspect of the godhead.*

> *A relief, a balancing truth, that leaves*
> *The immaculate mountainry; so that it would be torture*
> *In Spring with all her blossom, to the implacable*

> *Glory of winter, to see so much perfection –*
> *The magical hills, made "rather recently,*
> *Geologically speaking, of fish bones" – and decorated with frozen water.*

> *É um alívio descer às cidades em seus níveis...*
> *De hotéis e edificações públicas indistinguíveis;*

Uma certa obscenidade da piedade,
inconsciente do terrível aspecto da divindade.

Um alívio, uma verdade harmonizada, que torna
Imaculado o seu contorno; ao que seria uma tortura
Durante a primavera com toda sua florescência, até o implacável

Resplendor do inverno, assistir tamanha perfeição –
As mágicas colinas, que
Geologicamente falando, a pouco foram formadas,
a partir de ossos de peixes – e que têm água
congelada como decoração.

Nem todas as recusas ao impacto do objeto estético são patológicas; elas também podem ser uma diluição necessária para tornar a vida diária tolerável. Como Keats disse, "para estar apto a este mundo, um homem deve ter o aspecto refinado de sua alma removido" (carta a Reynolds, 22 de novembro de 1817; 1970a, p. 40).

Após a instauração da apreensão do belo, é a tensão criativa entre o amor (L) e ódio (H), e a oscilação de Ps↔D em um campo de fluxo de valores, que governam o desenvolvimento dos processos de pensamento. Pode-se verificar que esse fluxo tem implicações estruturais e éticas. A tensão mobiliza o desejo de conhecer o objeto estético, e este, por sua vez, afeta a maneira como a mente é formada e estruturada. A beleza, como diz Bion, "ajuda a formulação" (1991, p. 588). É indutora de crescimento e, reciprocamente, "o crescimento é o princípio da nossa beleza" (Roland Harris, "*Intervalos da sala de aula*"). No entanto, como acontece com qualquer impulso dominante, a mente infantil pode rebelar-se contra sua própria dominância: daí vem a interpretação de Bion de autoassassinato como uma rebelião contra o impulso a existir (1991, p. 609), ou a descrição de Meltzer da "desmentalização"* em crianças autistas – um estado que se abstém da dor do conflito estético, mas também da falta de desejo de atacar a mãe, substituindo uma identificação adesiva para uma projetiva.

Portanto, não é somente o instinto epistemofílico – que por natureza é perigoso, penoso, feio e monstruoso – que levou Melanie Klein a ser cautelosa em relação ao seu potencial de destrutividade e a vê-lo como um tipo de ataque contra a mãe ou ao objeto estético. O abandono do instinto epistemofílico é igualmente perigoso, tal como Bion aponta na fábula de Virgílio, contada inúmeras vezes, em que Palinuro adormece no leme, devido à sua falta de curiosidade sobre a aparente calmaria do Mediterrâneo (latência). "O que aconteceu com a tempestade?" Ela não tem "características" (2005a, pp. 101-102). Mas a tempestade está *lá*, você podendo vê-la ou não. Dormir pode ser tanto uma oportunidade para conhecer a verdade de uma condição psíquica, quanto pode ser uma tentativa de escapar dela. A última opção é muito mais catastrófica – no sentido de desastre – do que simplesmente fazer um *acting-out* como o resto da frota adolescente. O leme da atenção é arrancado da sua quilha subtalâmica.

Bion e Meltzer, portanto, reconhecem a necessidade benéfica do impulso epistemofílico: a "Investigação", ou "Édipo", como Bion inicialmente denominou em sua Grade. Eles consideram-no como a fonte dos caminhos científico e artístico para o conhecimento: o científico, por meio da exploração do interior, e o artístico, por esperar que a voz do interior venha a se manifestar. Eles representam dois tipos complementares de atenção, a "penetrante" e a "passiva" (Meltzer, 1986, p. 181), e estão relacionados à tensão entre

---

* No original *mindlessness*. [N.T.]

74 CONCEITOS ESTÉTICOS DE BION E MELTZER

conhecer o interior e o exterior do objeto. Ambos diferenciam-se da identificação intrusiva, que busca controlar o interior do objeto (tal como na ciência prometeica) e que está associada à mágica e à violência. Foi a necessidade de restituir valor ao impulso epistemofílico que levou a essa diferenciação entre as formas de projeção comunicativa e intrusiva. As formas inspiradas de arte e de ciência estão igualmente sob a égide da posição depressiva, alcançada por meio da identificação projetiva comunicativa (ibid., p. 191). Isto tem a qualidade de ponderação do "vértice religioso", na formulação bioniana dos "três vértices" da ciência, da arte e da religião; quando tais vértices se engajam em uma tensão que não é muito frouxa ou solta, eles agem em conjunto para "promover a verdade como meta" e conduzir a personalidade aos reinos desconhecidos da sua futura existência (Bion, 1973-1974, vol. I, p. 96). A mente comprometeu-se com o "tornar-se".

Ciência, arte e religião são, portanto, facetas complementares de qualquer mente e precisam ser colocadas em prática simultaneamente, uma vez que o instinto epistemofílico já tenha sido despertado pelo conflito estético. Os vértices constituem uma tensão criativa, mas não um fluxo de valor. O fluxo de valor refere-se aos diferentes tipos de identificação que prevalecem em relação ao objeto estético; estes podem tanto promover quanto retardar o crescimento. A mente infantil, quaisquer que sejam seus atributos, apresenta-se para revelar a si mesma e desenvolver a sua ética individual no âmbito de orientações alternativas ao objeto estético.

Meltzer descreve isso como "peitar a correnteza", ou seja, resistir à tentação tanto de se conformar quanto de se opor a (1986, p. 20). Já para Keats, trata-se do ato de transformar um "mundo de circunstâncias" em uma oportunidade para "o cultivo da alma" (1970, p. 249).

A luta entre as formas intrusivas e comunicativas de projeção relativas ao conflito estético não pode ser mais bem ilustrada do que em *Hamlet*, quando o protagonista busca pelo "país desconhecido" do seu futuro eu, e torna-se preso em um mundo-representação onde o mistério interior é tratado como segredo político, e não há espaço para reciprocidade simbólica. A ideia de "representar" torna-se sinônimo de manipulação, mais do que um descobrir através da arte.[*] Em *Hamlet*, todos os tipos de atuação e ação tendem a ser movimentos falsos em vez de ficções sobre revelação; são todas "ações que um homem pode representar". Como alternativa, o interpretar é contrastado com a ideia de "*holding*" – a capacidade de observar sem interpretar, que é, substancialmente o ponto central na relação de Hamlet com Horácio, como em "Se jamais me tiveste em teu coração", ou:

> *Give me that man*
> *That is not passion's slave, and*
> *I will wear him In my heart's core, ay, in my heart of heart,*
> *As I do thee.*
> (Shakespeare, *Hamlet*)

> *Me mostra o homem que não é escravo da paixão*
> *E eu o conservarei no mais fundo do peito,*
> *É, no coração do coração – o que faço contigo.*
> (Shakespeare, *Hamlet*. Tradução de Millôr Fernandes)

Contrabalanceando esse protótipo de um espaço psicanalítico de "*holding*" está o ambíguo *lobby* dos sonhos, no qual Hamlet faz tentativas vãs de conter simbolicamente seus próprios pensamentos

---

[*] Para uma discussão mais completa sobre Hamlet (da qual este parágrafo foi retirado), ver "*The Undiscovered Country*" (Williams 1988a).

sobre o objeto estético que pode ou não ser encarnado por Ofélia. Sua luta interior, no fio da navalha, não é ajudada por figuras parentais pertencentes à corte (o Horácio é um estranho), mas, em vez disso, é agravada pela curiosidade intrusiva deles, como trouxe à tona a "cena do *lobby*". O *lobby* é parcialmente aberto para o céu, criando uma espécie de exterior artificial no centro claustrofóbico da corte; é o lugar onde Polônio e Hamlet discutem as formas das nuvens, e este insinua que a forma de príncipe que ele está procurando não é a de um camelo, de uma fuinha ou de uma baleia; um lugar que Hamlet considera a um passo da sepultura, como quando Polônio lhe pergunta: "O senhor evitará completamente o ar, meu Príncipe?", e ele responde: "Entrando na tumba?". O *lobby*, enquanto um espaço, também ecoa o cárcere do fantasma no purgatório, cujos "segredos" ele está "proibido de contar". Enfim, é ambíguo o quanto o *lobby* é uma câmara de sonhos ou uma prisão de pesadelos. Nele, o príncipe está "limitado a poucas palavras" ensaiando a interação entre espaço infinito e pesadelos.

A turbulência que perturba o aspecto narcisista, ainda que em formação, da mente adolescente está descrita no seguinte poema por Roland Harris:

> *There is a stream quite near to me, I thought I knew it well,*
> *But tonight as I stared down to its depths I didn't recognise myself.*
> *The above me broke up loud*
> *Into a thousand places and smashed my face*
>
> *In the stream, and for my life*
> *I couldn't fit me together again. My nose was sunk and out of view*
> *My eyes twisted and apart*
> *My mouth turned down upon a wave.*
>
> *Yet all I long for is calm clear water And life to survive around Me.*
> *For love to grow well through my veins And peace forever after.*

To be left alone with those
I love For this endless turmoil to cease, to cease.
I'm afraid that the only way
To find this previous life
Is to run a knife right through my heart
And end the confusion emotion presents.
(Harris, "There is a stream", unpublished)

Há um riacho um tanto perto de mim,
Eu pensei que eu o conhecia bem,
Mas hoje à noite, enquanto confrontava-me com suas profundezas
Não me reconheci.
Meu firmamento rompeu-se ruidosamente
Em mil lugares e esmagou meu rosto

Dentro da corredeira, e para minha vida
Eu não podia mais me encaixar novamente.
Meu nariz afundou e ficou fora de vista
Meus olhos se distorceram e desmontaram
Minha boca dobrou-se sobre uma onda.

No entanto, tudo que espero é água clara e calma
E que a vida sobreviva ao redor de mim.
Que o amor cresça forte em minhas veias
E paz para todo sempre.
Ser deixado sozinho com aqueles que amo
Que essa perturbação sem fim acabe, acabe.
Tenho medo de que a única maneira
De encontrar essa vida anterior

Seja atravessar uma faca direto em meu coração
E por fim ao caos emotivo existente.
(Harris, "Há um riacho", não publicado)

78 CONCEITOS ESTÉTICOS DE BION E MELTZER

O "caos emotivo existente" despedaça a autoimagem do adolescente que, como o autêntico Narciso, buscava a confirmação da sua identidade em um reflexo de um riacho, mas assim como *Humpty Dumpty*, descobre que não pode juntar os pedaços novamente. O caos é a chave para a mudança que gera desenvolvimento; pois turbulência, nas palavras de Bion, é onde o O "intercepta" a condição humana (Bion, 1973-1974, vol. II, p. 30); ela torna visível o invisível. Uns dos seus símbolos favoritos, e frequentes, dessa turbulência são as espirais de cabelo e água desenhadas por Leonardo da Vinci:

> *Eu não seria capaz de ver um riacho que estivesse fluindo tranquilamente sem qualquer obstáculo que o perturbasse, porque ele seria muito transparente. Mas se eu criar uma turbulência, fincando um graveto, então posso vê-lo. Da mesma forma, a mente humana pode criar uma turbulência, e alguma mente sensível, intuitiva e talentosa, como aquela de Leonardo da Vinci, pode desenhar quadros das turbulências, reminiscências de cabelos e água. Ele pode traduzir essa turbulência e transformá-la, fazendo marcas no papel e na lona que nos são claramente visíveis. Mas nós não podemos "ver" tão facilmente essa turbulência no mundo que chamamos de mente. (Bion, 1973-1974, vol. I, pp. 41-42)*

Como na história favorita de Bion, Palinuro, o timoneiro inabalável, a mente adolescente (a mente à beira da mudança catastrófica) pode esperar por "águas calmas e claras", mas não pode evitar a dor do ponto crucial emocional: o pau-faca-quilha que atravessa a superfície aquosa turva de seu desejo de latência e revela a realidade da mente.

O conflito estético substitui a dualidade freudiana-kleiniana dos instintos de vida e de morte por uma polaridade entre o conflito emocional vital e a evitação cínica do conflito emocional. Klein considerava que essa tensão fundamental já operava imediatamente após o nascimento, e Bion e Meltzer localizaram mais cedo ainda suas origens primitivas prototípicas. A tensão entre amor e ódio, quando plenamente vivida "na pele" (como diria Keats) leva ao verdadeiro autoconhecimento. Essa força vital composta e complexa difere especificamente da ideia de amor ou vida "instintual" e da ideia de prazer *versus* desprazer. Ela está conectada, como Bion muitas vezes salienta, com a "vinculação" e a capacidade de tolerar ligações emocionais. Ódio ou inveja não são mais forças consideradas más ou antidesenvolvimentistas, mas sim a negação de toda emotividade na forma das não emoções de -L e -H, e que levam a uma condição de -K, a ausência ou a perversão do autoconhecimento (Grade Negativa de Bion). O Iago de Shakespeare difere-se do Satã de Milton precisamente na sua não emotividade, na sua "malignidade sem motivo", como diz Coleridge. Amor e ódio "penetram", segundo Bion, enquanto que a "banalidade" não (1991, p. 618). Tal como a faca-quilha, isso é algo que traz à luz a dor associada a um objeto que desperta tanto aspiração quanto suspeita de abandono – a angústia arquetípica subjacente a todas as outras. O objeto estético funciona como um ímã para a turbulência emocional. A turbulência é um sinal da presença tanto de uma personalidade humana quanto de uma realidade básica ou fundamental, um aspecto de O. É por isso que todos os poetas falam, explícita ou implicitamente, "daquela beleza que, como Milton exalta, tem terror nela" (Wordsworth, *The Prelude*, XIII: 225-226). Tal como Roland, personagem de Bion, diz em *A Memoir of the Future*: "Eu admirava as grandes nuvens de tempestade quando elas se elevavam acima dos campos dos milhos dourados. 'Robin', eu costumava dizer, 'vamos ter de usar as foices quando esta tempestade

80 CONCEITOS ESTÉTICOS DE BION E MELTZER

tiver achatado o milharal'" (Bion, 1991, p. 479). O mamilo-dentro-
-do-seio dá e também tira; o objeto combinado não é um objeto
de conforto.

A ideia de "beleza" aqui é, portanto, um problema complexo,
que contém em si a sensação de feiura e monstruosidade. Assim
como Shakespeare colocou para Caliban, "essa coisa de escuridão, eu reconheço-a minha" (*The Tempest*, V.i: 275). A capacidade
terapêutica do objeto estético (belo) não resulta da modificação
da feiura das emoções destrutivas ou dolorosas (como às vezes é
dito); pelo contrário, o objeto conserva suas qualidades perigosas.
De acordo com Bion, o processo psicanalítico belo deve inspirar
medo no início de cada sessão. Não é a função do objeto estético
domar os animais selvagens ˙do "zoológico psicanalítico" (Bion,
1985, p. 200). Não é suficiente para o objeto estético ser apenas um
continente; ele também deve ser um transformador, e a plenitude
do impacto da beleza tem esse poder. Keats fala disso no contexto
em que explica seu conceito de capacidade negativa: "com um
grande poeta... o sentido da beleza supera qualquer outra ponderação, ou melhor, suprime toda ponderação", e por meio da "intensidade" dessa busca, "tudo que é desagradável evapora-se, a partir da
sua estreita relação com a Beleza e a Verdade" (carta a seus irmãos,
21, 27 de dezembro de 1817; 1970a, pp. 42-43).

Isso remonta à estética do século XVIII e o jogo entre o
"sublime" e o "belo"; a agradável beleza é contraposta ao tipo de
beleza sublime de Logino (*hypsos*), que tem associações com medo
e estranhamento, minando nossos preconceitos com relação ao
que é harmonioso. A oculta beleza interior das ideias parece feia
e monstruosa à mente existente, que não quer modificar-se em
forma alguma que o Destino ou a Necessidade venham a deman-
dar posteriormente. A verdade em si mesma pode parecer "feia
e assustadora" (Bion, 1977, p. 32). Isto é crucial para o aspecto

MEG HARRIS WILLIAMS   81

teológico desse modelo pós-kleiniano e para o papel da "fé" psicanalítica, cuja significância passa a primeiro plano em relação à mudança catastrófica e à formação de símbolos. É uma característica do modelo que não pode ser compreendida sem a devida apreciação das "ligações negativas" e de como elas devem ser distinguidas da vitalidade das emoções positivamente ligadas de amor e ódio e suas infinitas variações.

Em *Extended Metapsychology*, Meltzer escreve que a ideia de "ligações negativas" é "profundamente estranha à tradição ocidental em filosofia e teologia, mas não à oriental na qual a infância de Bion esteve mergulhada, como Aquiles, nas mãos de sua ayah" (1986, p. 26). Trata-se de uma visão que ele mais tarde modificou, uma vez que, factualmente, essa polaridade fundamental nunca foi estranha aos poetas e filósofos-poetas; e Meltzer veio a reconhecer que o -K de Bion estava bastante presente na "tradição de Milton, Blake e Coleridge" e de outros poetas ingleses (Meltzer & Williams, 1988, p. 19). Além de acolher os poetas e suas caixas de tesouro de belas sabedorias, Meltzer (1995b) também passou a considerar a Grade de Bion como uma estrutura de "beleza real", que postulava o objetivo último do pensar não como ação, mas como comunicação, e cuja última categoria aspirava pelo "estético ou espiritual", mas foi apenas em *Memoir* que a visão de Bion sobre isso realmente se tornou clara (ver Meltzer, 2005a, p. 422). Certamente, o próprio Bion considerava a matemática como uma forma de poesia, não como a sua antítese, e citou Valéry em relação a isso (1997, pp. 47-48), apesar de ele ter tido que admitir que era difícil comunicar a interlocutores comuns sobre sua fé pessoal no cálculo como uma estética universal, ou "linguagem de consecução", no sentido de Keats.

A distinção entre a emocionalidade positiva e a negativa, ou não emocionalidade, é a sustentação da Grade, ainda que isso não

82 CONCEITOS ESTÉTICOS DE BION E MELTZER

fizesse parte da formulação inicial. Essa ideia "fundamental" (no termo escolhido por Bion) é defendida por todos os grandes poetas, mas em nenhum lugar de forma mais simples e mais veemente do que nos escritos de William Blake, por isso vou tomar emprestada a exposição dele para esclarecer essa questão aqui.[*] Tal como todas as formulações poéticas, o esquema blakeano de "negações" *versus* "contrários" é tanto típico quanto idiossincrático. Típico, na medida em que apoia o princípio poético subjacente de desenvolvimento mental; idiossincrático por Blake ter chegado a ele por meio do seu próprio aprender da experiência individual. Individual, "mas não sozinho", como diria Milton ("Paradise Lost", VII: 28), já que evoluiu em resposta a conversas com seu o objeto estético interno.

Blake descreve a criatividade humana em termos da purificação da visão que acontece quando a vitalidade das paixões é reconhecida em *"The marriage of heaven and hell"*. No ponto de vista blakeano, *ver* o infinito é *ser* humano:

> *If the doors of perception were cleansed every thing would appear to man as it is, infinite.*
> *For man has closed himself up, till he sees all things thro' narrow chinks of his cavern.*(*The Marriage of Heaven and Hell,* 1790; Blake, 1966, p. 154)

> Se as portas da percepção fossem purificadas, tudo apareceria ao homem como é, infinito.
> Pois o homem fechou a si mesmo, até que veja todas as coisas através das fendas estreitas da sua caverna". (*The Marriage of Heaven and Hell,* 1790; Blake, 1966, p. 154)

---

[*] A discussão sobre Blake, aqui, é baseada em "Blake: the mind's eye" em *The Chamber of Maiden Thought* (Williams & Waddell, 1991, pp. 70-81).

Essa purificação é conquistada por meio do conflito estético que, neoplatonicamente, penetra a percepção dos sentidos e torna a visão imaginativa, expansiva e translúcida, criando o "paraíso interior" que Milton predisse no final de "Paradise Lost". A luta poética de Milton com o "cerco dos contrários" passa a ser a doutrina de Blake: "Sem contrários não há progressão. Atração e Repulsa, Razão e Energia, Amor e Ódio, são necessários à existência humana" (*The Marriage*, p. 149). Para Blake, emoções "contrárias", tais como amor e ódio são evidências de uma ligação vital com divindades internas.[3]

As "negações", por outro lado, são as operações da personalidade onipotente; elas servem ao "poder de raciocínio" humano que, na terminologia de Blake (diferente de Kant ou Coleridge), significa um tipo ilusório de inferência que reduz e aprisiona a vida sentimental. Se a percepção não é resgatada através da tensão interna de amor e ódio, o homem entra em um estado de "não entidade" espiritual ou "equívoco", que em seus livros proféticos Blake chama de Ulro, a sua própria versão do inferno: uma condição de autoaprisionamento, delimitada pelas impressões sensoriais sem sentido; as paredes da caverna, como o manto de elementos-beta do Bion ou o *Claustrum* de Meltzer. A visão de Blake supera tanto a doutrina cristã do pecado e do arrependimento quanto o empirismo racionalista. A não entidade, mais que o pecado, inclui o mal a que o homem está propenso, e só é reversível através do dinamismo espiritual de paixões contrárias que atribui a ele uma visão complexa. A formulação de Bion de como uma "não emoção" passa a substituir uma emoção é muito semelhante: "A não realização é experimentada como uma não-coisa... É, portanto, criado um domínio do não existente" (Bion, 1970, p. 20).

Ficará evidente que a utilização do termo blakeano "negativa", assim como do bioniano (1980, pp. 68-69), é diferente do "domínio

84 CONCEITOS ESTÉTICOS DE BION E MELTZER

da negativa" como empregado em algumas outras teorias psicanalíticas, nas quais é, mais ou menos, sinônimo do termo "inconsciente". "Negações não são contrários", insiste Blake; "Contrários
mutuamente existem; / mas negações não" (*Jerusalem*, Blake, 1966,
p. 639). Na aplicação blake-bioniana, a "negativa" refere-se ao
mundo sem paixão que justifica o mal que os homens infligem a si
mesmos. É essa falta de paixão, ao invés de paixão excessiva, que
resulta na "guerra corporal", e o único remédio, na perspectiva de
Blake, é a guerra interna ou "espiritual". A negatividade do *Claustrum* tem de ser considerada em conjunção com o conflito estético,
que é despertado pela experiência primordial da mãe-enquanto-
-o-mundo. Blake nomeia sua mãe-mundo interna de Jerusalém
ou Jesus; a partir desse espaço, os "Eternos Nascimentos do Intelecto" emanam adiante como "infantes". Os "Tesouros do Céu", ele
escreve, "não são Negações da Paixão, mas Realidades do Intelecto,
a partir das quais todas as Paixões emanam incontroláveis em Glória Eterna", e os homens são "expulsos" do céu somente se não tive-
rem "nenhuma Paixão própria por não ter nenhum Intelecto" (*A
Vision of the Last Judgment*, 1966, p. 613). Keats também afirma,
frequentemente, a qualidade desenvolvimental de um "conjunto
misto" de paixões em frases tais como: "Tenho a mesma Ideia a
respeito de todas as nossas Paixões, tal como do Amor – elas estão
todas no sublime, criadoras de beleza essencial" (carta a Bailey, 22
de novembro de 1817; 1970a, p. 37).

Em outras palavras, o mundo da antipaixão, ou menos LHK,
não restringe apenas a imaginação, mas o poder de pensar: é essencialmente estúpido. Como Meltzer aponta:

> *Felizmente, as forças em busca da verdade são inteli-*
> *gentes, e aqueles que vão contra ela são fundamental-*
> *mente estúpidos, dependentes da imitação negativa e da*

perversão da verdade – ou do máximo que podemos ter de proximidade com ela: a veracidade da observação e do pensamento. (Meltzer, 2005c, p. xix)

"Antes matar um bebê em seu berço do que alimentar desejos irrealizáveis", Blake escreveu provocativamente (*The Marriage*, 1966, p. 149), alegando que desejos ou paixões que não atingem nenhuma organização estética ou realização são, com efeito, bebês assassinados no mundo da mente. A forma "sublime" das paixões (na metáfora de Keats) é o resultado de uma espécie de reação química que as coloca em consonância com a beleza "essencial" e a verdade, as formas platônicas.

A partir da formulação do "conflito estético", entende-se que todo o universo da psicopatologia caracteriza-se por ter se afastado desse conflito (ver Meltzer, 1986, p. 208), como se vê, por exemplo, no olhar vago do terrorista, na complacência de líderes mundiais, no anonimato do comitê. A tentação de retirar-se da emotividade despertada pela beleza foi expressa, em sua forma mais conhecida, nas palavras de Hamlet: "Que obra de arte é o homem... Na ação, é como um anjo, na apreensão, é como um Deus: a beleza do mundo, o paradigma dos animais – e, no entanto, para mim, o que é esta quintessência do pó?" (Hamlet, II.II: 303-308).

Na filosofia de Blake, a visão de Jerusalém – mãe-e-bebês internos – é recuperada quando o homem deixa de cultuar suas próprias mentiras inventadas ou seus "equívocos" (*A Vision*, 1966, p. 617). Assim que uma pessoa "deixa de contemplar" essas construções, elas desaparecem, em grande medida na linha da concepção de mentira de Bion como um acobertamento de uma verdade que já é "conhecida" (1970, p. 100). Uma mentira é algo que "não existe", diz Blake; ela reside no "domínio do não existente" de Bion, que abriga todas as "não emoções" (Bion, 1970, p. 20).

Blake imagina a beleza do mundo em termos platônico-teológicos de um Sol, que pode ser visto de duas maneiras: seja como fonte de ideias ou obscurecido por preconceitos:

> *"O quê?", será questionado, "Quando o Sol nasce, você não vê um disco redondo de fogo, parecido com uma moeda guinea? 'Ó não... não, eu vejo uma inumerável multidão do exército celestial gritando: "Santo, Santo, Santo é o Senhor Deus Todo-Poderoso". Eu não questiono meu Olhar Corpóreo ou Vegetativo mais do que eu questionaria uma Janela relativa a uma Vista. Eu olho através dela e não com ela. (A Vision of the Last Judgment, Blake, 1966, p. 617)*

É a isso que Meltzer está se referindo quando distingue "invenção" de "descoberta", e Bion, quando define uma "mentira" como "uma falsidade associada à moral" (1970, p. 117). Estupidez, portanto, consiste em idolatrar o que Bion chama de visões *"trompe l'oeil"* – as limitações da própria inteligência:

> *A verdade. Com o que se parece? Quem quer ser confrontado com uma representação trompe l'oeil do Paraíso? Tais confecções são perdoáveis a um agente nos vendendo nosso lar terreno, mas não para o nosso lar eterno – o nosso self. (1980, pp. 126-127)*

Esse tipo de conhecimento suave e falso é uma arte de único vértice, que exalta a mágica onipotência infantil até o ponto em que se torna uma mentira. A mentira é inseparável do seu pensador (Bion, 1970, pp. 102-103); a verdade existe para além dele. A mentalidade *trompe l'oeil* satisfaz sua própria vontade, sem a preocupação com as realidades interna ou externa exigidas pelos vértices religioso e científico na tensão criativa. Ela não pode "visar além de" (Bion) de modo a permitir enxergar através do vidro, mesmo que obscuramente, como na conhecida metáfora de Pauline, sucintamente expressa por George Herbert:

A man that looks on glass On it may stay his eye,
Or if he pleases through it pass
And then the heavens espy.

("The Elixir")

Um homem que olha no vidro Nele pode vidrar seu olhar,
Ou, se lhe apraz passar através dele
Pode, então, os céus espiar.

("O Elixir")[4]

A visão *trompe l'oeil* cofunde o mistério do interior do objeto estético com um segredo a ser decodificado e imitado, pintado sobre o vidro tal como a "cobertura"* de mentiras, várias vezes descrita por Bion. Atribuir importância demais à técnica psicanalítica, por exemplo, pode ser apenas uma "coberta"** para a falta de inspiração (Bion, 1991, p. 610). Ao mesmo tempo, a memória e o desejo também obscurecem o objeto estético ou o O subjacente.

Milton expressa mais evocativamente do que qualquer outro o medo de cair nos campos Aleanos do equívoco: "Errante lá a vaguear desamparado" ("Paradise Lost", VII: 20). Para ele, errar é estar desprovido de orientação interior em uma visão; mais do que mentir diretamente, é ter um sonho vazio. O medo do poeta, como o de Adão, é do desamparo. Mas seu Satã, que sabe a verdade e que começa com o esplendor sombrio da "queda do arcanjo", degenera gradualmente no que Bion chama de "inexistência" (*nothingness*), por abraçar a mentira na alma de forma tão obstinada; sua imaginação

---

* No original, "*covering*". [N.T.]
** No original, "*cover*". [N.T.]

88 CONCEITOS ESTÉTICOS DE BION E MELTZER

original calcifica-se e encolhe-se, e o espírito poético encontra um novo lar na pessoa de Eva.

Essas sutis diferenças na natureza do "erro" misturam-se com a visão de Money-Kyrle, na qual há espaço para outra categoria: o "engano", ou "equívoco". Money-Kyrle chama de mentirosa "a fuga emocional da verdade" (1961, p. 83), enquanto reserva o termo "erro" para defeitos da percepção que precisam ser esclarecidos. Ele vê a evolução ética no indivíduo como um processo de dissolução dos equívocos que podem levar a mente de volta aos estados infantis de cognição. Uma situação emocional paralisada requer um mediador – tais como as "filhas de *Beulah*"[5] de Blake, que trazem sonhos significativos, a Urania de Milton, ou a Psiquê de Keats. Esses mediadores habilitam a mente a olhar através do vidro do sentido e descobrir o objeto estético, em vez de confiar nas suas próprias teorias ou invenções obscuras. Milton descreveu isso como o Tempo "correndo atrás da idade d'ouro", dissolvendo "matizes da Vaidade":

And leprous sin will melt from earthly mould
And Hell itself will pass away
And leave her dolorous mansions to the peering day.
(Milton, *On the Morning of Christ's Nativity*)

E o pecado leproso derreterá a partir do molde terreno,
E o próprio inferno passará,
E deixará suas lastimáveis mansões para o dia da espreitada.
(Milton, *On the Morning of Christ's Nativity*)

Nessa clássica metáfora, o dia "da espreitada" é a visão recém-nascida que revela o molde (formato, forma) que havia sido encoberto pelo molde (detritos mundanos, projeções). Como Bion disse, inscrevendo-se no âmbito do sistema platônico: "objetos belos nos lembram... da beleza e do bom uma vez conhecidos, mas que já não são mais... este objeto é uma forma" (1965, p. 138).

Money-Kyrle ressalta que não é que as reações das pessoas sejam diferentes, mas que as pessoas não estão olhando para a mesma "coisa" (1961, p. 113). No caso do analista, o necessário seria a remoção das projeções que encobriram a coisa, o O, a realidade fundamental, e que o fizeram "perder algo que estava acontecendo silenciosamente nele mesmo":

> *Somente depois de já ter percebido isso, é que o analista também poderá perceber a parte do padrão de associações do seu paciente que estava perdida até o momento – uma parte que ele teria sido incapaz de abstrair antes da sessão, independentemente de quão acurada sua memória tenha sido para os inúmeros detalhes. (ibid., p. 25)*

O analista com olhos do cientista de único vértice pode lembrar-se dos "inúmeros detalhes", mas não pode penetrar o princípio poético subjacente. Em uma instância como essa, ele precisa renovar seu próprio contato com a beleza do método psicanalítico e seguir sua orientação considerando a autoanálise e a transferência. A inteligência – ou talvez sabedoria – consiste em alinhar nossas capacidades observacionais com as manifestações do objeto estético, na esperança de iluminar "o nosso eterno lar: o nosso *Self*".

> *For I know then, by the lightness about me,*
> *That ugliness has slipped from my shoulders*
> *Like a boy's shirt fallen to the sand*
> *When he runs shining to the sea.*
> (Harris, "On going into action", unpublished)

> *Pelo que eu sei, então, da leveza sobre mim,*
> *Aquela feiura escorregou dos meus ombros*

> *Como a camisa de um garoto que cai na areia*
> *Quando ele corre radiante para o mar.*
> (Harris, "Sobre entrar em ação", não publicado)

Mudança catastrófica[*]

Para que a vitalidade dessas emoções turbulentas possa ser sustentada, concomitantemente à "evitação da automutilação" (Bion, 1980, p. 97), o tipo de tolerância especial que Keats denominou "capacidade negativa" se faz necessária. Essa é a ligação entre conflito estético e mudança catastrófica. No início do capítulo final de *Attention and Interpretation*, Bion cita Keats sobre a qualidade essencial que forma um "Homem de Consecução": "A capacidade negativa... isto é, quando um homem é capaz de permanecer em meio a incertezas, mistérios, dúvidas, sem ter de alcançar nervosamente nenhum fato e razão" (Keats, carta a seus irmãos, 21 de dezembro de 1817; 1970a, p. 43; Bion, 1970, p. 125).

A capacidade negativa é a força para tolerar a turbulência emocional do não saber: deixar de impor soluções falsas, onipotentes ou prematuras a um problema. É uma formulação especial do "princípio da incerteza" (Bion, 1991, p. 207). Este conceito está por trás da formulação da "mudança catastrófica" de Bion e suas emoções contrárias de amor e ódio, que precisam estar desgastadas para que uma verdadeira orientação na direção do conhecimento seja alcançada. Trata-se, em essência, de enfrentar a experiência, e não

---

[*] Esta seção do capítulo contém material previamente discutido em *Underlying Pattern em Memória do Futuro de Bion* (International Review of Psycho-Analysis, Williams, 1983a), *Wuthering Heights catastrophic change: a psychoanalytic viewpoint* (em Williams, 1987a, pp. 119-132), *The Undiscovered country* (Williams, 1988a), *A Man of Achievement—Sophocles' Oedipus* (British Journal of Psychotherapy, Williams, 1994), e *The Vale of Soulmaking* (Williams, 2005b).

evitá-la. Sendo assim, descreve a natureza da busca por uma mentalidade verdadeiramente filosófica, reflexiva, através da literatura e da vida, que se estende para além dos princípios didáticos conhecidos e amplia a estrutura da personalidade. Na verdade, tal como Bion explica em *Memoir*, "Eu devo a continuidade da minha existência à minha capacidade de temer 'um desastre iminente'" (1991, p. 175). O "medo da mudança" que, como disse Milton, "pasma os monarcas" ("Paradise Lost", I: 598-599) é a base da vida mental.

Em *O Desenvolvimento Kleiniano*, Meltzer escreve:

> Com exceção do artigo intitulado "Mudança catastrófica" que [Bion] leu à Sociedade Britânica de Psicanálise, em 1966, e que, aliás, não tem mencionado no corpo do texto o conceito do título, esta sentença não aparece em lugar nenhum nos livros. E, mesmo assim, todos os livros são sobre ela, bem como Attention and Interpretation certamente é sobre a atenção, embora nunca seja mencionada no texto. O artigo "Mudança catastrófica" foi um prelúdio a Attention e é praticamente idêntico ao Capítulo 12. (Meltzer, 1978a, vol. III, p. 110)

Meltzer, em companhia de Martha Harris, estava na vanguarda da apreciação da importância desse conceito;[6] e aqui, o autor também observa a estranha qualidade da sua natureza quase latente: a forma como ele está implicitamente no substrato de todos escritos de Bion, abaixo do nível de didatismo consciente.[7] É o tipo de ideia que é um princípio orientador, uma fonte de inspiração, e como tal não deve ser discutido, mas simplesmente conhecido ou reconhecido. Pouco importa se é reconhecido consciente ou inconscientemente: tudo gira em torno dele. Assim como o O subjacente, ou o "atributo fundamental", de uma situação psicanalítica, esse conceito tem uma função estrutural no filosofar interno de Bion e, portanto, torna-se algo a ser conhecido pelos seus leitores, ao invés de algo a se saber sobre. Meltzer continua com seu resumo:

> *A verdade não requer um pensador para existir, mas... o pensador precisa encontrar a verdade como uma ideia que possa expandir em sua mente. Entre as ideias que existem no mundo esperando por pensadores, estão algumas que, a partir do vértice histórico-religioso, ele escolhe para denominar de ideias "messiânicas". O relacionamento entre continente e contido no indivíduo, na medida em que as ideias instituem um conflito entre o pensamento e o impulso para ação, não é tão perceptível no curso normal dos acontecimentos, mas torna-se dramaticamente manifesto quando uma ideia de significação messiânica entra em cena... [Analogamente] o grupo, enquanto continente, deve encontrar maneiras de expandir-se para comportar esse novo fenômeno, a fim de, por um lado, não oprimir ou comprimir ou desnudar a ideia messiânica, e por outro, não destruir o místico ou "naufragá-lo sem deixar vestígios, carregado de honrarias". Mas ele também deve evitar ser fragmentado ou explodido pelo místico, ou pela ideia messiânica. (1978a, vol. III, p. 110)*

A percepção da proximidade de uma estranha "ideia messiânica" provoca na mente a "angústia catastrófica" (uma angústia que "se esconde atrás de todas as angústias inferiores"); a mente está em uma "situação crítica", e isto "convoca a imagem de reatores atômicos".

A visão de Meltzer era a de que Bion (ao contrário de Freud) nunca mudou seu modelo da mente; ele simplesmente mudou suas "metáforas" em resposta ao seu público e também como um sintoma da sua frustração em relação à dificuldade de encontrar formas eficazes de expressão (1983, p. 71). Na verdade, como Meltzer destaca, "mudança catastrófica" e "transformações em O" são a mesma coisa, apenas com uma terminologia diferente (1978a, vol. III, p. 87). Por vezes, o primeiro termo parece mais apropriado, e em outras, o último – como quando a ênfase é no "além" incognoscível e não na sua atual intersecção com a realidade sensuosa. Como um resultado dessa modificação nas suas formas de expressão, especialmente após o período de *Transformations*, a natureza estética da visão de mente bioniana gradualmente tornou-se mais evidente. Ele deixou de falar sobre "invariantes" e "fatos selecionados" (depois de Poincaré, e também do modelo de estética da Gestalt) para falar sobre a "realidade subjacente" e "armadilhas" esculturais "para a luz", e outras metáforas semelhantes para comunicar o processo de "psicoalojamento": encontrar símbolos para sustentar ideias. Essa modulação linguística lança uma luz mais estética nos seus modelos matemáticos anteriores, incluindo a própria Grade, no seu esforço imaginativo de mapear o pensar em relação a uma realidade que não depende do pensamento humano.

Se "estético e espiritual" tornar-se a última categoria da Grade, como supôs Meltzer, isto se alinha a sua visão de que a realização do desenvolvimento do pensamento deve ser a "comunicação" ao invés de a "ação", e isso era o que Bion, implicitamente, pretendeu dizer. É mais útil reservar o termo "ação" para *acting-out*: não apenas a forma física de ação, mas também as formas verbais, tais como a interpretação projetiva ou a persuasão. Há situações em que a passividade extrema e a pseudoinvestigação podem ser, de fato, uma forma de *acting-out*; e, inversamente, há momentos em que o *fazer* incisivo ou decisivo (mesmo que impulsivamente, no calor do momento) poderia ser mais bem descrito como comunicação. Isso depende das intenções internas dos participantes, que talvez sejam evidentes apenas para eles mesmos. Esse é o tipo de enfoque estético sobre o mistério da motivação interna que a Grade é destinada a compreender com as suas divisões.

As ambiguidades da ação também se aplicam à "mudança catastrófica". Por isso é essencialmente um conceito estético. Apesar da "teoria da catástrofe" ter uma aplicação na física, Bion usou o termo, caracteristicamente, como um tipo de trocadilho, com plena consciência do seu uso literário original (derivado de Aristóteles), para identificar o momento do conhecimento em uma obra dramática. A "catástrofe" ocorre após a *peripateia*, ou momento de reversão na tragédia clássica, e refere-se essencialmente a uma mudança completa de perspectiva, algo parecido ao que acontece a um dos homens da caverna de Platão sendo arrastado para o sol. A luz é tão intensa que cega e desorienta. É sentida como a morte – "morte do estado atual da mente" (Bion, 1970, p. 79). Mas, de fato, ela é a verdade: é alimento para a mente, e, dessa forma, desenvolve-se. É somente a onipotência do *self* que morreu; ela metamorfoseou-se em um novo *self*. Esse é o padrão subjacente do crescimento mental: é uma sucessão de "renascimentos de um estado de mente para outro" (Meltzer). Por isso o "crescimento mental é catastrófico e atemporal" (Bion, 1970, p. 108). A "matriz" básica do desenvolvimento, diz uma personagem no livro *Memoir*, é "a habilidade de mudar" (1991, p. 163).

O propósito aqui não é dizer que Bion não faz pleno uso das implicações da catástrofe no seu sentido mais comum, em que significa "desastre". Ao unir os dois significados, seu objetivo é enfatizar a tensão entre o sentimento de perda de identidade e o fato da personalidade desenvolver-se: eles acontecem simultaneamente.

Ao mesmo tempo, seu foco é alertar contra as implicações mais literais da catástrofe ordinária, que podem e vão acontecer, se não nos submetermos ao tipo de mudança catastrófica que é interna, metafórica e estética, necessária para a evolução humana. Foi em seu tão pessoal *Memoir*, seguindo seu próprio conselho de "abandonar-se" à psicanálise, que ele concentrou-se, mais explicitamente, no que Blake chamaria de "guerra espiritual" entre negatividade (catástrofe) e a paixão de desenvolvimento: "Nós dois estamos cientes da assombrosa* experiência. Muitos não estão; eles temem 'enlouquecer', algum desastre indescritível, um 'colapso'; podem se expressar trazendo algum desastre" (p. 382). "A sabedoria ou o esquecimento – faça sua escolha", foi sua mensagem final (p. 576).

A solução é tentar surpreender o desastre indescritível, tornando-o descritível: renovar o significado degradado de "terrível" de acordo com sua origem etimológica, "cheio de espanto"; eliminar o "desastre indescritível" na "catástrofe" ao descrever, por meio de uma forma artística, as implicações estéticas originais de Aristóteles. Bion denomina isso, literalmente, de "realização". O dilema da personalidade é se ela "colapsa, desintegra, irrompe ou avança?"** (ibid., p. 539), e uma das suas ilustrações bem-humoradas, mas também muito relevantes, é aquela do ovo de galinha que quer manter permanentemente sua casca-ego:

> *É uma bela casca; ela tem uma aparência agradável; por que não ser uma casca de ovo para sempre? Suponha que no decorrer do desenvolvimento a galinha comece a chocar; quanto mais a pessoa se identifica com a casca,*

---

* No original, *awe-ful*, um trocadilho com *awful* (terrível) e *awe* (espanto, assombro, reverência). [N.T.]

** No original, "*break down, up, out or through?*". [N.T.]

mais eles sentem que algo terrível está acontecendo, porque a casca está se rompendo e eles não conhecem a galinha. (Bion, 1973-1974, vol. II, p. 15)

Bion, assim como Milton, Wordsworth e outros poetas, vê no terror "a origem primordial da mente" (1991, pp. 648-667). Nas palavras de Wordsworth: "Justo tempo de semente teve minha alma, e eu cresci / nutrido tanto pela beleza quanto pelo medo" (*The Prelude*, I: 305-306). A mente tem suas raízes sensuosas na apreensão animal e divina, juntas. É a incubadora da casca exoesquelética que protege e aperta seu cérebro – nas palavras de Roland Harris, "como homens do conhecimento empenham-se aos mistérios" ("Cisnes"). O medo está menos associado à dor do que à reestruturação e ao Desconhecido. O medo sob influência estética modula-se em reverência, como na formulação das origens da formação dos símbolos de Susanne Langer:

> *A atração estética e o medo misterioso são, provavelmente, as primeiras manifestações daquela função mental que, em muitos, torna-se uma peculiar "tendência de ver a realidade de forma simbólica", e que se anuncia no poder da concepção, e no eterno hábito da fala. (Langer, 1942, p. 110)*

A mudança catastrófica é fundamental para a concepção e para a possibilidade de "uma existência para além de si mesmo" (Emily Brontë), na qual a própria personalidade alcança uma forma diferente. A reestruturação que ocorre como resultado da ingestão de conhecimento verdadeiro e da participação no processo de "tornar-se" é alcançada com base em L, H, K. O desenvolvimento mental é fundado nas emoções de amor e ódio que deixam de ser "comensais" e tornam-se "simbióticas" através da interpenetração. Um tipo de "colapso" é, portanto, inevitável na mudança catastrófica: ele tanto pode ser infinitesimal, como pode exigir um período de "permanência obscura" no inferno da imaginação, tal como em Milton (Bion, 1991, p. 663). E não precisa ser repentino; frequentemente ele pode ser gradual, tal como no conhecido canto, a maré que "vem inundando silenciosamente o continente".[8] Essas são as implicações que estão por trás da formulação de Meltzer do conflito estético, alinhadas com a evolução contínua do espírito poético psicanalítico: "O pensamento prolifera e o pensador evolui" (Bion, 1970, p. 118).

Meltzer questiona como podemos distinguir "a expressão revolucionária referente a uma ideia nova da revolta dos inconformados, que não conseguem dominar a ideia antiga" (Meltzer & Harris, 1976; 1994, p. 453). Isso é equivalente aos diferentes tipos de catástrofe induzidos pela mente. A resposta está no discernimento da motivação do sujeito; que se refere ao impacto estético da ideia como algo diferente da manipulação inteligente de mentiras. Bion define o objetivo da psicanálise, tal como Hamlet, não em termos de cura, mas de ensinar a "sofrer" ("Quando é mais nobre no espírito sofrer"). É apenas na cesura, ou fronteira, entre mundos, vértices, estados da mente, acordar e dormir, existência pré e pós-natal, que surgem tais questões. "No repouso da morte, quais sonhos podem aparecer?" (*Hamlet*, III.i: 66). Com sua modéstia característica (uma forma de ressignificar as palavras cotidianas), Bion descreve a "paciência" necessária para que um padrão emerja e contenha a nova experiência. Seu uso significativo da palavra "paciência" é tanto etimologicamente quanto teologicamente ligado a *passio* (sofrer), *pathe* (emoção) e *perturbatio* (turbulência), portanto, é em si um indicador de uma "realidade além" do estado atual do conhecimento e o alicerce para sua transcendência. De certa forma confusa, Bion associa esse sofrimento do paciente

98 CONCEITOS ESTÉTICOS DE BION E MELTZER

com a posição esquizoparanoide de Klein (1970, p. 124) – ainda que ele diga que esta é apenas uma analogia e que ele não sugere um sentido patológico, referindo-se, somente, a um estado de não integração e frustração. Não é a "revolta dos inconformados", como Meltzer diria, mas a desagradável espera pela integração conferida pelo conhecimento ou significado: a concretização da sua mudança de estado, a nova ideia. Sobre esse ponto crucial do desenvolvimento, Bion diz:

> *amor, ódio e pavor são estimulados até o ponto em que a dupla em questão os sinta de modo quase insuportável: é o preço a ser pago pela transformação de uma atividade que é sobre psicanálise para uma que é a psicanálise. (1970, p. 66)*

Esta mudança de estado do *estar prestes* a *ser* ou *tornar-se* está nas entrelinhas de muitas das grandes obras literárias. Qualquer poema ou romance trágico que alcance a mudança catastrófica no sentido estético aristotélico – "morte ao estado atual de mente" – será apenas um exercício nessa complexa noção de paciência. Sobre *O Morro dos Ventos Uivantes* de Emily Brontë, por exemplo (uma obra muitas vezes comparada a uma tragédia grega clássica ou de Shakespeare), E. M. Forster disse que as emoções não habitam as personagens, mas as cercam como fazem nuvens de tempestade. As relações apaixonadas de amor e ódio de seus protagonistas são as nuvens de turbulência que precedem a mudança catastrófica na mente, e elas se reúnem na cesura, ou no ponto de encontro, de forças contrárias, figuradas por duas famílias que habitam extremos opostos da mente-pântano. Inicialmente, as famílias Linton e Earnshaw não sentem hostilidade, porque elas não têm proximidade; elas mal sabem uma "sobre" a outra, no sentido social. Mais tarde, quando Catherine Earnshaw foi introduzida na outra família, assim como Heathcliff foi introduzido na dela, ela tenta falar de intercâmbio apaixonado, e dos sonhos que "mudaram a cor da [sua] mente". Mas seus sonhos não encontram ressonância externa, nenhuma tela para receber de forma criativa suas cores em transformação. Nelly Dean, a governanta-mãe, sente--se incapaz de ouvir os sonhos dele, e eles repercutem destrutivamente, fragmentando sua mente. Cada vez que uma fronteira entre reinos "comensais" ou não reativos é reconhecida, e cada vez que é sentida uma separação, há um movimento impulsivo para transformar isso novamente em um modo parasítico de comunicação – o romance mortal falso, ou a vingança autodestrutiva. As associações mortíferas do estrangeiro sombrio, personificado por Heathcliff, penetram a tranquila condição "comensal" da mente, de modo que se abre a possibilidade tanto de destruição quanto de desenvolvimento. Pois, como Bion sugere (e como é tradicional na tragédia), a ideia da morte dá um "senso de direção" (1991, p. 604). Somente quando Catherine deixa a "prisão fragmentada" do seu corpo e torna-se uma espécie de sonho, sua imagem pode ser recebida artisticamente e seu fantasma tornar-se "alma".

Até que seu espírito seja encontrado por uma mente receptiva, ela existe nas mentes dos outros como um conjunto de elementos díspares, mortíferos, uma "coleção de memorandos" (Brontë, 1972, p. 255). O processo requer mais do que uma geração, mais do que uma transformação dos seus elementos oníricos. Este é o processo da mudança catastrófica: a tensão entre os mundos não reativos anteriores é instalada, cravejada com explosões de sentimento, que a princípio somente ameaçam o caos, e é solucionada apenas quando uma linguagem simbólica de algum tipo é formada, de tal modo que seja capaz de recebê-las esteticamente como um novo estado mental.

100 CONCEITOS ESTÉTICOS DE BION E MELTZER

Para concluir, temos o que poderia ser considerado o protótipo da mudança catastrófica, em sua forma literária: o próprio Édipo. O Édipo de Sófocles, não o de Freud, nem mesmo o de Bion. Com isso, refiro-me à imagem que aflora da peça como *poesis*, como símbolo da arte, não da peça como representação de um mito que depois foi adotado pela teoria psicanalítica para se tornar parte da "mobília da tumba" de Freud, que é como Bion descreve desdenhosamente o famoso complexo (1980, p. 114). *Oedipus Tyrannus* (Édipo, o Rei) foi, de fato, a peça em que Aristóteles baseou sua teoria da *poesis* e, consequentemente, o seminário originador do próprio conceito de catástrofe estética. Se formos capazes de ler a peça, como Aristóteles firmou, pelo significado da sua estrutura poética (uma tarefa mais abstrata do que simplesmente lê-la por suas personagens e suas patologias), podemos redescobrir o feito heroico-humanista que ela simboliza, e que é responsável pela contínua importância da peça no coração da civilização ocidental.

A respeitada teoria psicanalítica, com a qual estamos todos familiarizados, considera a peça como sendo sobre um menino que é punido por causa das suas fantasias edipianas destrutivas e, consequentemente, nos adverte sobre o nosso próprio complexo de Édipo universal. Não há dúvidas que o complexo de Édipo seja uma coisa real; mas ele é provavelmente superestimado pela série de ansiedades de uma cultura patriarcal e é, certamente, só um elemento casual do grande drama da mudança catastrófica, que Sófocles nos presentou. Quando damos demasiada importância a essa fábula moral (o complexo), permitimos a nossos olhos repousarem nos óculos de St. Paul ou de Herbert, nos quais a visão seria obstruída pela opacidade da nossa própria inteligência ("homosapiens!", como brincaria Bion). Se olharmos através das lentes, podemos nos identificar com a eterna criança dentro de todos nós: a criança que alcança o *insight* (ilustrado, como é de costume, pela cegueira) como consequência de sofrer a mudança catastrófica do desmame. É o padrão de todo desenvolvimento em todas as fases da vida. Poderíamos dizer, no linguajar cotidiano – como faz o Coro daqueles juízes medíocres – que o significado descoberto por Édipo é "pavoroso", tão pavoroso, na verdade, que é melhor ter o Édipo morto do que continuando como um fardo para a sociedade. Mas, como Kierkegaard chamou atenção, "O significado mais pavoroso não é tão pavoroso quanto a falta de sentido" (*Stages on Life's Way*, 1845; 1940, p. 329), e o pavor (um tipo de espanto) é uma das ligações fundamentais que, eventualmente, acomodou-se ao tradicional LHK de Bion. Shelley, por exemplo, tem seu investigador Rousseau evocando o exemplo de Dante: "aquele que dos abismos mais profundos do inferno... O amor conduziu sereno, e que voltou para dizer / Em palavras de ódio e espanto, a história maravilhosa" (*The Triumph of Life*, ll. 474-475). O pavor, em tensão com o amor e o ódio, é a antítese de negatividade, da falta de sentido ou banalidade. Ele "penetra", como Bion nos lembra; sua faca-quilha sonda as profundezas do inconsciente.

Na verdade, é o espírito poético do desenvolvimento psíquico que impulsiona Édipo adiante: sua natureza apaixonada fundamentada no "sonho embriagado" da relação sexual parental e adquirida por meio de inteligência herdada, sua "sagacidade-mãe". Ele não deve ser o alvo, mas o deus da psicanálise, um modelo a ser seguido por todos. Suas tentações tiresianas negativas (pessimistas e mortal-instintivas) são abandonadas e sua mentalidade "engenhosa" em adivinhações é substituída por um novo e inspirado sonho sobre os dois seios que alimentaram diferentes aspectos de seu caráter, o de Tebas e o de Corinto. Quando, em um triunfo de integração interna, ele finalmente reconhece que pertencem à mesma mãe, então é capaz de descobrir sua própria identidade – expressa pela vontade de Apollo – e desmamar por meio dos dois alfinetes-olhos-mamilos que sustentavam o manto-seio de sua mãe, um continente que de outra forma teria se tornado um

102 CONCEITOS ESTÉTICOS DE BION E MELTZER

claustro. Esses olhos assumem uma nova vida através da geração seguinte, agora na forma de suas "filhas" que irão guiá-lo adiante. E, finalmente, na última peça, Sófocles escreveu sobre o ciclo de Édipo; a morte de Édipo na velhice torna-se uma metáfora para o nascimento de uma ideia.

Concluindo, podemos dizer que todas as obras literárias que alcançam transformação através de uma *peripateia* aristotélica ilustram-nos o processo de mudança catastrófica. Elas, metaforicamente, *pensam por meio* da turbulência do conflito estético para ganhar "um novo céu e uma nova terra": uma visão, em outras palavras, que transforma uma mentalidade obsoleta, que havia alcançado os limites do seu poder continente e expressivo, e que, se houvesse continuado assim teria sufocado ou ossificado o desenvolvimento da mente. A casca tem "uma aparência agradável – por que não ser uma casca de ovo para sempre?". Em cada metáfora literária notável, o tema da mudança catastrófica está entrelaçado com o da formação de símbolos; pela poesia já ser em si autoanalítica no tocante a seus próprios processos criativos. Conceitos como "conflito estético" e "mudança catastrófica" não precisaram ser instituídos nas obras literárias na forma de exegese psicanalítica; eles simplesmente se ajustaram na estrutura orgânica delas. Isso é porque eles, em primeiro lugar e em um sentido mais profundo, se originaram em tais obras e encontraram sinuosamente seus caminhos nas preocupações estéticas de um novo pensamento psicanalítico. Assim, eles criaram um propósito para as formas de arte muito diferente daqueles da psicopatografia freudiana e das fábulas morais kleinianas. Isso não significa que a "mudança catastrófica" pode ser usada para explicar a literatura; isso significa que a literatura pode ser consultada com o intuito de dar vivacidade e distinção ao conceito de mudança catastrófica.

Bion diz: "A ideia fetal pode se matar ou ser morta, e isso não é somente uma metáfora" (1991, pp. 417-418), o que significa que uma ideia nascente irá manifestar-se pela primeira vez como um símbolo ou uma metáfora, e que, quando percebida, ela tem potencial tanto para se desenvolver quanto para ser sufocada por mentiras. Por meio da sua ambiguidade, Bion tentou reverter as presunções sugeridas pela linguagem cotidiana de "somente uma metáfora" ou "somente poesia", e deixar claro que "somente" esse é o caminho para começar a pensar. Os grandes poetas eram mestres da metáfora e, nesse sentido, "legisladores do mundo". Uma apreciação mais verdadeira e literal dessa afirmação – cujo poder deriva do fato de que não é uma metáfora, apenas algo difícil de se acreditar – é crucial para o desenvolvimento estético no pensamento psicanalítico. Bion nos lembra que o problema pessoal de cada um é encontrar uma forma de ganhar acesso ("de ler") ao armazém de conhecimento da mente dos poetas; uma capacidade de autoanálise (e não de interpretação literária) é uma das ferramentas necessárias a essa interminável, e eternamente gratificante, investigação. Quando ele diz que arrogância é "não tornar-se" um psicanalista (1973-1974, vol. I, p. 52), o seu jogo de palavras chama a atenção para as qualidades inestéticas que impedem a evolução psíquica. É arrogante de nossa parte, estando do lado de fora, aplicar as teorias psicanalíticas às formas literárias ou artísticas, e considerá-las como material para exposição e julgamento moral. Qualquer verdadeiro amante da poesia, como Bion, sabe que as obras poéticas foram muitas vezes "vitimizadas" pela interpretação psicanalítica (1991, p. 588). Mas, se pudermos aprender a compreender suas estruturas simbólicas por meio de uma busca autoanalítica pela reciprocidade estética, poderemos participar da beleza da "ideia subjacente" que está sendo expressa ali.

Notas

1. Esta seria a fantasia oposta daquela tão convincentemente retratada em *The Inheritors* de Golding. Hoje sabemos que o cérebro

104 CONCEITOS ESTÉTICOS DE BION E MELTZER

neandertal era maior do que o dos Sapiens e que suas ferramentas e tecnologias eram mais eficientes, no entanto, isso não salvou a espécie. As evidências das ferramentas neandertais sobreviveram (ciência de único vértice), mas não as da arte. Talvez fosse a sensibilidade estética dos Sapiens – a capacidade de ver significado nas coisas, e formar símbolos – que permitiu a eles sobreviver fisicamente a sua crise evolutiva. (Bion, de fato, sempre satiriza o "homem inteligente fazedor de ferramentas" como uma ilusão onipotente passível de levá-lo à sua ruína).

2. Talvez seja pela maneira moralista como é quase sempre aplicado o conceito dos dois estados de valor, que tem havido uma reação contrária à ideia da posição depressiva como objeto terapêutico. O termo em si talvez seja infeliz, uma vez que sugere depressão e até mesmo um estado de sujeição hierárquica. No entanto, é mais simples manter esse jargão existente, e lembrarmos de que, em termos de valores, o estado "depressivo" é realmente aquele em que a felicidade e a criatividade estão localizadas. Meltzer considerou que tinha potencial ilimitado enquanto um fenômeno descritivo.

3. Às vezes, é levantada a questão sobre o que são os "objetos internos maus". Estabelecida a distinção entre negativos e contrários da mente, poder-se-ia defini-los como objetos irreais; ao invés disso, eles são projeções da individualidade que vêm sendo deificadas. Objetos internos reais estão, eticamente, sempre à frente do *self*. Em outras palavras, há sempre espaço para melhorias.

4. Francesca Bion (1985, p. 242) nos relata que o poema *"Virtue"* [Virtude] de Herbert era um dos favoritos de Bion.

5. Sendo a palavra escolhida por Blake para as Musas, Beulah é uma palavra hebraica e também foi utilizada por Bunyan para descrever o paraíso mundano.

6. Em *"The individual in the group: on learning to work with the psychoanalytic method"*, Martha Harris discute isso no contexto

da formação psicoterápica infantil (1978b; 1987b). Consultar também *"Bion's conception of a psycho-analytical attitude"* (1980; Harris, 1987a).

7. O *Kleinian Development* de Meltzer baseou-se em um curso para alunos da Clínica Tavistock, simultaneamente ao convite de Martha Harris a Bion para dar uma série de palestras no mesmo lugar, no final de 1970.

8. Bion cita outro fragmento deste canto de Clough em *Taming Wild Thoughts* (1997, p. 43).

3. O domínio do objeto estético

"O domínio da estética" é mencionado por Bion pela primeira vez em *Transformations,* apresentando-se como a nova ideia no horizonte em expansão do pensamento psicanalítico. Tal como toda preconcepção que está prestes a encontrar sua realização, ela aparece acompanhada por um sentimento de perplexidade e, ao mesmo tempo, de inevitabilidade (1965, p. 38). É onde repousa a "verdadeira experiência psicanalítica" junto às suas "qualidades que estimulam profundidades", assim como a Bela Adormecida repousa entre as inúmeras turbulências do inconsciente oceânico. É o "infinito vazio e informe", como frequentemente cita Bion, onde Milton teve sua dura queda e encontrou sua clarividência, "conduzido" pela Musa celestial. Bion contou que ele, assim como Milton, "visitou o fim deste mundo monstruoso, além das tempestuosas Hebridas" (1985, p. 17) – uma referência à "maré avassaladora" de *Lycidas* – e descobriu que ele sabia menos ainda do que Palinuro sobre os "tempestuosos mares do sexo": uma metáfora para a ideia geradora, ainda que desmedida, do objeto combinado, a partir da qual emanam todas as formas platônicas. Nas palavras de Marvell:

108   O DOMÍNIO DO OBJETO ESTÉTICO

> *The Mind, that Ocean where each kind*
> *Does straight its own resemblance find;*
> *Yet it creates, transcending these,*
> *Far other Worlds and other Seas Annihilating all that's made*
> *To a green Thought in a green shade.*
> (Marvell, "The Garden")

> *A mente, este Oceano onde cada ente*
> *Logo encontra seu equivalente*
> *Cria porém, transcendendo todos,*
> *Outros Mundos e outros Mares a rodos;*
> *reduzindo tudo o que foi criado*
> *A um conceito verde em verde sombra olhado*
> (Marvell, "The Garden". Tradução de
> Ana Maria Chaves e Rita Pires)

O domínio da estética é o inconsciente transformado. Transforma-se através da estranheza, depois emerge para o reconhecimento consciente. Aqui, de certa forma é possível que os "*multitudinous seas*" [múltiplos mares] (*Macbeth*, II.ii.:59) ondulem em formas significativas, desde que a negatividade não encarne a substância. Agora, se podemos nos alinhar com as "origens piscianas" da mente primordial (Bion, 1997, p. 38), é possível que ocorra a mudança na maré, que Shakespeare descreveu em *The Tempest*: "aquelas são pérolas no lugar de seus olhos" (I.ii.: 399). A apreensão sensuosa, como Bion costuma dizer, pode apontar para uma "realidade além", para o domínio do objeto estético, em que o símbolo da experiência emocional é formado por meio da inspiração.

A "realidade psíquica" não é sinônimo de "crença", como às vezes é compreendida inclusive pelos analistas. Neste contexto, Money-Kyrle refere-se à "questão de dois mil anos", que divide as pessoas entre "nominalistas" e "realistas" – realistas sendo os "descendentes de Platão" (1978, p. 418). Essa divisão aplica-se aos analistas, tanto quanto a outros grupos. Bion, Meltzer e todos os que são sensíveis ao desenvolvimento estético no pensamento psicanalítico seguem os poetas, por pertencerem à última categoria. Nominalistas falam *como se* houvesse um mundo interior, em que determinadas situações fossem *consideradas* imperativas. Os realistas estão preocupados em encontrar uma imagem verdadeira – um símbolo – da situação que realmente existe, seja dentro ou fora da mente. A crença torna o questionamento possível, desde que não esteja rigidamente aderida;[1] mas, como diz o "Psico-analista" de Bion em *Memoir*, "não perco tempo acreditando em fatos ou qualquer coisa que eu *saiba*. Eu reservo a minha credulidade para aquilo que eu *não* sei", e acrescenta, a título de exemplo: "Eu *sei* silêncios significativos – eu não tenho que acreditar neles" (1991, pp. 445-446). A realidade interna não é uma "crença", não mais do que a realidade externa é meramente uma "realidade compartilhada", um termo cultural que pode aplicar-se igualmente a uma ilusão ou a um fato que tenham sido comunitariamente acordados. Uma capacidade de enxergar a verdade é gerada no mundo interior e utilizada igualmente para a realidade interna e externa. "O mundo real – significando realidade interna *e* externa" (Meltzer, 1973, p. 96). Assim como Money-Kyrle escreve:

> *A condição para ser capaz de formar um modelo de mundo externo verdadeiro, incluindo uma imagem verdadeira das pessoas, é a posse de uma imagem verdadeira do mundo interno... Nós podemos ou não ter o conhecimento correto dos nossos mundos internos. Isto é, nós podemos ou não ter uma imagem verdadeira do nosso mundo interno inconsciente. (1961, pp. 74, 112)*

110 O DOMÍNIO DO OBJETO ESTÉTICO

A atividade que "é psicanálise" (Bion, 1970, p. 66) tem o propósito de revelar essa "imagem verdadeira" do mundo interior – na qual o conhecimento do mundo externo também é baseado – ao facilitar a formação de símbolos e o pensar. É um processo íntimo entre duas pessoas, mas, como sempre, os poetas têm sido os mais aptos para evocar imagens verdadeiras do mundo interior em nome de todos, por isso são capazes de "dar distinção" (tal qual era a expectativa de Meltzer) aos pontos-chave do conflito estético e da mudança catastrófica. As imagens são idiossincráticas e individuais, tal como necessário para serem autênticas, mesmo que tenham uma aplicação universal.

O símbolo*

Quando Bion, em *Transformations*, falou sobre a "configuração que pode ser reconhecida como sendo comum a todos os processos de desenvolvimento, seja religioso, estético, científico ou psicanalítico", e da sua progressão a partir do "infinito vazio e informe" para uma formulação "saturada" e "finita" (1965, p. 170), ele estava tentando alarmar para o fato de que há uma unidade básica de conhecimento integrado que nutre a mente. Isto é o que, tradicionalmente, tem sido denominado como símbolo, embora, para o próprio Bion, não seja exatamente dessa forma: durante um tempo, ele flertou com o termo "ideograma", mas percebeu que não conseguia transmitir suficiente complexidade de níveis e de ligações, além de estar muito limitado à percepção visual.[2] Naquele período, ele esperava definir essa configuração básica para o aprender a partir da experiência nos termos da geometria: ponto, linha, círculo

---

*   Esta seção é baseada em "*Coleridge: progressive being*", em *The Chamber of Maiden Thought* (Williams & Waddell, 1991, pp. 95-108), e em "*The aesthetic perspective in the work of Donald Meltzer*" (Williams, 1998).

etc. Mais tarde, ele procurou por outras metáforas, mas a ideia subjacente permaneceu a mesma: blocos de construção mentais cujos receptores sensuosos não são tomados literalmente como a "coisa-em-si" (como na "equação simbólica" de Segal [1957]), mas, em vez disso, representam ocorrências abstratas no mundo não sensuoso da realidade psíquica. Um símbolo é a forma adquirida por um fragmento de conhecimento inefável, quando ele torna-se visível, respirável, audível, ingerível. Assim como Bion teria lido nos *Upanishads*, "a experiência intolerável e inatingível deve ser traduzida em símbolos" (citado em Williams, 2005b, p. 205). Ela tem uma "existência finita" que visa ir para além de si própria, para as "formas de conexão em um universo infinito" (Bion, 1965, p. 46); não se trata das coisas, mas de "relações das coisas", também afirmou Coleridge. É algo que toma forma e que molda a personalidade, ao invés de algo que seja moldado *pela* personalidade.

Langer explica que a formação de símbolo é "um ato essencial para o pensamento e anterior a ele", sendo assim "a tônica de todos os problemas humanistas" (1942, pp. 41, 25). "O processo de representação simbólica é o começo da mentalidade humana; a 'mente' em um sentido mais estrito" (Langer, 1957, p. 100). Com base no conceito de "imediaticidade apresentativa" de Whitehead e no de criação-de-mito de Cassierer, ela distingue os "símbolos", que são expressivos ou autoexpressivos, dos "signos", que são primordialmente referenciais. Em termos pré-históricos, a formação de símbolo primitiva não surgiu para fins práticos, mas para fins expressivos: "para formular a experiência como algo imaginável" (ibid.). Obviamente os símbolos poderiam assumir várias formas, como as formas de arte mais antigas, inclusive a própria fala desenvolveu-se a partir "da canção e da dança" no contexto familiar, assim como acontece com crianças pequenas. Os signos – os linguísticos ou os demais – evoluíram para fins de transferência de informação e de "armazenamento de proposições" (Langer, 1942, p. 244), no

112 O DOMÍNIO DO OBJETO ESTÉTICO

entanto, uma linguagem de signos não pode representar os nossos sentimentos e dilemas emocionais de forma que lhes seja possível serem observados e pensados, ou seja, de forma expressiva. A linguagem é apenas uma das manifestações da capacidade do homem para criar símbolos; não é a *causa* do seu criar-simbólico, e isso significa que ela pode ser usada de duas maneiras diferentes: ou referencialmente, como uma linguagem de signos no discurso cotidiano, ou artisticamente, como na evocação poética, que tem sempre a aura de uma ideia por trás ou "além" do seu significado superficial, conhecida como sua gramática profunda ou musical. A poesia, a forma mais complexa de simbolismo verbal, usa os mesmos signos lexicais que a prosa, mas com dimensionalidade aumentada: ela contém o significado em vez de afirmá-lo. Alimenta-se das raízes da música e da dança relativas à emotividade original e vislumbra possibilidades abstratas para além da nossa atual compreensão. Através dos sentidos, pode-se "descobrir o infinito em tudo" (Blake). Coleridge, que teve um papel decisivo em tornar o uso da palavra "símbolo" algo amplo e reconhecido, diferenciou dois usos da metáfora: o "símbolo" ou a "alegoria".[3] Blake fez algo muito parecido, e a distinção entre eles, embora tenha ficado um pouco perdida nos anos subsequentes, forneceu a base literária para o renascimento filosófico do interesse na formação de símbolos, no século XX. Coleridge compreendeu os símbolos como uma função de forma "orgânica", que se desenvolve de acordo com um "princípio vivo" dentro de si, e a alegoria como uma forma "mecânica", que "sobrepôs" seu significado a uma metáfora. Ele escreveu:

> *Uma Alegoria não é senão uma tradução de noções abstratas em uma linguagem pictórica, que sozinha nada mais é que uma abstração dos objetos dos sentidos... Por outro lado, um símbolo... é caracterizado pela translucidez do Eterno através do, e no Temporal.*

Ele sempre partilha da realidade, a qual ele torna inteligível; e enquanto ele enuncia o todo, mantem-se como uma parte viva naquela Unidade, da qual ele é o representante. (Coleridge, The Statesman's Manual; 1972, pp. 30-31)

A linguagem-de-signos da alegoria pretende convencer ou converter ao invés de expressar ou evocar. É bem adequada para exortações morais – "mentiras" morais, como descreve Bion (1970, p. 117) e está personificada na figura satânica da moralidade – *Moriarty*, em seu *Memoir* (1991, p. 310). Mesmo quando não pretende ser uma mentira (inconscientemente ou não), ela irá falhar em compreender a verdade de uma nova situação que está pressionando a personalidade. Ela pode manipular o conhecimento passado, mas não pode obter novos conhecimentos. Keats alertou para as limitações do "desígnio palpável" na poesia, e disse que seu amigo Dilke "nunca chegaria a uma verdade, porque ele estava sempre tentando fazer isso" (Keats, 1970a, p. 326). Um atalho que negligencia os meios em nome dos fins – observa Bion – está sujeito a conduzir não a uma verdade, mas ao amontoado de ossos velhos na encosta da Sereia (Bion, 1985, p. 52). Na teoria de Coleridge, o caminho para a formação do símbolo é através da imaginação e não da fantasia, e a imaginação é mais um poder de *percepção* do que de organização.

Para que a vida inscreva-se na metáfora, na história ou na narrativa, é importante que não se tenha nenhum fim específico em vista (como também disse Freud), e é assim que uma estrutura simbólica torna-se essencial: dando forma sem um desígnio premeditado. Como Langer explica, uma estrutura simbólica enuncia não apenas sentimentos individuais, mas a própria "vida de sentimentos", o princípio que subjaz a individuação deles. O símbolo

114 O DOMÍNIO DO OBJETO ESTÉTICO

contém um aspecto de verdade espiritual que dá "translucidez" para a coisa que "torna inteligível", mesmo que o seu significado não possa ser instantaneamente determinado ou quantificado. Ele habita o espaço "receptáculo" platônico-aristotélico (*chora*).[4] Isso tem semelhanças com o "espaço transicional" de Winnicott (1971) naquilo que ele tem de suficientemente flexível para permitir que a mente assimile e reoriente a si mesma.[5] Também é equivalente ao espaço que Bion define como científico-artístico-religioso, configurado entre os diferentes vértices. Dentro de tal espaço, características ou elementos podem ser selecionados a partir daquilo que é díspar, caótico, oceânico e infinito, para atribuir forma significativa ao padrão de sentimentos daquele momento – a fonte de dor ou prazer (ou de ambos, ao mesmo tempo). Bion ressalta que a capacidade para o "sofrimento" verdadeiro aplica-se igualmente ao prazer e à dor (1970, p. 9). As emoções são tradicionalmente misturadas pelos poetas.

Ao fazer isso, o símbolo da arte alcança sua própria "semântica verdadeira" que vai "além dos limites da linguagem discursiva" (Langer, 1942, p. 86). O significado dos símbolos está implícito, e não explícito, e isso explica sua impossibilidade de ser traduzido:

> *Símbolos artísticos não são traduzíveis; o sentido deles está ligado à forma pessoal... [É] Implícito e não pode ser explicado pela interpretação... A compreensão da ideia de uma obra de arte aproxima-se mais do viver uma nova experiência do que do entreter-se com uma proposição nova. (ibid., pp. 260-263)*

Assim como Keats ilustrou com a Urna Grega, uma experiência nova não pode ser reduzida a uma mensagem passível de ser embolsada e retirada do seu contexto, e isso significa que a ideia que ali está contida tampouco pode ser "lida" como uma mensagem. Bion estava falando da mesma coisa quando disse que, tratando-se de alguns livros, somente "ler" não era o suficiente, você também teria que ter "uma experiência emocional de leitura" (1985, p. 178). Tratar um símbolo como um símbolo, e não como um signo, exige esse tipo de resposta emocional.

O valor cognitivo mais importante dos símbolos, explica Langer, é que eles podem "transcender a experiência passada do seu criador" (1953, p. 390). Os grandes símbolos de arte não estão restritos ao seu tempo e a sua cultura, razão pela qual, nas palavras de Bion, eles têm "durabilidade". Eles sequer estão restritos ao conhecimento pessoal ou à experiência do artista, cuja criatividade é exploratória, e não onipotente. A alma, disse Coleridge, tem uma "consciência que é reflexo de sua própria continuidade", que lhe permite "ver ou imaginar os estados mentais para além da sua própria condição atual e, consequentemente, buscar a 'terra incognita' do conhecimento" (*Notebooks*, vol. III, n. 3825). A genialidade dos poetas para a criação de tais símbolos de estados mentais previamente desconhecidos torna-lhes, na famosa conclusão de Shelley para sua *Defense of Poetry*, os "legisladores não reconhecidos do mundo" (escrito 1821; Shelley 1977, p. 508). Como diz Bion, eles expressaram o que não poderiam "conhecer", porque ainda não tinha acontecido; isso fez deles os facilitadores da mudança catastrófica estética no âmbito de uma humanidade mais abrangente. Contudo, em uma perspectiva mais humilde, o mesmo princípio aplica-se a todos os símbolos autênticos autonomamente criados na vida de um indivíduo, tais como os sonhos. Os símbolos podem servir simplesmente para comunicação interna ou eles podem servir para a comunicação com os outros; de qualquer forma eles têm uma qualidade "geradora" que, potencialmente, leva a futuras criações-simbólicas dentro da pessoa ou da cultura em geral. Coleridge escreve que "Todo princípio vivo é acionado por uma ideia; e toda ideia é viva, produtiva, partilha do

116   O DOMÍNIO DO OBJETO ESTÉTICO

infinito, e (como Bacon observou de forma sublime) contém uma fonte interminável de semeação" (*The Statesman's Manual*, 1816; em Coleridge, 1972, pp. 23-24).

Byron definiu a poesia como condutora do ritmo de um "mundo passado e futuro", e isso também é verdade para todos os símbolos: eles têm o poder de semear o próximo símbolo na história. Assim como Langer fala sobre o ritmo, que é a pulsação subjacente de um símbolo musical: "A essência do ritmo é a preparação de um novo evento ao final de um anterior... Tudo o que prepara um futuro cria ritmo" (1953, p. 129).

A dimensão extra que agrega um símbolo e que o diferencia de um signo é, portanto, essa ligação com um princípio fundamental da vida, ou em termos psicanalíticos, essa identificação com o objeto interno. Money-Kyrle descreve o modo como uma "função do objeto" é sempre introjetada junto a sua "resposta desintoxicante" para o problema emocional específico, e isso prepara a mente para o próximo estágio na cognição (1978, p. 432). Coleridge sugere a mesma coisa quando diz que um símbolo contém dentro de si não apenas um fragmento de informação, mas os princípios de autoconhecimento que, depois, "tornar-se-ão a própria mente [enquanto] partes vivas e constitutivas dela" (carta a Gillman, 22 de outubro de 1826; 1956, vol. VI, p. 630). Os símbolos são "consubstanciais" com as verdades que eles "conduzem"; não apenas se *referem* à realidade, como signos, mas *participam* dela, e, assim, contribuem para a "expansão da consciência", que é inseparável da "autocompreensão" (carta a Clarkson, 13 de outubro de 1806; 1956, vol. II, p. 1196). O objetivo de Platão, segundo ele, não era "estabelecer qualquer verdade particular", mas "despertar o princípio e o método de autodesenvolvimento" (*The Friend*, 1818; 1969, p. 473); e o princípio que subjaz a todos os princípios é o *"conhece-te a ti mesmo* vindo dos céus" de Sócrates (*Biographia*

Literaria, 1816; 1997, p. 152): é isso o que Bion chama de "Bela Adormecida", frequentemente negligenciada enquanto divagamos por entre o bosque dos jargões psicanalíticos.

A peculiaridade de maior valor e importância na tradição platônico-kantiana é que, na comunhão entre o *self* e o objeto, sistemas de signos estimulam a ação, enquanto que os símbolos conduzem à contemplação e enunciam experiências emocionais – tornando-as primeiro imagináveis e, depois, "concebíveis", engendrando, assim, novas experiências. Tal como Shelley descreveu as "duas categorias de ação mental" em relação à poesia:

> *A Razão [o "princípio da análise"] é a enumeração das quantidades já conhecidas; a Imaginação [o "princípio da síntese"] é a percepção do valor dessas quantidades... A Razão está para Imaginação assim como o instrumento está para o agente, como o corpo está para o espírito, como a sombra está para a substância. (A Defence of Poetry; 1977, p. 480)*

Um símbolo pode ser considerado o produto da imaginação, uma tentativa de comungar com o não conhecido que, como diz Langer, "permite-nos conceber seu objeto", enquanto que um signo "nos convoca a lidar com o que isso significa" (Langer, 1942, p. 223). Os signos são veículos de instrução enquanto que os símbolos são veículos de inspiração.

Como consequência, a formação do símbolo acarreta processos de identificação não narcísicos. O que é diferente do discurso comum, que pode empregar uma grande variedade de identificações, projetivas e introjetivas. Mesmo que o símbolo represente um estado narcísico, ele estará baseado em uma identificação não

118 O DOMÍNIO DO OBJETO ESTÉTICO

narcísica, que foi justamente o que tornou possível seu significado ser clarificado – ser "filtrado", na expressão de Langer. Meltzer diz que o conceito de identificação está ausente na teoria de Langer (1983, p. 99) – especificamente, a variedade de identificações mãe- -bebê, através das quais a profunda gramática musical tem de ser aprendida a partir de objetos internalizados que falam, além da necessidade de um objeto do lado de fora que provoque o desejo de vocalização (Meltzer, 1992, p. 51). Ele sugere que consideremos a "vocalização" como forma simbólica real, sendo a "verbalização" correspondente ao sistema de notação" (1983, p. 111). Na verdade, Langer não cita os estudos antropológicos anteriores que con- cluíram que, quando uma criança é por algum motivo privada de companhia humana durante o estágio da vida lúdico e de "lalação" musical, ela não poderá tornar-se fluente na língua depois. Essas crianças poderiam aprender o uso da linguagem "referencial" do cérebro (a utilização de signos), mas nunca a poética ou a sim- bólica – a música da comunicação. Elas foram privadas da Ideia platônica da linguagem.

Ademais, mesmo que isso deixe espaço para muitas explica- ções da psicologia, o conceito de identificação está implícito na abordagem de Langer em relação a "ter uma nova experiência", "conceber" o objeto de contemplação e responder à "ideia subja- cente" de uma obra de arte. Isso é o que o artista se esforça para capturar de modo significativo, impulsionado por um sentido de "obrigação moral para com a Ideia" (Langer, 1953, p. 121). "Esse significado primordial é o que Flaubert nomeou de Ideia, e seu símbolo é a forma dominante que orienta o julgamento do artista" (p. 122). Ela explica que o símbolo da arte tem de ser visto, pri- meiro, *na totalidade*, e não pode ser interpretado pelas suas partes. Isso é equivalente à defesa que Bion faz do alinhamento com O, um estado de apreensão imaginativa que acontece *antes* que o signifi- cado da experiência possa ser introjetado. Apreender a Ideia é uma resposta da mente toda e não apenas do intelecto, e gera um tipo de mudança catastrófica na personalidade: nesse sentido, Langer cita a descrição de um músico sobre quão "definitivamente e muito de repente... minha personalidade é alterada... Eu apreendi a ideia musical" (p. 146). A Ideia é o objeto estético que o artista procura refletir através do símbolo da arte, tal como na "ideia da beleza" de Milton almejada "através de todas as dimensões e formas das coisas" (n. 12, p. 31 desta obra). A Musa é o "objeto falante" interno, e o jogo de sentimentos reúne-se na cesura, em que as mentes ou as partes da mente interagem em busca da "*terra incognita*".

No caso do equivalente analítico, a "ideia da beleza" é o processo psicanalítico, cujo "elemento central" ou "realidade fundamental básica" gera símbolos em resposta à turbulência que ocorre no encontro entre mentes dos participantes. Como Bion diz:

> *A teoria platônica das formas e o dogma cristão da encarnação sugerem uma essência absoluta, a qual desejo postular como uma qualidade universal de fenômenos tais como "pânico", "medo", "amor"... Eu utilizo O para representar essa característica fundamental de todas as situações com as quais o psicanalista tem de se encontrar. Ele deve estar uno com;* deve identificar-se *com a evolução disso, de modo que possa formulá-lo em uma interpretação. (Bion, 1970, p. 89)*

A ideia, ou O, tem origem no reino platônico e é mediada pelo objeto estético de tal forma que ela encontra um "espelho"

---

* A sentença no original é "*with this he must to be at one*", que faz referência à expressão "*at-one-with*" e ao termo "*at-one-ment*". [N.T.]

120 O DOMÍNIO DO OBJETO ESTÉTICO

marvelliano, ou molde de si mesma, no domínio dos sentidos. O universo da formação de símbolos é, portanto, o domínio do objeto estético. Se o processo é psicanalítico ou poético, ou alguma outra situação relativa a aprender a partir da experiência, trata-se de uma resposta à pressão de uma realidade além e exterior à individualidade. A formação de símbolos incorpora, necessariamente, o vértice religioso. Pois, como Bion diz, o indivíduo torna-se ciente de que os pensamentos estão presentes em sua mente através da "reverência religiosa", que pode ter uma variedade de nomes diferentes: encarnação, divindade, Krishna, experiência mística, inspiração, etc. Mas, seja lá qual for o nome que venha a ser chamado, "a fonte de emissão dos pensamentos recebidos ou evoluídos é sentida como externa, dada por Deus" (Bion, 1992, pp. 304-305).

O objeto estético – seja o O ou o mediador de O – regula as tensões do conflito estético em relação aos três vértices cognitivos da ciência, da arte e da religião, e os mantêm em equilíbrio enquanto um símbolo está sendo gerado para conter o significado específico da situação emocional sob escrutínio. Ele é diferente de um signo, pois contém um elemento de todas essas tensões "contrárias", e é assim que ele passa a ter uma existência sensuosa, através de uma correlação entre os vértices. Trata-se de uma estrutura tridimensional, e não uma bidimensional. Os grandes símbolos de arte fornecem um padrão para a formação de todos os símbolos autônomos, significativos, pessoais e, portanto, todo o crescimento mental. Eles iluminam nossas próprias tentativas contínuas, diárias, e principalmente inconscientes, de formá-los, através dos quais pensamos sobre as nossas experiências emocionais.

Na situação psicanalítica, os limites do continente são "delineados pela atenção seletiva" proporcionando um espaço de "privacidade, e não de sigilo, solipsismo ou isolamento" (Meltzer, 1986, p. 67); um espaço demarcado em resposta à égide do objeto combinado criativo. Ter ideias significa absorver aquelas platonicamente preexistentes em um contexto novo ou pessoal. O fator crucial é a identificação com um princípio de evolução; é por isso que não é necessário que as ideias sejam novas, desde que sejam genuínas e experimentadas "na pele" (Keats). Se elas vêm ou não carregando um "rótulo" (Bion, 1997, p. 27), tornam-se próprias somente se seus "antepassados" forem internamente reconhecidos. Pois o universo estético das Ideias é "o próprio lar do indivíduo, mesmo que habitado previamente por outra pessoa" (Meltzer, 1986, p. 67). Pensar com seus antepassados significa ler e reconhecer pessoas que estimulam suas ideias, mais do que suas carreiras.[6] Às vezes, esses antepassados não podem ser formalmente imputáveis ou até mesmo conhecidos. No entanto, eles já são conhecidos; e se isso pode ser emocionalmente admitido, a humildade necessária diante do "assombro" pode ser sustentada – uma orientação "depressiva" que permite ao conhecimento ser internalizado. Assim, esse aspecto artístico da psicanálise (isto é, a introjeção de uma função do objeto) é o que dá a ela a chance de ser um benefício duradouro para o paciente e também, como Bion ressalta, para o analista. Trata-se de uma aprendizagem em autoanálise, em conversas internas entre objetos. Na linguagem-de-signos, falta esse aspecto educacional específico e, se for empregado em uma forma exclusiva de único vértice, irá resultar em análises que podem ser intermináveis, mas não duradouras. Ou, assim como Martha Harris escreve em relação a algumas análises didáticas, uma situação de "aprender sobre" pode resultar em "resistir de forma bem sucedida a uma experiência verdadeira" e substituí-la por um "conluio de idealização mútua com [o] analista" (1987b, pp. 329-330).[7] A "Bela Adormecida" ainda está dormindo, não descoberta no meio das silvas de jargões e interpretações bidimensionais. Seu espírito poético de "tornar-se" não suscitou o processo de desenvolvimento. Noutras palavras, não fez as ligações com o vértice religioso da

122 O DOMÍNIO DO OBJETO ESTÉTICO

experiência o vértice que, como Bion diz, relaciona-se com a nossa capacidade de lidar com o Desconhecido.

Para concluir, as qualidades particulares de um símbolo podem, então, ser resumidas da seguinte forma: em primeiro lugar, contém o significado do conflito emocional específico daquele momento; em segundo lugar, incorpora uma função do objeto interno e dessa forma melhora as capacidades do aparelho mental; e terceiro, é "seminal" e contém um gérmen ou prenúncio do próximo estágio lógico no desenvolvimento, a crescer a partir daquele determinado fragmento do aprendendo da experiência. Em contraste com uma linguagem-de-signos, a linguagem simbólica depende de objetos internos para reger a formação do símbolo e apresentar a nova ideia para a mente infantil. Isto sustenta o potencial terapêutico do processo psicanalítico – diferente de "cura", que é um objetivo (agora fora de moda, de uma forma geral) que pertence à organização de sistemas de signos. Ao invés disso, o processo como objeto estético apresenta a ideia em um símbolo tanto para o analista, quanto para o analisando.

A cesura

A "realidade além" da dupla parceria – a nova ideia – é anunciada por uma experiência geradora no espaço em que os contrários se encontram. Esses contrários podem assumir muitas formas: amor e ódio, corpo e mente, sensuosa e não sensuosa, ativa e passiva, consciente e inconsciente, vértice artístico e vértice científico, transferência e contratransferência, masculino e feminino, partes pré e pós-natal do *self*. Provavelmente, o espaço da transformação estética envolve um diálogo criativo entre todos esses contrários e muito mais. Em seu artigo sobre "*The caesura*", Bion conclui:

> *Investigue a cesura; não o analista; não o analisando;*
> *não o inconsciente; não o consciente; não a sanidade;*

não a insanidade. Mas a cesura, o vínculo, a sinapse, a
(contra)transferência; o humor transitivo-intransitivo.
(Bion, 1977, p. 56)[8]

A inspiração para o título desse artigo ele tirou da observação freudiana de que "há muito mais continuidade entre a vida intrauterina e a primeira infância do que a impressionante cesura do ato do nascimento nos permite acreditar" (citado em Bion, 1977, p. 37). Tal como todos os nós de desenvolvimento da mudança catastrófica, o fato do nascimento (e seu equivalente não sensuoso, o nascimento de ideias) é igualmente uma transição momentânea e uma extensão lógica da existência ou do conhecimento prévios; nem sempre é tão dramaticamente manifesto, mas frequentemente pode ocorrer em minúsculos acréscimos como "o nada do qual algo surge; o acréscimo de um 'espectro de um acréscimo desaparecido'", como o psicanalista de Bion expressa em *Memoir*, discutindo a análise de Berkeley sob a ótica de Newton (1991, p. 315). Seu Grupo interno conclui que é "uma fábula contada por um idiota, que não significa nada" (*Macbeth*, V.v: 26-27). O "nada" primordial sempre ocorre em uma cesura na qual diferentes *qualidades* encontram-se, confrontam-se e interpenetram-se.

A cesura de Bion é o *locus* do drama na poesia e na literatura dramática, na verdade em qualquer forma de arte – darei alguns exemplos brevemente. É nela que, na linguagem de Bion, a turbulência emocional converte o "comensal" em "simbiótico"; é nela que número – aquelas emanações dos universos das Ideias platônicas – "impulsiona-se à frente" até que se encontre com uma mente humana, e aconteça a "realização" ou a formação de símbolo. Sentimentos são estimulados de forma a fornecer um campo para "ação", isto é, um espaço psíquico no qual a imaginação pode descobrir a dor e continuar a procurar o seu significado. Mesmo a

124 O DOMÍNIO DO OBJETO ESTÉTICO

lama de Ypres pode ser um campo para a geração de significados, um lugar onde simbiose e interseções com O podem ocorrer. Observemos a descrição de Tolstói do cenário mental antes de um campo de batalha, ainda intocado por forças rivais, com as suas fronteiras tremendo pela antecipação de alguma estranha transformação:

> *Um passo além daquela linha, que lembra a que separa os vivos dos mortos, e eis o mundo Desconhecido do sofrimento e da morte. E o que há lá? Quem está lá? Lá adiante, para além deste campo e desta árvore e daquele telhado iluminado pelos raios do Sol? Ninguém sabe, mas quem não anseia em saber? Você teme transpor aquela linha e ao mesmo tempo está tentado a cruzá-la; e você sabe que mais cedo ou mais tarde ela terá que ser cruzada e que você conhecerá o que lá existe, do outro lado da linha, exatamente como você, inevitavelmente, terá que aprender o que está no outro lado da morte. (Tolstói, 1982, vol. I, p. 162)**

Momentaneamente, o tempo é suspenso e o campo de batalha torna-se um campo de "guerra espiritual" (Blake). Um lugar assim, onde os contrários encontram-se e não são afastados nem conciliados, é transitório, mas não no sentido de um refúgio temporário da realidade. Pelo contrário, está impregnado da tensão e do perigo de colapso que efetivamente acompanham a mudança catastrófica. Trata-se, de fato, da tensão que molda o espaço em resposta às premonições da realidade Desconhecida. Como Keats disse, até mesmo o "camponês espiritual" sabe que para além de seu "jardim

---

* Essa discussão é baseada em *Holding the dream* (Williams, 1988b).

MEG HARRIS WILLIAMS 125

filosófico" de sentimentos agradáveis e bem-organizados estão as "Cordilheiras dos Andes e as *Burning Mountains*" – a "*terra semi incognita* das coisas sobrenaturais" (carta a Rice, 24 de março 1818, 1970a, p. 77). Indica-se o Além. A ideia da morte e o impacto da beleza estão sempre intimamente relacionados e proporcionam um estímulo cognitivo semelhante.

Nesse espaço cintilante de expectativas, onde os telhados brilham ao sol, nasce um novo evento emocional. É o limiar de novos conhecimentos, o "país desconhecido, de cujo destino / Nenhum viajante retorna" (*Hamlet*, III.ix: 79-80), a cesura entre mundos comensais, que passa a vibrar com o significado enquanto uma "Descoberta" é anunciada, e a ideia de um "senso comum"(Bion) mutuamente penetrante toma forma. A questão aparece mais tarde, quando o Príncipe Andrei (um personagem mencionado no *Memoir* de Bion), ao observar a bomba giratória que despedaçaria seu corpo, tem alguns segundos de eternidade em que imagina as implicações da cesura. Ao contrário de Bion e sua fuga do tanque (tal como descrito em *Memoir*), o príncipe ouve a língua da sua Psique e não do seu Soma – e isso leva muito tempo: "Poderá isso ser a morte?" (1991, p. 963). Ele medita intelectualmente em vez de permitir que seu corpo pense por ele, portanto representa aqueles que não têm resiliência para sobreviver às revoluções sangrentas da era que está porvir.

Para dar outro exemplo, um poema de Roland Harris sobre o encontro de amantes transmitindo a tensão no tempo e no espaço, identifica a cesura no limiar do conhecimento:

First
greeting's true
sign is
friction's meeting,

126 O DOMÍNIO DO OBJETO ESTÉTICO

parts too apart
alighting in design,
as a bird breaks
into its image
in the tensioned lake;

a sudden
foreknowledge
of death,
and the life between
unknown and the remembered
the winged meeting
rising skyward,
a windhover.

Mind is a lone lake
in the high mountains,
with its pine and star;
and meeting should be there.
Ah! first meeting is
twi-pained of thirst and after-thirst;
a little lake shut
in the mountain walls
of getting and forgetting...

(Harris, "Rendezvous")

A primeira saudação
uma verdadeira sinalização
um encontro de atrito,
partes tão apartadas
incendiando em projeção,
como um pássaro irrompe
sua imagem refletida
na lagoa tensionada;

Um súbito
pressentimento
de morte
e de vida entre
o desconhecido e o recordado
o encontro alado
subindo em direção ao céu
pairando em suspensão

A mente é um ermo lago
na mais alta montanha
com seu pinheiro e sua estrela;
onde encontro deveria ser

Ah! o primeiro encontro
é duplo sofrimento do anseio
e pós-anseio;
é um pequeno lago confinado
pelos muros das montanhas de
conseguimento e esquecimento...

(Harris, "Encontro")

O atrito e a ansiedade que testam os limites da cesura são expressos pelo pássaro que *"parts too [two] apart"* [partes tão (duas) apartadas] e que quebra a sua impecável imagem em um *"tensioned lake"* [lagoa tensionada], a tensão superficial da água sendo igualmente um espelho e um antiespelho, unindo e separando. Em seguida, um *"winged meeting"* [encontro alado] sugere o pássaro voando novamente, criando um novo lugar para o encontro, o lago metafórico da mente, sustentado no lugar pelo pinho e pela estrela-guia. Mas esse espaço também é transitório, como a *"life between"* [vida entre]: sustentada no lugar apenas pela dupla dor do antes e do depois, o recordado e o desconhecido. É a pressão

128   O DOMÍNIO DO OBJETO ESTÉTICO

da "carruagem alada do tempo" (Marvell) que molda o símbolo, e finalmente o tempo traz a mente-lago de volta à terra, à "Imundice de Londres, / lavada num lago de montanha" (Harris) – tal como em Tolstói, ele conduz a bomba giratória.

A situação emocional da cesura (o limiar da formação de símbolo) pode ser compreendida de forma distinta do espaço transicional ou da teoria da criatividade no espaço-de-brincar, devido à sua turbulência. Amor, morte e beleza (conflito estético) irrompem e *"alight in design"* [incendeiam em projeção] – na verdade, reprojetam o estado da mente. Mas há outra diferença: a orientação sob a égide do objeto interno, a qual requer um tipo especial de dependência, que Bion e Meltzer nomearam de "fé" psicanalítica. Esta também foi amplamente explorada por poetas autoanalíticos, no relacionamento que tinham com suas Musas.

Inspiração poética[*]

A nova ideia chega à mente em desenvolvimento, segundo Coleridge, sob a forma de um símbolo. Os *meios* pelos quais ela chega ali são designados pela "inspiração" dos poetas. É uma situação de reciprocidade estética, em que a ideia ou o objeto criado pela mente infantil é devolvido ao criador, como se fosse para autenticação.

Poetas, de todas as esferas, sempre temeram a perda de inspiração, a "escassez", mais do que temem a negligência, o ridículo, ou a penúria; mais do que qualquer coisa, exceto, talvez, a tortura e a prisão, que são suas recompensas nas sociedades mais repressivas.

---

[*]   Esta seção é baseada em *"On the meaning of inspiration"* (capítulo 1, em Williams, 1982, pp. 1-21) e em *"Inspiration: a psychoanalytic and aesthetic concept"* (Williams, 1997).

É função deles, ao obedecer aos ditames das suas Musas internas, mediar e impulsionar a cultura adiante no sentido de valores mais complexos e respeitosos, em nome do resto da sociedade. A recompensa pessoal para isso é a obscura alegria de estar imerso nas "formas da verdade e da beleza", no sentido platônico, tal como o expresso por Hazlitt: "O amante da verdade não busca a honra direta e vulgar a ele atribuída... mas a honra indireta e pura atribuída às formas eternas da verdade e da beleza, na medida em que são refletidas na sua mente" (Hazlitt, *On the living poets*, 1818; 2007, p. 211).

Ou, como disse Milton, "elas também servem àqueles que apenas ficam e esperam" (Soneto, *"On his blindness"*). Esperar por inspiração é uma ocupação honrosa para um poeta, descrita de forma mais encantadora por Keats:

> *Não nos deixe, então, ficar como que correndo e coletando mel de abelha, zumbindo daqui para ali impacientemente a partir de um conhecimento do que está para ser alcançado; mas, sim, vamos abrir nossas folhas como uma flor e ser passivos e receptivos – florescendo pacientemente sob o olhar de Apollo e tomando nota de cada nobre inseto que nos favorece com uma visita... (carta ao Reynolds, 19 de fevereiro de 1818; 1970a, p. 66)*

A natureza da capacidade negativa não precisa ser de autoprivação ascética; Keats frequentemente descreve suas oscilações entre uma "letargia frutífera" e uma "energia" ou "martelação", tendo sua mente, por vezes, "estufada como uma bola de críquete". De fato, há uma alternância entre "zumbir" e "florescer", entre uma fertilidade ativa e uma passiva.

Todas essas oscilações fazem parte do diálogo com os inspiradores objetos internos. Elas são diferentes dos diversos tipos de negação, onipotência, autoilusão etc., que se mascaram como força ou realização poética ou, até mesmo, como a humilde espera pela inspiração. Há um *Claustrum* (Meltzer, 1992) – ou Clausura – no campo da poesia como em qualquer outro. O poeta que perdeu o contato com sua fonte de inspiração pode "perfeitamente" parecer um poeta de verdade na sua vida social e profissional, e produzir formas que "perfeitamente" pareçam poesia (a visão *trompe l'oeil* de Bion). Falso para sua própria Musa, eles se tornam os "falsos líricos, grandes adoradores de si mesmos" amaldiçoados por Keats:

Though I breathe death with them it
will be life To see them sprawl before me into graves.

(Keats, "The Fall of Hyperion")

Embora eu respire, a morte com eles será vida
Para vê-los se espatifarem em sepulturas diante de mim.

(Keats, "The Fall of Hyperion")

Evidentemente, esses são estados internos, e apenas o poeta, com sua singularidade, pode verdadeiramente estimar sua própria condição, mas em última análise, esse estado interno *aparece na obra*. A reconexão com a inspiração, no entanto, pode levar o indivíduo para fora do inferno (o universo Bion-Blake da "não existência") e de volta para a vida real comum; como diz Meltzer, a porta para o *Claustrum* está "sempre aberta". Nas palavras de Dante, quando ele saiu do inferno através do Purgatório:

I'mi son un che, quando
Amor mi spira, noto, e a quel modo ch'e'
ditta dentro vo significando.

(Dante, "Purgatorio")

Eu sou aquele que, quando
Amor inspira-me, tomo nota, e qual for a forma que ele se impuser
dentro de mim, assim o será.

(Dante, "Purgatorio")

O contexto desta bela e precisa definição é o de um despretensioso debate técnico sobre a habilidade de fazer versos e as "novas rimas" do dia a dia de Dante. O verso define a arte do autor na sua perspectiva educativa e histórica. Mas Dante, o peregrino, é silencioso durante o debate (embora esteja, em certo sentido, falando em nome de um aspecto dele mesmo, de sua existência social e contemporânea). Então, quando ele finalmente fala, sua voz é ainda mais relevante, e ele a usa para definir sua identidade poética em um sentido bastante diferente: não por meio do artificial, mas de acordo com a relação que tem com a sua Musa, o seu "Amor". O ato de ele dizer o que pensa, a essa altura, é também um momento pessoal de revelação, no qual a ligação íntima com a essência da sua poesia é reconhecida. Sua inspiração é um poder personificado fora dele mesmo e sua função específica é a de "tomar nota" (*não* de "criar"), ou seja, *prestar atenção* e, finalmente, transcrever para o papel a forma precisa das palavras que foram impostas a ele. Não há nada de estilo e técnica, nada de invenção ou imaginação, esses pertencem a outras facetas da sua atividade como poeta. Aqui, existe apenas a inspiração, claramente diferenciada dessas outras capacidades: "*Amor mi spira*".

Nesse caso, o poeta *obedece a sua inspiração*, quaisquer que sejam as reservas ou objeções que ele possa ter em relação ao significado das palavras as quais ele é requerido a transcrever (e elas podem, por exemplo, parecerem-lhe desrespeitosas, obscenas ou humilhantes). Ele escreve as palavras que ouve ditadas por sua Musa interior, sem trapacear, reformular, suavizar ou dissimular seus dissabores. Esse é o "verso impremeditado" de Milton

132 O DOMÍNIO DO OBJETO ESTÉTICO

em "Paradise Lost" (IX: 24). No entanto, "Quão vil, desprezível, ridículo!" – objetou o Sansão de Milton, quando a ideia de "algo extraordinário", que contrariou seu senso de dignidade pessoal, encontrou um lugar nos seus pensamentos (*Samson Agonistes*, l. 1361). O teste fundamental da inspiração é o de que o poeta não deve sucumbir à tentação de mudar a forma das palavras que se apresentaram a sua mente, pois, na forma estética delas e nas suas "relações não apreendidas previamente" (Shelley, *Defense of Poetry*; 1977, p. 482) encontra-se o conhecimento iluminado, que a sociedade poderá compreender em algum momento futuro.

Quando o poeta inspirado escreve vários rascunhos, eles têm a significância interna de serem as melhores percepções das palavras de sua Musa. Ao servir a Musa que fala dentro dele e que sabe mais do que ele mesmo sobre sua individualidade, ele está servindo à humanidade e ao futuro dela, às crianças do mundo. Isso é tanto a sua alegria, quanto a sua servidão. E, quando contestarem – como usualmente acontece – que a ideia de "inspiração" é uma caricatura do senso comum e que funciona como uma desculpa para todo tipo de perversão e aberração ("falar por inspiração como tocar uma gaita de foles", tal como Hobbes brincou [*"Answer to Davenant"*; 1908-1909, p. 59]), pode-se apenas replicar (como os poetas sempre o fazem) que a realidade e a exploração cínica de sua aparência são duas coisas muito diferentes. Não obstante, é fato que é quase impossível que esse conceito seja comunicado às pessoas que têm apenas um conhecimento limitado da realidade psíquica.

Consequentemente, a inspiração, da forma como é descrita pelos poetas, é um processo mental muito específico e não simplesmente uma qualidade mental ou atributo como a imaginação; em certo sentido, é o oposto a um atributo, pois não é uma possessão do *self*; ela descreve o processo pelo qual a mente é nutrida pelos seus objetos internos. Nutrir, respirar, sonhar – essas são as eternas e consistentes metáforas utilizadas pelos poetas para definir o cenário para a inspiração. Trata-se de ouvir a voz suave e delicada em meio ao ruído de suposições anteriores, aquele "clamor selvagem" que "abafa tanto a harpa quanto a voz" ("Paradise Lost", VII: 36-37); é "ver" quando a "luz do sentido" (percepção cotidiana) tiver "se apagado" (Wordsworth, *Prelude*, VI: 534-535).

> *So much the rather thou celestial Light*
> *Shine inward, and the mind through all her powers*
> *Irradiate, there plant eyes...*
> (Milton, "Paradise Lost")

> *Tão mais tu, Luz celestial,*
> *Brilha para dentro, e a mente através de todos seus poderes*
> *Irradia, aí fixa olhos...*
> (Milton, "Paradise Lost")

As funções cotidianas, vitais e sensuosas do corpo refletem a incessante manutenção da mente por "Espíritos, não menos importante que a digestão ou o sono" (Blake, *Jerusalem*, 1966, p. 621). As fibras, as raízes e os tentáculos daquilo que Keats chama de "pensamentos ramificados" (*"Ode to Psyche"*) avançam contínua e milimetricamente sob a influência da inspiração, fato que requer que grandes saltos sejam feitos periodicamente e que novas ramificações sejam começadas, nos pontos de mudança catastrófica.

É no limiar da mudança catastrófica que a imagem daquilo que inspira tende a aparecer na poesia mais imperativa e claramente. Em tais pontos, o poeta precisa afirmar sua dependência da Musa, mesmo que ele sinta que está "voando às cegas" e que tenha renunciado a seu próprio julgamento. Tal como acontece com Dante em *"Amor mi spira"*, ele deve esquecer-se das "novas rimas". O contexto é sempre um no qual o poeta tenha feito o seu máximo para reunir todo o conhecimento e experiência que teve até o momento,

134 O DOMÍNIO DO OBJETO ESTÉTICO

e depois é obrigado a renunciar a *tudo*, antes de fazer o que Kierkegaard chama de "salto no escuro". Seu conhecimento prévio é o trampolim de onde pula, mas que ele deixa para trás. Ele não poderia dar o salto sem seu talento e sua experiência, mas é a Musa quem fornece o "impulso íntimo" (Milton) que o leva adiante.

A caverna de Platão, em *The Republic*, é o protótipo poético para todas as representações subsequentes da condição claustrofóbica do indivíduo que aguarda por inspiração. Todo mundo se lembra das sombras na parede, dos fracos reflexos da realidade que capturavam a atenção dos moradores da caverna com tal rigidez que é como se seus pescoços e suas cabeças estivessem presos em uma prensa, alheios ao sol atrás e além deles. No entanto, nem sempre é lembrado que o propósito de Platão para com seus filósofos principiantes não era o de fugir para sempre no mundo da eterna luz do sol; isso seria ter a própria existência como falsa, seria não ter melhor uso para a mente em desenvolvimento do que permanecer presa na caverna. Na visão de Platão:

> *toda alma humana tem, pela sua própria natureza, contemplado o ser verdadeiro – do contrário, não estaria dentro da criatura que chamamos homem – mas nem toda alma acredita ser fácil utilizar sua experiência presente como um meio de recordar o mundo da realidade.* (Phaedrus, 250; 1975, p. 56)

Esse conhecimento inato é parte da condição humana, e a busca da vida é "recordar a realidade" (*anamnese*), fazer uso da faculdade de visão interior. Ao mesmo tempo, a capacidade dos indivíduos para fazer isso não é inerentemente igual. Almas que "viram a mais" em uma existência anterior entram em bebês que estão destinados a se tornar buscadores da sabedoria e da beleza, amantes e poetas. Esse "poder divino de conhecer" é a inspiração, a renovação de uma ligação entre a mente infantil e seus pais internos. No mito de Platão, toda vez que isso acontece, o corpo da mente ("a mente como um todo") é pego pelos ombros e arrastado à força para a luz do sol ("o Bem"), o que resulta em certo grau de confusão ou de "visão prejudicada" – a dissipação das suposições anteriores. Como diz Bion, a descrição mais próxima que ele pode encontrar para O é "amor apaixonado" (1991, p. 183).

Mas depois – esta é a parte do mito que às vezes é esquecida – a mente retorna ao seu assento na caverna, a fim de por em prática sua nova visão. Trata-se aqui de outro tipo de confusão: a mente pode ficar "inestética" de duas maneiras, Platão diz: pela transição da escuridão para a luz, e da luz para a escuridão. A inspiração não ocorre até que este segundo movimento tenha sido concluído. Ela não é somente o primeiro movimento – a fuga da caverna (uma projeção idealizada). Como Bion diz, o "momento de iluminação é muito breve" (1973-1974, vol. I, p. 30). Trata-se de todo o processo de assimilar conhecimento, permitir que a mente infantil seja nutrida e experimentar na pele a integração desse conhecimento, o que envolve a realização de um status de dependência e de visão limitada. O poeta sabe que sua posição é aquela humilde, na qual toma nota dos ditames da Musa. Voltar para a caverna finaliza a posição depressiva. Da mesma forma, Sócrates, enquanto um "parteiro" mental, termina a sua viagem de descoberta dos princípios do conhecimento no *Theaetetus*, com a reafirmação da sua ignorância. Como Keats disse, "nós temos de descobrir se um pouco mais de conhecimento não nos fez mais ignorantes" (carta a Bailey, 25 de maio de 1817; 1970a, p. 98). O fim de uma jornada (*insight*) é o início da próxima mudança catastrófica. O potencial para crescimento futuro depende dessa orientação depressiva para que o processo possa continuar.

Sócrates afirmou que somente a filosofia poderia resgatar a alma do aprisionamento. Emily Brontë fez uma excelente descrição desse tipo de resgate filosófico, já no início da sua narrativa: "Ele vem com os ventos do oeste". Essas linhas (quase sempre impressas como um poema independente) pertencem a uma narrativa longa e tediosa, parte da sua fantasia juvenil sobre os habitantes do reino imaginário "Gondal":

> *He comes with western winds, with evening's*
> *wandering airs, With that clear dusk of heaven that brings the*
> *thickest stars, Winds take a pensive tone, and stars a tender fire,*
> *And visions rise and change which kill me with desire –*
>
> *Desire for nothing known in my maturer years*
> *When joy grew mad with awe at counting future tears;*
> *When, if my spirit's sky was full of flashes warm,*
> *I knew not whence they came, from sun or thunderstorm;*
>
> *But first a hush of peace, a soundless calm descends;*
> *The struggle of distress and fierce impatience ends;*
> *Mute music soothes my breast – unuttered harmony*
> *That I could never dream till earth was lost to me.*
>
> *Then dawns the Invisible, the Unseen its truth reveals;*
> *My outward sense is gone, my inward essence feels –*
> *Its wings are almost free, its home, its harbour found;*
> *Measuring the gulf it stoops and dares the final bound!*
>
> *Oh, dreadful is the check,— intense the agony*
> *When the ear begins to hear and the eye begins to see;*
> *When the pulse begins to throb, the brain to think again,*
> *The soul to feel the flesh and the flesh to feel the chain!*
>
> (Brontë, "The Prisoner")

Ele vem com os ventos do oeste, com os ares errantes do anoitecer,
Com aquele límpido crepúsculo de céu que traz as
mais encorpadas estrelas,
Ventos tomam um tom pensativo, e estrelas um lume tenro,
E surgem, e alteram visões que me matam de desejo.

Desejo de nada que fora conhecido em meus anos mais maduros,
Quando a alegria enlouquecia de temir ao calcular lágrimas futuras:
Quando, estivesse o céu do meu espírito cheio de flashes acolhedores,
Eu não sabia de onde eles vinham, se do Sol ou se da trovoada.

Mas antes, uma quietude de paz — uma silenciosa calma desce;
A luta de aflição e intensa impaciência acabam.
Música que é muda acalma meu peito —
indescritível harmonia
Que eu nunca poderia sonhar, até que a
Terra se perdesse para mim.

Então amanhece o Invisível; o Oculto a sua verdade revela;
Meu senso voltado para fora se foi,
minha essência voltada para dentro sente –
Suas asas estão quase livres, seu lar, seu refúgio encontrado,
Dimensionando o abismo, inclina-se, e ousa dar o salto final!

Oh, pavorosa é a comprovação – intensa a agonia
Quando o ouvido começa a ouvir, e o olho começa a enxergar;
Quando o pulso começa a pulsar – o cérebro novamente
conjectura – A alma a sentir a carne, e a carne a sentir a clausura.
(Brontë, "A Prisioneira")

Ao considerar a poesia e a inspiração em uma perspectiva do senso comum, a ambição do poeta é a de escapar da prisão da existência cotidiana através de um voo de fantasia. Essas linhas, no

138 O DOMÍNIO DO OBJETO ESTÉTICO

entanto, demonstram uma manifestação psíquica mais realista. A visita da inspiração não liberta o encarcerado da prisão da rotina diária, mas ao contrário disso, reforça-a. O que ela faz é transformar o seu significado. O processo começa com conflito estético, "*flashes*" não integrados de emoções conflitantes, "*from sun or thunderstorm*" [do sol ou da trovoada], associados com o não conhecer. A tempestade acomoda-se em um período de calma, um estado momentâneo de transição, em que o espírito – como um filhote de pássaro – encontra "*wings*" [asas], sustentado e acalentado por uma "*mute music*" [música muda] sem sentido.[9] A luz dos sentidos apaga-se, tal como em Wordsworth e Milton, para abrir caminho a uma nova forma de ver e sentir: "*My outward sense is gone, my inward essence feels*" [Meu senso voltado para fora se foi, minha essência voltada para dentro sente]. A precisão com que o poeta "*measures the gulf*" [dimensiona o abismo] é contrabalanceada ao desejo de perder completamente a sua identidade e ser absorvido pelo objeto – o "*home, its harbour found*" [seu lar, seu refúgio encontrado] da alma.

No entanto, o teste verdadeiro relativo à capacidade do prisioneiro de receber inspiração ocorre com a "check" [comprovação] descrita na estrofe final: "When the ear begins to hear and the eye begins to see" [Quando o ouvido começa a ouvir, e o olho começa a enxergar]. Em vez de uma perda de identidade evasiva, há uma mudança estrutural. "The soul feels the flesh and the flesh feels the chain" [A alma sente a carne e a carne sente a clausura]: a rima "chain" [clausura] substitui a esperada "pain" [tortura] e o ritmo cadente enfatiza a junção renovada do corpo e alma.[10] A projeção para fora da alma retorna para o interior com maior impacto estético e vida nova arejada para o corpo da mente – "Amor mi spira". A alma ainda está em seu corpo-mundo, mas o mundo não é mais o *Claustrum*. Aqui, o platonismo de Brontë difere do de Wordsworth em *Immortality Ode*, em que ele diz adeus ao espírito poético infantil que se tornou envolto às "sombras do cárcere". O poema de Brontë é o oposto: são boas-vindas; é um disparador para escrever seu romance poético, não uma elegia à inspiração perdida e aos anos que trazem o espírito filosófico. A Clausura é a realidade sensuosa do poema enquanto carne da locutora; símbolos são um modo de conter o espírito no sentido. Wordsworth adotou uma filosofia de resignação; Brontë comprometeu-se com uma filosofia de paixão, a sensação-prisão transformada em um Vale de Criação de Almas *(Vale of Soulmaking)*. A caverna, a Clausura: uma personalidade ou estado de espírito pode ver o mundo como uma prisão de suposições básicas (um vale de lágrimas), enquanto outra pode ver o mesmo mundo como um ambiente de trabalho, de acordo com sua realidade psíquica. Escapar do primeiro requer mágica; libertar-se do segundo requer apenas uma mudança de mente, como quando Ulisses percebe que tudo o que ele tem que fazer para escapar da caverna de Calypso é construir uma jangada com suas próprias mãos.

O poema de Emily Brontë demonstra como o processo de criar o símbolo está ligado à introjeção de um aspecto do objeto (assim como disse Money-Kyrle). O encontro com o objeto interno – o visitante que "comes with western winds" [vem com ventos do oeste] – tem revitalizado a existência cotidiana, aquilo que Keats chama de "nossas vidas vagarosas, entediantes e sem inspiração", tal como as "substâncias químicas etéreas operam sobre a Massa do intelecto neutro".[11] A visão keatsiana, assim como a de Brontë, é aquela em que os aspectos do "bom", sejam eles inatos ou incorporados dos "homens de Genialidade" ou de outro objeto aspiracional, criam um "fermento de existência – pelo qual um homem é impulsionado a empenhar-se, esforçar-se e lutar com a Circunstância" (carta a Bailey, 23 de janeiro de 1818; 1970a, p. 53). A inspiração é responsável pela integridade estética de um poeta ou pela solidez de caráter de um indivíduo. É a sustentação de uma pessoa ou de um poema.

140 O DOMÍNIO DO OBJETO ESTÉTICO

Para Platão, o que faz um verdadeiro poeta é o quanto ele é capaz de depositar confiança na sua inspiração – "uma realidade sólida em meio a sombras" (*Meno*, 100; 1956, p. 157). Ele "alimenta-se de pensamentos, que movem voluntariamente / Distâncias harmônicas", como expressou Milton ("Paradise Lost", III: 37-40). Essa organização estética tem solidez, e não arrogância ou rigidez, sendo o resultado da fidelidade a objetos internos, em vez de uma luta de poder sobre seus contemporâneos (as "batalhas de sombra" desprezadas por Platão). O poeta-filósofo é "humilde sem inferioridade" (Money-Kyrle, 1961, p. 69). Sem essa base sólida, ele não pode *tornar-se a si mesmo*, mas continua a ser um escravo das suposições básicas de seu tempo, sem nunca desenvolver a sua própria identidade.

Talvez haja uma diferença de grau entre a luta intensa e agonizante com a inspiração, vivida pelos nossos grandes e criativos poetas, e a necessidade de crescimento por meio dela, vivida por todos nós. Tal como Milton descreveu sobre os profetas, a inspiração divina pode ter sido agradável, mas o "aborrecimento em relação àquela verdade trazida por eles faz com que, em toda parte, considerem-na um fardo" (*The Reason of Government*; 1974, p. 50, "*The Reason of Church Government*"). Poetas de todas as partes enfatizam o peso do conhecimento que eles carregam e que está, em certo sentido, *além deles mesmos*; sentem seus ombros tensos até o limite, até o ponto do enlouquecimento (daí imagem de Keats de "emplumar" os ombros) (carta a Reynolds, 3 de maio de 1818; 1970a, p. 92). Mas, e o resto de nós? Certamente não teríamos a necessidade de nos fortalecer para tamanho fardo mental?

Bion aborda esta questão em uma carta na qual ele aconselha um dos seus filhos sobre as suas escolhas de vida. Ele cita o exemplo da aventura de Milton de ida e volta ao inferno, que alega ter sido *uma tarefa árdua para qualquer consciência, porém ainda mais difícil para ele, pelo reconhecimento da sua própria grandeza e pelo fardo que isso colocava sobre ele.*

Mas isso também se aplica até mesmo às coisas comuns, se é que alguém pode considerar um conhecimento tão extraordinário, tal como é o conhecimento comum a um indivíduo, de algo "ordinário". (1985, p. 179)

É a prática do autoconhecimento – de sermos nós mesmos e ninguém mais – que é penosa, e todos nós precisamos da inspiração – algo extraordinário – para desenvolvê-la e para sustentar contato com ela. As vidas das pessoas (enquanto distintas das suas ocupações) expressam suas mentalidades de forma análoga às obras dos poetas. A condição psíquica do indivíduo não é um mero apêndice que pode ser ajustado através de doses periódicas de cultura ou outras formas de entretenimento e festividades. O significado – a realidade psíquica – da perspectiva de mundo de uma pessoa aparece na vida dela. E, como Money-Kyrle nos lembra:

Os bons pais internalizados de um homem aspiram pela vida, tal como esse homem o faz. Dessa forma, a sua própria ânsia correspondente de ser imortal na personalidade dos filhos reais ou simbólicos, ou seja, nas suas realizações, também se torna uma obrigação do seu superego, que é sentido como algo que o ajuda e o apoia nessa incumbência... Sugiro que esta seja uma das maneiras pelas quais um elemento moral pode se inserir na estética. (1961, p. 129)

Nessa demonstração de uma afirmação de vida mútua entre *self* e objeto, os poetas, com seus modelos estéticos e significativos

142 O DOMÍNIO DO OBJETO ESTÉTICO

sobre a inspiração, o aspecto essencial da experiência humana, podem funcionar para nós como o "seio pensante" de Bion, ou como a mãe que, em seu *rêverie*, pode digerir mentalmente o medo da morte e devolver para a criança o conceito de mudança catastrófica em forma palatável e esperançosa. Bion aconselha-nos a valorizar as lições de nossos "antepassados", mesmo que não saibamos quem foram eles (1980, p. 97, 2005, p. 23). Ele sugere que nós, inconscientemente, sabemos. Esses *ante Agamemnona multi* – os diversos heróis anônimos do espírito poético – podem nos ajudar a reavivar nossa "capacidade de reverência"; isto é, de aprender a partir da experiência (1985, p. 241).[12] Eles modelam, por nós, o próprio processo de assimilação do conhecimento inspirado, que é a base para o crescimento mental. Não é fácil "lê-los", mas, se conseguirmos encontrar algumas formas de acesso, eles nos ajudarão em nossas autoanálises, exatamente como ajudaram outros no passado.

Fé psicanalítica

Em uma nota que ele chama de um "devaneio" (*rêverie*) sobre a preocupação interior do bebê, Meltzer escreve sobre o "nascimento do significado" na mente infantil:

> *Não é de se surpreender se isso vem à tona soando como Gênesis... No princípio não era o infinito informe, mas a placenta enquanto o objeto primário de nutrição. Poderíamos chamar isso de a experiência de surpresa... em uma inteligência extrínseca está o início da religião revelada. Todas as funções descritas são os frutos da identificação com a inteligência extrínseca. No início, as relações de objeto e identificação são simultâneas. ("A rêverie on*

the baby's interior preoccupation", c. 2002; publicado em um livro em espanhol de 2008, não publicado em inglês)

A "inteligência extrínseca" é o que Roland Harris descreve como o "estranho" que flexiona e molda a mente nova (veja adiante; também no Capítulo Seis, n. 14). As origens do conhecimento são inextricáveis desta "consciência reflexa" (Coleridge) que conduz a mente infantil para além das suas próprias fronteiras. Bion usa a palavra "peculiar" para sugerir que precisamos sair do nosso familiar espaço existencial.[13] Ele percebeu, de forma consistente, que o vértice religioso havia sido negligenciado pelos psicanalistas, que, segundo ele, "têm sido peculiarmente cegos a este tópico da religião" e focado apenas na sexualidade. Ignorar a existência da religião na mente humana, diz ele, é equivalente a ignorar a existência do tubo digestivo no corpo humano. É o vértice religioso que sustenta a preocupação necessária com o "futuro", com o significado e com o resultado final de se conhecer a verdade sobre a condição do indivíduo: "Como pode um ser humano, com mentalidade e caráter humanos, não se interessar pelo futuro ou não se preocupar com ele?" (Bion, 1973-1974, vol. I, p. 15). "Um ato de fé tem como contexto algo que é inconsciente e desconhecido, porque ainda não aconteceu" (Bion 1970, p. 35). Ele exige que o poeta interno capture a "sombra do Futuro previamente moldada" e, como na definição de Shelley, "legisle" para o futuro. Este é o "ser progressivo" que, na filosofia de Coleridge, é fundado na formação do símbolo e que tem a sua origem não no *self*, mas na fonte de fé ou na luz da razão, um universo de recursos infinitos com o qual o *self* é organicamente conectado, ao incorporar uma "parte viva" dele na estrutura em crescimento da mente por meio de um símbolo.

O ser progressivo, ou a capacidade de imaginar um estado futuro, é, por sua vez, inerente ao reconhecimento de um campo

144 O DOMÍNIO DO OBJETO ESTÉTICO

de existência fora do *self* e que contém um "objeto primário de nutrição", cujo primeiro impacto pós-natal, como Meltzer formulou, é aquele de um *objeto estético* que desperta amor, ódio, e desejo pelo conhecimento. Palavras que transmitem de forma apropriada esse impacto são "surpresa" e "maravilhamento" – palavras que sugerem a suspensão da individualidade e da sua perspectiva estabelecida. Keats escreve: "A poesia deve ser grandiosa e discreta, algo que penetra a alma de um indivíduo e que não a assusta ou surpreende por si mesma, mas pelo conteúdo que possui" (carta a Reynolds, 3 de fevereiro de 1818; 1970a, p. 61).

Meltzer diz que o termo "maravilhado" é perfeito para descrever "a experiência emocional antes de ter sido elaborada pela função-alfa", e cita o *Jewish Book of Law*: "Permaneça perto do morrer porque quando a alma vê o abismo ela fica maravilhada" (1983, p. 69). O crescimento da mente do bebê à beira do abismo é totalmente dependente da sua relação com esse objeto maravilhoso desde a primeira amamentação em diante, e, cada vez mais, o momento da primeira nutrição recua para universos aquosos e pré-natais, de uma forma que anteriormente somente os poetas atreviam-se a imaginar: "aquelas são pérolas no lugar de seus olhos".*

Tal como Meltzer recorda-nos em seu "devaneio" sobre o bebê, Bion está constantemente evocando o "infinito vazio e informe" de Milton como um universo que é estimulante, mas ainda rudimentar, de modo que atenua a aspiração ("asa atenuada" é uma das expressões de Milton). Milton sentiu que foi conduzido pela Musa *igualmente* "para cima" e "para baixo", sobrevivendo ao terror sem nome da sua "estadia sombria" nos reinos das trevas. Fé, na definição de Bion, é "um estado de mente científico" que torna

---

* No original, *"those are pearls that were his eyes"*. [N.T.]

possível a exploração e a descoberta (1970, p. 32). No início, é *tanto* o infinito informe *quanto* o objeto primário de nutrição. Ao falar sobre as origens do artista e do cientista na mente da criança, Meltzer enfatiza "o aspecto gradual, a necessidade de explorar todas as permutações e combinações das possíveis distorções, antes de render-se à verdade" (1975, p. 220). Render-se à verdade significa abandonar a possessividade e a onipotência, caso contrário, a descoberta artístico-científica não pode realizar-se. Isto implica que uma percepção da personalidade está sendo moldada por forças que estão além da sua própria capacidade ou controle. Tal como Rimbaud sucintamente expressou (1871), "É errado dizer 'eu penso'; melhor seria 'eu sou pensado'". Ou no poema de Roland Harris:

> *Out of the waste of sky*
> *invincible arrows*
> *of beauty and danger,*
> *when the strong Stranger*
> *bends me, and trains his eye!*
> (Harris, "Come wind, what shall I sing of?")

> *Dos resíduos celestes*
> *flechas invencíveis*
> *de beleza e perigo,*
> *quando o forte Estranho*
> *flexiona-me e treina seu olhar!*
> (Harris, "Vinde vento, sobre o que devo cantar?")

"Pensar por si mesmo" no modelo estético da mente, na verdade implica "pensar com o objeto interno" (Meltzer & Williams, 1988, p. 71); sendo assim, "o objeto interno integrado aprende antes do *self* e é, muito provavelmente, a fonte do pensamento criativo e da imaginação" (Meltzer, 1992, p. 59). Isto não é

146 O DOMÍNIO DO OBJETO ESTÉTICO

> *apenas uma questão de contenção, proteção, conforto ou prazer e assim por diante. Trata-se de um objeto que pode desempenhar essa função especial, que cria os símbolos através dos quais o sonhar e o pensar podem ter continuidade. (Meltzer, 1995a; também 1983, p. 38)*

Este é o *"Stranger"* [Estranho], tal como aparece em tantos mitos nos quais deuses estão encarnados para guiar ou testar os seres humanos. "Nossas mentes são feitas por nós mesmos, por forças sobre as quais nada sabemos", disse Bion (1980, p. 69). Ou nas palavras de Blake: "nós, os que vivem na terra, nada podemos fazer de nós mesmos; tudo é conduzido por Espíritos, não menos importante que a digestão ou o sono" (*Jerusalem*, 1966, p. 621). O "trabalho" é feito por "transferência de objetos internos, o que nos permite passar a impressão de desempenhar funções para o paciente que são essenciais para o desenvolvimento do seu pensamento" (Meltzer, 1995a). Então quais seriam as qualidades necessárias em um objeto desenvolvimental? Diante de um "atoleiro" de informações sobre sensações, Bion indaga quem vai colocá-las em ordem e convertê-las em alguma coisa estética: "Quem, ou o que, escolhe, decide ou age como autoridade no indivíduo?" (1997, p. 51). Contudo, essa ênfase na *realidade* do objeto interno que cria-símbolos (estético) é uma ideia que não "é tida" em muitos relatos sobre desenvolvimento da personalidade ou da criatividade, sejam eles psicológicos ou literário-filosóficos.[14]

Existe um problema no fato do objeto, que pode realizar tais funções e conduzir a personalidade através de uma mudança catastrófica, ser inevitavelmente experimentado como tendo um elemento de crueldade. Há uma passagem em *All My Sins* na qual Bion descreve seu "choque" ao descobrir uma "profunda crueldade" nele mesmo, que até então nem era suspeitada (1985, p. 70). No contexto, ele não respondia aos apelos da filha bebê para ser pega no colo e, na falta de ação da sua parte e como alternativa, ela era "confortada" pelos "braços maternais" da babá. Por causa da sua não ação, ele acreditava que tinha "perdido sua filha", e esta ideia é geralmente aceita por leitores até hoje, apesar de estar claro que esse não foi o caso, como comprovado pela bebê – já mais grandinha – correndo alegremente para cumprimentá-lo, algumas páginas antes (p. 66).

No entanto, se olharmos para além da aparência do incidente, podemos supor uma resposta interior de Bion para a crueldade de um objeto que esteja além deles dois, que solicita o reconhecimento do quase insolúvel "problema de existir" (p. 33). Bion atentou-se para esse problema de uma forma abrupta, de modo mais traumático do que para muitos outros. Ele sabia que sempre existe uma tentação a "rebelar-se" contra a predominância desse instinto de sobrevivência (1991, p. 609): o desespero, o "autoaniquilamento", a desistência – a última forma de negatividade.

"Por que ela fez isso comigo? A questão que não estava suficientemente audível era 'Por que você faz isso com ela?'" (Bion, 1985, p. 70). Diferentemente do destino de sua esposa ou de seus companheiros de guerra, Bion queria que sua filha sobrevivesse. Ele sentiu-se "com a corda no pescoço", como se estivesse sendo ameaçado pelo Grande Gato de Ra. Essa prensa o fez perceber a necessidade de a criança adquirir obstinação e de ele ganhar a coragem para procurar uma nova esposa. O "pensamento" estava começando a "invadir [seu] mundo agradável" (p. 66), e isso causou consequências também no percurso infantil da filha. Era apropriado para a baba pegar a menina no colo, mas talvez não o fosse para o Papai dela, o seu pai-mãe, na função imposta a ele de mediar o objeto interno da bebê.

Bion, afinal, teve a sua própria vivência infantil com dois tipos de mãe, o que talvez tenha lhe permitido ampliar os vértices e

148   O DOMÍNIO DO OBJETO ESTÉTICO

estabelecer uma visão binocular. Sem dúvida, se estivesse sozinho com a criança em uma situação de único vértice, Ra teria assegurado que ele assumisse o papel de babá, assim como Atena impeliu Odisseu a pegar o bebê Telêmaco da areia antes que ele passasse o arado por cima da criança em sua loucura fingida. Nesse sentido, ele respondeu analiticamente, em vez de parentalmente (como Meltzer diria). Além disso, lembremos que ele foi atraído para a psicanálise porque acreditava que ela oferecia potencial para a "salvação" mental. Tal como Martha Harris destaca:

> Provavelmente a criança que habita a todos nós requer, quando está sob estresse e de tempos em tempos ao longo da vida, uma manifestação externa dessa presença [materna]. Mas dar sustentação [holding] não é o mesmo que confinar – a personalidade é ossificada pela identificação com mentes fechadas e pode ser preservada viva somente através do desenvolver-se e do arriscar-se. (Harris, 1987c, p. 178)

Nessa mesma linha, Bion também fala dos danos que o analista pode causar quando onipotentemente tenta "ser útil" (1991, p. 665), de modo distinto a quando possibilita o sofrer – o "falar-da-dor" (ibid., p. 434). Trata-se de uma forma mais sutil de "zelo terapêutico" (Meltzer, 1967, p. 80), mas é igualmente uma fuga da realidade. O sofrimento é, às vezes, reciprocamente doloroso para o analista; fazer o bem pode ser sutilmente autossatisfatório, privando a operação potencial da fé em ambas as partes. Isto se deve ao reconhecimento de que, no conflito estético, é o objeto presente, e não o ausente, que causa dor, pelo fato de ser desconhecido e não ser passível de ser possuído. Em tal situação, o analista deve responder "analiticamente ao invés de parentalmente" (Meltzer,

1983, p. 9) e lutar para adquirir uma atitude estética (Meltzer 1967, pp. 79, 84). A ideia bioniana de fé não é como a de uma criança nadando pela primeira vez sem boias e confiante no apoio do Papai, mas de algo mais próximo a "flutuar livremente em águas infestadas por tubarões" (Meltzer, 1978a, vol. III, p. 99).

Pensar é doloroso, pensou Bion, devido à reestruturação psíquica causada pela mudança catastrófica que é exigida de ambos, analisando e analista, na identificação mútua que eles têm com O. Nas palavras de Kierkegaard, "Todo movimento do infinito ocorre com paixão, e reflexão nenhuma pode provocar um movimento. É este o salto perpétuo na vida, aquele que explica o movimento" (1985, p. 71, n.) A "suspensão" da individualidade é necessária para que os objetos tenham liberdade para "performar o movimento", o movimento de fé, o salto catastrófico. O verdadeiro "cavaleiro da fé" é imperceptível aos olhares de fora (ibid., p. 67). Em contraposição, Kierkegaard foi mordaz com os "cavaleiros da resignação", que complacentemente adotaram o eminentemente racional sistema hegeliano de ética, mas abandonaram o salto apaixonado de amor, não com desespero ou pesar, mas com "resignação". Essa resignação torna-se uma marca de superioridade moral e é usada "corajosamente" como um brasão para que todos possam admirar. Tal cavaleiro se satisfaz tanto com a memória quanto com o desejo de um amor perdido, porque é mais fácil tê-lo perdido do que ter de persegui-lo. "Ele mantém jovem esse amor... A partir do momento que ele fez o movimento [de resignação], a princesa está perdida" (ibid., p. 73). Assim como na versão de Bion da história, existem infinitos circuitos em torno da Bela Adormecida, mas nenhum que a desperte, nenhum alinhamento com O. Tal como foi expresso por Roland Harris, aqueles que ouvem

The voices crying
"Beware beware

150 O DOMÍNIO DO OBJETO ESTÉTICO

> *A false happiness*
> *Is sadder than despair"* –
> *Have the intense*
> *Substitute for experience.*
>
> (Harris, "Faith and love")
>
> *As vozes clamando*
> *"Cuidado, tenha zelo*
> *Uma falsa felicidade*
> *É mais triste que desespero"* –
> *Tenha o intenso*
> *Substituto para experiência.*
>
> (Harris, "Amor e fé")[15]

O objeto estético – a princesa – pode ser facilmente encoberto por um *"substitute for experience"* [substituto para a experiência] *trompe l'oeil*, no intuito de evitar o perigo de uma *"false happiness"* [falsa felicidade]. Mas, como diz Meltzer, só pode ser encoberto, não destruído (1986, p. 104). A um nível profundo, a mente contém um conhecimento que não pode ser usado. O apego da personalidade pela memória, pelo desejo e pela resignação é uma forma de fossilização em K: um conto de fadas inventado sobre um amor perdido que é eternamente jovem, um afastamento das incertezas do conflito estético e seus contrários intoleráveis.

Segundo Bion, o problema é: "Como podemos nos tornar fortes o suficiente para tolerar isso? Eis um objetivo muito mais modesto do que tentar agregar algo novo para a psicanálise" (1973-1974, vol. I, p. 33). Ele reconheceu que era intolerável para nossos *selves*-macacos o fato de não podermos ser produtores-de-pensamentos, mas apenas veículos-de-pensamentos. Essa tolerância – ou "paciência", como Bion às vezes a denomina (ponderando a palavra) – não é o mesmo que desconsiderar qualquer experiência real que o *self* tenha conseguido conquistar. Pelo contrário, o paciente ou analista que "não tem respeito por aquilo que ele já sabe" (ibid., p. 80) está debatendo-se no abismo, e não flutuando livremente com os tubarões. A fé é fundada na esperança gerada pelas conquistas anteriores e a observação "exige um modelo" como uma base (Meltzer & Williams, 1988, p. 203). Mas não há como escapar do medo e assombro que, como Langer destacou, acompanham a capacidade de criar-símbolos toda vez que ela é redespertada. O *setting* psicanalítico é, na verdade, especificamente projetado para evocá-la: "Em todo consultório deve haver, de preferência, duas pessoas assustadas: o paciente e o psicanalista. Se eles não estão assustados, por que é que eles estariam se dando o trabalho de descobrir aquilo que todos já sabem?" (Bion, 1973-1974, vol. I, p. 13). O "medo da mudança", tal como Milton assinalou, "pasma os monarcas" e põe em perigo a estabilidade até mesmo das mentalidades mais poderosas ("Paradise Lost", I: 598). A mudança é cruel, mas também, diz Bion, tem ligações vitais com amor primitivo (1991, p. 600). O tipo de mudança na maré enfrentada por Palinuro, quando ele é arrancado da sua tranquila condução e submerso nas profundidades, é ambíguo.

Meltzer aborda a questão de ser ou não apropriado chamar a atenção para fenômenos que podem muito bem ser experimentados como cruéis ou insuportáveis: "Eu não posso escapar das frequentes e repetidas acusações dos pacientes de que eu estou fazendo algo cruel, possivelmente letal, e que eu estou enfiando algo no paciente que é potencialmente desestruturante" (citado em Williams, 2005a, p. 436). O que distingue, então, a crueldade do sadismo (crueldade pelo prazer em ser cruel), ou mesmo da indiferença, que é a crueldade de uma falha da imaginação, como quando se diz "a guerra é cruel", entre outras declarações evasivas usadas para desculpar a imperícia de uma violência inadmissível? Meltzer diz que é a intencionalidade discernida na contratransferência.[16] Ele ressalta que a qualidade letal dessa verdade cruel

152 O DOMÍNIO DO OBJETO ESTÉTICO

dirige-se igualmente ao analista, que está participando no processo de pensar, e não apenas o conduzindo. Isso também instiga nele uma "mudança catastrófica na minha imagem de mim mesmo". Há sempre o perigo disso ser, ou aparecer como, "automutilação" (Bion, 1980, p. 69).

Meltzer cita como ilustração a metáfora de Kierkegaard em *Fear and Trembling* (1985) referente ao desmame –, uma interpretação para a outrora incompreensível crueldade na história de Abraão e Isaac. Na versão de Kierkegaard, a história torna-se um modelo para o tipo de fé que ele sentia que nunca poderia alcançar: fé que, quando uma fonte de nutrição – um motivo para viver – é levada embora, outra, que ainda é desconhecida, pode tomar o seu lugar. Deste ponto de vista, parece que a crueldade está mais para o "contrário" do que para a "negação" da boa vontade ou da benevolência, do mesmo modo que o ódio é uma forma de amor, uma característica da vitalidade dos vínculos emocionais necessários para a formação do símbolo. Meltzer também compara a formação do símbolo com os métodos para capturar pássaros selvagens:

> *Essa me parece uma boa metáfora para a maneira como os símbolos são formados e para a maneira como funcionam: eles capturam esses pássaros selvagens de significado. Caso você diga "ó, mas há algo cruel nisso", eu estou propenso a concordar que há algo cruel na forma como isso cerca e captura as experiências emocionais. (1995a)*

A crueldade tem uma estética *raison d'etre*, em vez de uma que seja filistina ou destrutiva. Na verdade, a teia, rede ou armadilha é uma metáfora poética tradicional para a formação de símbolos. Uma antiga definição chinesa de poesia, citada por Archibald MacLeish (1960), é a de "capturar o céu e a terra na gaiola da forma".

Outra metáfora apreciada é a da caça, tal como em *Sir Gawain*, em *A Tempestade*, em *Rei Lear*, ou na visão de Keats de "lançar-se" sobre a "Beleza que está na asa", a fim de "devorar o verso essencial" (notas sobre Milton); ou até mesmo na visão de Freud dele mesmo enquanto um "conquistador", ou na caça de Bion por "aquele animal feroz, a Verdade Absoluta" em *Memoir*.

De acordo com Meltzer, a Sra. Klein ficou impressionada com a natureza implacavelmente opressora do objeto combinado quando ela o descobriu – a tal ponto que ela, inicialmente, questionou se suas implicações eram saudáveis ou psicóticas. Sua qualidade "monstruosa" aparece no sonho de Richard:

> *O sonho de Richard sobre Adão e Eva, um sonho de cena primária, visualiza os pais e seus órgãos genitais, mas ele não parece estar afetado pela inveja ou oprimido pela excitação sexual. Na verdade, é desagradável ver os órgãos genitais deles parecendo enormes, como o monstro que ele descreveu. Esse sonho é um importante prelúdio para o sonho da "Ilha Negra", com sua esperança de que essa destruição seja reversível na realidade psíquica, de que objetos mortos, os bebês mortos possam ser trazidos de volta à vida por boa vontade para com a relação sexual boa e criativa dos pais internos. (Meltzer, 1978a, vol. II, p. 114)*

Não se deve supor, portanto, que a crueldade é incompatível com a promoção do crescimento. Talvez seja uma característica essencial do vértice religioso, com sua exigência de fé no objeto interno para conduzir o *self* infantil à próxima fase de existência. Meltzer disse que a visão "implícita" de Klein era a de que "a vida mental é essencialmente religiosa" (Meltzer, 2005c, p. xvi). O analista está sujeito ao "medo da mudança" tanto quanto o paciente, mas quem ou o que está sendo cruel?

Em seus livros autobiográficos, Bion indaga-se sobre a chuva de conchas do Grande Gato de Ra sobre a cabana em que ele está escondido: é crueldade ou tolice, deliberada ou casual? Pois a crueldade é, de fato, uma arma psicológica muito precisa, que não faz nenhum dano físico, mas que delineia o lugar exato na mente onde o significado está tentando emergir. Tal como John Donne escreveu:

> *Batter my heart, three-person'd God, for you*
> *As yet but knock, breathe, shine, and seek to mend.*
> (Donne, "Holy Sonnets", n°. 14)

> *Meu coração, Trindade Santa, sova*
> *Para que o abata, abrande, brilhe e emende.*
> (Donne, "Holy Sonnets", n. 14. Tradução de Haroldo de Campos)

"Mantenha-se na linha de combate", aconselhou Bion (2005, p. 95). Mesmo que estejam numa tempestade emocional "as tropas não irão fugir, mas manter-se-ão firmes" (1980, p. 78). A capacidade de "manter-se" ou de "sofrer" é crucial para a formação do símbolo no modelo Bion-Meltzer de pensar, no qual todo ponto de crescimento implica uma mudança catastrófica na estrutura atual da mente.

Talvez o objeto combinado tenha se configurado para Sra. Klein como Satanás caminhando sobre a marga fervente com a lua sobre seus ombros, tão monstruoso e feio-belo quanto era aquela visão para Milton. Talvez ela tenha observado através do telescópio de intuição aumentada o objeto combinado lua-e-Satanás, ou o Satanás com sua ferramenta recíproca de intuição, capaz de iluminar aquele "outro espaço, espaço científico, espaço religioso, espaço estético", tal como Bion o denominou. Talvez ela também tenha se perguntado, assim como Emily Brontë, se este pensamento veio "de Deus ou do Diabo". Era esse um pensamento-guia, já que a frota estava o seguindo, ou um ataque de um deus hostil como Somnus? Talvez os dentes e as garras do Grande Gato de Ra (Bion, 1991, p. 441) fossem destinados muito especificamente para o próprio Bion, afiando sua intuição. Talvez tenha sido essa a forma como ele sobreviveu aos insensatos massacres da Primeira Guerra Mundial, em vez de ser arrancado de seu navio por Somnus, assim como foram muitos comandantes de tanque e suas tripulações. Ele percebeu que não poderia "ser uma casca de ovo para sempre" (Bion, 1973-1974, vol. II, p. 15).

Contudo, uma vez que a suspeita imediata da crueldade tenha sido eliminada, há um alívio tanto para o paciente quanto para o analista. Permitir aos objetos internos pensar em nome de alguém pode parecer, a primeira vista, cruel para a individualidade. Em relação ao paciente:

> *Talvez isso merecesse a suspeita da crueldade se ele estivesse sendo empurrado na direção do pensamento independente e do julgamento. Mas isso não é o que eu penso que esteja acontecendo. Eu acho, e espero, que ele vai se encontrar na melhor das companhias, com os santos e anjos da realidade psíquica, com seus verdadeiros professores, com aqueles aspectos de sua própria personalidade que contêm os aspectos de genialidade, que ele somente pode aspirar a. (Meltzer, 2005, p. 428)*

Enquanto isso, o analista lembra que o objeto estético guia é o processo, e que a sua tarefa é acompanhar esse processo, o que eleva a importância pessoal da transferência. O sujeito pode

156 O DOMÍNIO DO OBJETO ESTÉTICO

almejar pela independência de pensamento em relação a seu par; internamente, no domínio do objeto estético, algo assim é uma ilusão. Para desenvolvermos nossa capacidade embrionária de pensar, talvez seja necessário abraçar a crueldade seletiva, que pode organizar esteticamente nossas constelações emocionais, e distingui-la da obediência sadomasoquista que governa nossa natureza social e política. Pois a crueldade do símbolo de fechamento, fora e além da nossa autoimagem infantil, pode definir o ponto em que o númeno da veracidade "encontra-se com a inteligência humana" (Bion, 1973-1974, vol. II, p. 30). Os deuses da mente são representados pelas qualidades macho-fêmea do "objeto combinado" kleiniano, e o crescimento da mente ocorre em relação não só à "restauração do deus-mãe", mas à "evolução do deus-inefável" (Bion, 1970, p. 129).

Será que tudo isso nos ajuda a desenvolver algumas implicações do conceito de "posição depressiva"? Meltzer descreveu como a posição depressiva é inicialmente caracterizada pela libertação da perseguição, mas quase que imediatamente vinculada ao peso da responsabilidade relativa à confiança depositada no indivíduo por objetos internos. Isso diz respeito a "resgatar as crianças perdidas da personalidade" (Meltzer, 1983, p. 98). Assim como no poema de Emily Brontë, a mente na mudança catastrófica não é liberada de forma livre, leve e solta, mas é detida em uma prensa de "ferro duro e frio", que ainda assim é revigorante de forma não masoquista e que integra sensação e espírito. Nas palavras de Sheakspeare: "meu coração desejava tanto / assim como a escravidão quer a liberdade" (*Tempest,* III.I: 88-89). Felicidade é "desenvolvimento" (Meltzer, 1986, p. 10), um processo contínuo – daí a Corrente com seus múltiplos elos. Dentro da posição depressiva, diz ele, "talvez (exista) uma gama ilimitada à evolução ética" (Meltzer, 1992, p. 138). Não há necessidade de transcender essa posição; ela é infinita em suas potencialidades.

Ética significa, essencialmente, preocupação com a mente ou com o mundo das crianças (ou ideias) e sua existência futura. Bion explica quão necessária é a urgente tomada de consciência em relação ao peso da responsabilidade para a próxima fase na investigação, a fim de evitar a "calcificação" de ideias, que, caso contrário, começa quase imediatamente, assim que uma nova ideia seja "tida" (Bion, 2005a, p. 11). Esse é o processo de evolução ética. Esta característica da posição depressiva – o ganho de conhecimento verdadeiro – é experimentada como sendo menos vantajosa para o *self* do que o fazer o bem para o mundo e seus filhos. Keats manifesta esta configuração interna: "Eu considero que não posso ter outro prazer no Mundo que não seja o contínuo embriagar-se de Conhecimento – Eu considero que não há busca digna que não seja a ideia de fazer algo de bom para o mundo" (carta a Taylor, 24 de abril de 1818;. 1970a, p. 88). É o mesmo que seguir "o princípio da beleza em todas as coisas", ou da alma "recordando o mundo da realidade". Como diz Meltzer:

> *A configuração formal e emotiva das obras [do artista] deve ser derivada não só da influência exercida sobre ele por sua cultura e seus colegas artistas, mas também pela força de sua preocupação com o presente e o futuro do mundo inteiro... Na natureza podemos encontrar refletida a beleza que nós já contemos. Mas a arte nos ajuda a recuperar o que nós perdemos. (Meltzer & Williams, 1988, pp. 222, 225)*

A beleza da arte ou da poesia é ofertada não como consolo para os males do mundo, mas como um meio de renovar o contato com a realidade. Vivenciar seu trabalho não como autopromoção, mas como um presente para o mundo e seus irmãos, é um sinal do verdadeiro poeta ou artista, apesar da turbulência interna que isso gera, pois, tal como explica Meltzer:

> *Cada ato de violência que [o artista] vê ficar impune, e acima de tudo, presunçosamente sem arrependimento, ameaça sua harmonia interna por causa da dor e da ira instigadas. Assim, a preocupação com o mundo de fora aumenta a tentação de renovar a velha cisão e projeção das partes ruins do self. (ibid., p. 222)*

Mas quaisquer aspectos loucos ou egoístas pertencem a partes diferentes, provavelmente excindidas deles mesmos, e só fazem diminuir a qualidade de seu trabalho; o fato disso não necessariamente destruir o trabalho como um todo é uma prova do poder da criatividade e das ideias "além do *self*". A intenção do artista "dar sermão aos irmãos" não é meramente mostrar o que pode ser realizado, mas "projetar nos irmãos tanto o objeto restaurado [quanto] aquelas capacidades de suportar as dores depressivas que foram conquistadas pelo artista em seu próprio desenvolvimento" (p. 219).

A dependência e a humildade que caracterizam a posição depressiva não são, portanto, destinadas a outras pessoas, nem mesmo às mães ou às psicanalistas em suas vestes de transferência. Trata-se de uma função do vértice religioso e relaciona-se com o princípio subjacente da beleza e da verdade, que é mediado através dos objetos internos e das "conversas entre" eles (Meltzer). Keats disse, em explicação aos amigos que estavam preocupados com a eventual recepção de algo que ele havia escrito: "Eu não tenho o menor sentimento de humildade em relação ao Público – ou a qualquer coisa existente – que não seja ao eterno Ser, o princípio da Beleza, e à Memória dos grandes Homens" (carta a Reynolds, 09 de abril de 1818; 1970a, p. 85). Por "memória", ele se referia a essas conversas internas com figuras de "Genialidade". Será "demasiado ousado fantasiar Shakespeare presidindo[-lhe]?" – especulou, no início de sua breve carreira (carta ao Haydon, 10-11 maio 1817; 1970a, p. 12). Isto é a "humildade sem inferioridade" de Money--Kyrle: a posição depressiva por excelência em relação às divindades internas que, através do conflito estético de amor e assombro, geram ao mesmo tempo aspiração, humildade e um senso de privilégio, resultando em criatividade: um presente a esses deuses internos, como a "modesta Ode" de Milton apresentada ao menino Jesus em *"On the Morning of Christ's Nativity"*, antecipando as "estrelas--guias dos reis magos" com seus presentes mundanos. Uma série de mediações ocorre antes que o símbolo seja criado: o poema, a flor – a criança do amor:

In the conclusion
Is the dedication
Of what is worthy
To the creator.

I send back these songs
For signature;
To be corrected by
The making eye.

Were word there aught
Worthy of thy report,
One shine as if
It were not mine,

That I make over
To her my lover,
All that is worthy
That I discover.

Not as thy maker
O divine loveliness!
But as a walker
Humbly in meadows,

Who seeing the flower
Growing so fair,
Would pluck it and place
It in her hair.

(Harris, "In the Conclusion")

Na conclusão
Está a dedicação
Daquilo que é digno
Ao criador

Mandei de volta essas canções
Para assinatura;
Para serem corrigidas por
O olhar compositor

Nenhuma palavra havia
Digna de tua composição
Uma brilha como se
Minha não fosse

Que eu recriei
À ela, minha amada;
Tudo que é digno
Que eu desvelei.

Não enquanto teu criador
Ó beleza divina!

Mas como um andador
Humildemente pelos prados,

Quem vendo a flor
Crescendo tão bonita,
A colheria e a acomodaria
Nos cabelos daquela senhorita
(Harris, "Na Conclusão")

Notas

1. Ver, por exemplo, Bion, 1991, p. 176. Rosemary "acredita" que ela sabe "qual é" a do Homem, mas é, no entanto, capaz de mudar de ideia.

2. O "símbolo psicótico" de Bion (1970, p. 65) – que ele diferencia de "signo" – parece semelhante a "equação simbólica" e uma subcategoria da "alegoria" de Coleridge. Isso está relacionado a um debate platônico-aristotélico sobre a *eikon* e como ela recupera a coisa ausente (ver Ricoeur, 1977). Também ver Bion, 1967, p. 50.

3. Coleridge também cunhou, ou introduziu ao uso moderno (por vezes através dos filósofos alemães), as palavras psicanálise, subconsciente, subjetivo e objetivo, todas cruciais para lançar as bases à filosofia psicanalítica.

4. Uma realidade amorfa, capaz de mudar sua forma em resposta à pressão das ideias. "As coisas que entram e saem do receptáculo são imagens de realidades eternas (isto é, imitações dos paradigmas das Ideias)" (Catan, 1990, p. 104).

5. Há também uma diferença; nela, o espaço de Bion refere-se ao enfrentamento da realidade, em vez ser um refúgio temporário de dela. Na teoria de Winnicott o bebê "cria" o peito no espaço criativo; tivesse ele abordado o mesmo fenômeno (do bebê agarrando o seio) a partir de um contexto filosófico-poético em vez

de um psicanalítico-pediátrico, ele poderia ter interpretado isso em termos de realização de uma preconcepção platônica, como fazem Money-Kyrle e Bion.

6. O conselho de Bion ao seu filho era "leia somente os melhores, e reconheça o que você incorporar" (Bion, 1985, p. 214).

7. Meltzer (1967) escreve de forma semelhante a "transferência pré-formada", referindo-se a ideia preconcebida do paciente quanto ao que uma análise deveria ser. Somente os sonhos, com suas autenticidades, poderiam romper isso e permitir que uma relação de transferência genuína venha a se estabelecer. Mas a transferência pré-formada, que segundo ele tende a ser especialmente resistente em uma análise didática, é suscetível de seduzir igualmente o analista e o analisando para uma simulação ilusória da psicanálise.

8. A essa altura, Bion estava usando o termo "contratransferência" não (como tinha feito anteriormente) para indicar a projeção pouco profissional do analista, mas as "marcas" que a condição emocional do paciente deixou nele próprio e que precisariam ser investigadas cientificamente.

9. Veja Williams (2008) para uma maior exploração da matriz musical em Emily Brontë.

10. Wordsworth escreve sobre a "agência implacável", cuja "lógica... De fato vinculou meus sentimentos, tal como uma em corrente" (*The Prelude*, III: 166-167). Além disso, há possivelmente um trocadilho com cadeira (*chair*) francesa – a corrente (*chain*) do desejo.

11. Keats, linhas de *Endymion* (IV: 25) citadas em uma carta para Bailey, 22 de novembro de 1817; 1970a, p. 26.

12. Bion usa frequentemente a frase "*ante Agamemnona multi*" (de Horácio) em *Memoir* como uma espécie de refrão para os heróis desconhecidos do seu e do nosso passado, aqueles cuja memória está perdida "por falta de um poeta" (Bion, 1991, p. 120).

13. Por exemplo, ele fala dos "acontecimentos peculiares do sono", "pessoas peculiares como Freud", em um "mundo peculiar" (Bion, 1997, p. 31), como se fosse para desalojar uma condição muito adequada de sabedoria (*knowingness*).

14. Meltzer escreveu que "o problema tem sido evitado há muito tempo como se a Musa fosse uma figura do discurso formal ou uma realidade psicológica" (Williams, 1982, *book jacket*).

15. Há uma referência aqui para Coleridge: "Cuidado! cuidado! / Seus olhos brilhantes, seu cabelos flutuantes" (Kubla Khan).

16. Meltzer diz: "Como alguém pode diferenciar entre uma revelação e um *acting out* ou *acting in* na contratransferência, naquela situação? Penso que a resposta para isso está, de fato, na intenção que você identifica dentro de si mesmo em relação à revelação" (1995b).

4. A Bela Adormecida*

Em seu artigo "Towards learning from experience in infancy and childhood", Martha Harris dá ênfase às limitações da compreensão psicanalítica em relação aos meios pelos quais as qualidades do objeto tornam-se introjetadas na estrutura da personalidade:

> *A introjeção continua sendo um processo misterioso: o modo como o envolvimento e a dependência dos objetos do mundo externo, que são apreendidos pelos sentidos (e, como Wilfred Bion assinalou, retratados em uma linguagem que vem evoluindo para lidar com a realidade*

---

* A partir deste capítulo, os recortes de palavras e expressões que estão no corpo do texto da autora, e que fazem referência às odes e aos poemas, foram traduzidos livremente e estão indicados entre colchetes. Houve um esforço para considerar as versões dos tradutores Augusto de Campos, Péricles Eugênio da Silva Ramos, Alberto Marsicano e John Milton, mas sem o compromisso de equivalência com essas edições. Essa escolha da tradutora fez-se necessária para manter a coerência das ideias desenvolvidas pela autora. [N.T.]

166 A BELA ADORMECIDA

> *externa), tornam-se assimilados e transformados, na*
> *mente, naquilo que ele chama de "objetos psicanalíticos",*
> *e que podem contribuir para o crescimento da persona-*
> *lidade: este é um processo sobre o qual temos quase tudo*
> *a aprender. (1978; Harris, 1987c, p. 168)*

No entanto, uma das formas pelas quais podemos aprender como isso acontece – mesmo que não seja o *porquê* isso acontece – é a observação do modo como os símbolos são formados na arte e na poesia. Mesmo que Bion tenha dito que a função-alfa não era observável, é possível observar a evolução dos símbolos poéticos através de uma análise mais atenta da dicção poética. Nesse sentido, ao identificar a "intensidade [na] elaboração de conceitos" do poeta (tal como dizia Keats),[1] podemos encontrar uma congruência em nossa própria mente entre observador e observado.

Keats está entre aqueles que mais contribuíram para o conceito de "conflito estético" e para a formulação bioniana da "linguagem de consecução" (*language of achievement*), que se fundamenta na renúncia do desejo e da memória. A filosofia poética de Keats foi formulada antes que sua melhor poesia fosse escrita. Quero focar, aqui, no processo de pensamento que evolui *ao longo* da poesia dele, e não no seu discurso *sobre* poesia: a começar por analisar sua "Ode a um Rouxinol" e "Ode sobre uma Urna Grega". Podemos acompanhar intimamente o poeta através das transformações realizadas pela função-alfa, enquanto o significado da turbulência emocional vai sendo, passo a passo, estabelecido, desenvolvido e refinado, passando a níveis superiores da Grade "*As once fair Angels on a ladder flew / From the green turf to Heaven*" [Como outrora Anjos louros em uma escada voaram / Da relva verde para o Céu], nas palavras de Keats. Além disso, cada um desses poemas expande nosso entendimento das qualidades complementares dos três vértices da ciência, arte, e religião. Em "Ode a um Rouxinol", o vértice artístico é dominante: ao *ouvir* a Ideia musical que está implícita, o poeta faz contato com o desconhecido, ou aquilo que não se pode ver, dentro do objeto – o espírito invisível da Bela Adormecida através das *"viewless wings"* [asas invisíveis]. Em "Ode sobre uma Urna Grega", a observação científica da parte exterior do objeto é o que molda o poema, mas ele é modificado pela intuição que é, em algum lugar, uma voz inaudível aos *"sensuos ears"* [ouvidos sensuosos], mesmo que ainda fale em virtude da forma do seu silêncio.

O vértice religioso no conjunto das odes de primavera talvez esteja mais predominante na natureza reveladora da "Ode à Psique" (ver Williams, 2005b, pp. 48-55), embora ele apareça em todas elas sob a forma do mistério e da impossuibilidade (*unpossessability*) do objeto estético. Contudo, sua complexidade e ambivalência podem ser melhor esclarecidas quando observamos os esforços de Keats em relação a dois poemas contrastantes, no outono daquele ano – o ano de seu maior êxito poético, em que estava ciente da sua doença terminal. Trata-se da ode "Ao Outono" e de *A Queda de Hyperion*, em que Keats reformula sua epopeia miltônica de *Hyperion*, que estava deixada de lado, na forma de um poema-sonho.[*]

A "Ode a um Rouxinol"

Bion (citando um soneto de Keats) falou sobre permitir uma coisa estranha – chamada pensamento – "deslizar para o meu campo de visão" e sobre a necessidade de encontrar uma "caixa" para mantê-lo lá dentro durante aquele momento (1997, p. 29).

---

[*] O restante deste capítulo é amplamente reproduzido de "*The principle of beauty*", em Williams, 1982, pp. 143-196.

168 A BELA ADORMECIDA

Esse é o tipo de ignorância atenta, inocente e imaginativa apropriada ao estado estético da mente no início de um processo de pensamento, correspondente à famosa defesa de Freud por uma "atenção flutuante". Uma voz ou visita do desconhecido, tal como essa, requer, em primeiro lugar, um símbolo no qual possa ser sustentada ou contida. Isso acarreta uma "cesura" ou ponto de encontro entre as mentes ou vértices, uma linha em que as nuvens carregadas de uma experiência possam se reunir e se tornar mentalmente visíveis, audíveis e tangíveis. "Onde se origina aquele sentimento de tristeza?", indaga Bion.

A história do "Rouxinol"[*] começa com a profunda doença-do-pensamento que parece estar imposta ao poeta por um fosso – aparentemente, intransponível – entre o seu modo de ser e o do Rouxinol:

> *My heart aches, and a drowsy numbness*
> *pains My sense, as though of hemlock I had drunk*
> *Or emptied some dull opiate to the drains*
> *One minute past, and Lethe-wards had sunk.*

> *Meu peito dói; um sono insano sobre mim Pesa,*
> *como se eu me tivesse intoxicado*
> *De ópio ou veneno que eu sorvesse até o fim,*
> *Há um só minuto, e após no Letes me abismado.*[**]

As palavras densas, enfáticas e vagarosas *"My heart aches"* [Meu coração dói] são como uma nota sustentada ao longo dos versos, que ancora o poema inteiro na realidade sensível da dor-pensamento

---

[*] Keats, "Ode to a Nightingale". Todos os trechos de citação que aparecem até o fim do tópico fazem parte dessa ode. [N.T.]

[**] A versão traduzida da "Ode a um Rouxinol" e da "Ode sobre uma Urna Grega" são de Augusto de Campos. A continuação dessa versão aparece até o fim deste tópico. [N.T.]

como droga; elas são prolongadas pelas intensas rimas ininterruptas e pela assonância de *"pains – dull – drunk – drains – sunk"* [pesa – opaco – embriagado – fim – afundado]. A brisa não estética do veneno bloqueia, literalmente, a inspiração de sentido. No entanto, a condição mortal do poeta representa sua resposta à natureza etérea *"light-winged"* [leve-alada] do Rouxinol, em completa antítese:

> *Tis not through envy of thy happy lot,*
> *But being too happy in thine happiness –*
> *That thou, light-winged Dryad of the trees,*
> *In some melodious plot*
> *Of beechen green, and shadows numberless,*
> *Singest of summer in full-throated ease.*

> *Não é porque eu aspire ao dom de tua sorte,*
> *É do excesso de ser que aspiro em tua paz –*
> *Quando, Dríade leve-alada em meio à flora,*
> *Do harmonioso recorte*
> *Das verdes árvores e sombras estivais,*
> *Lanças ao ar a tua dádiva sonora.*

O ritmo do verso torna-se leve, veloz e suave como o pássaro, cujo espaço imaginado de ser [*being*] – *"some melodious plot"* [algum lugar harmonioso] – contrasta com a pesada sensação-limite *"heart aches"* [coração dói]; a sonoridade do *i* e do *s* prolonga a melodia sustentada no canto e a enfática palavra *"Singest"* [Cantas] garante seu poder, o que vai sustentar a progressão do poema, ao longo das estrofes seguintes, com todos os seus crescendos, pausas, cadências maiores e menores, ecos harmônicos e interação métrica de linhas longas e curtas. Há uma espécie de reciprocidade entre o poeta e objeto, mas de opostos e de não comunicação, um tipo de prisão. O próprio Rouxinol é a droga que une o poeta a sua pesada e "dolorosa" declaração – *"too happy in thine happiness"* [muito feliz em tua felicidade].

170   A BELA ADORMECIDA

No entanto, a sonoridade da canção que o poeta está, em certo sentido, transcrevendo, incita-o a investigar ainda mais. Nas transposições subsequentes ele procura várias formas de união com o Rouxinol, avançando e recuando, sempre aprendendo algo sobre a natureza das suas identificações e suas respectivas incompletudes ou notas falsas, até que, em última análise, é o pássaro que se afasta, deixando o poeta imóvel com o coração dolorido, mas que está alimentado com significados, em vez de vagamente drogado. Seu desejo primordial é tornar-se parte da condição demasiadamente feliz do Rouxinol, "*fade away*" [desaparecer/ fugir] com ela e deixar sua dor para trás; ele fantasia uma identificação com a indulgência e o conforto autocentrado dela. Isto está na metáfora em que evoca "*the true, the blushful Hippocrene*" [a verdadeira, a Hipocrene enrubescida]:

> *With beaded bubbles winking at the brim,*
> *And purple-stained mouth,*
> *That I might drink, and leave the world unseen,*
> *And with thee fade away into the forest dim.*
> *Fade far away, dissolve, and quite forget*
> *What thou among the leaves hast never known...*

> *Da fonte de Hipocrene enrubescida e pura,*
> *Com bolhas de rubis à beira rebordada*
> *Para eu saciar a sede até chegar ao nada*
> *E contigo fugir para a floresta escura.*
> *Fugir e dissolver-me, enfim, para esquecer*
> *O que das folhas não aprenderás jamais.*

Em suas primeiras poesias, Keats, algumas vezes, caracterizou-se como um poeta-bebê guloso "empanturrando-se de maravilhas", inebriado com as cores e sonoridades do verso. Desse modo, ele tenta substituir sua brisa-veneno por vinho, com seu aroma inebriante. Mas esse caminho, ou nutrição mental, satiriza a si próprio por meio das características báquicas grotescas da *"purple-stained mouth"* [boca manchada de roxo] e das consoantes que se atropelam (*"beaded-bubbles-brim"* [frisante-bolhas-borda]). O poeta é perturbado por sua própria dicção em um nítido contraste entre o tipo de poesia que é reconfortante, agradável e escapista, e a verdadeira situação emocional da vida real:

Here, where men sit and hear each other groan;
Where palsy shakes a few sad, last gray hairs,
Where youth grows pale, and spectre-thin, and dies;
Where but to think is to be full of sorrow
And leaden-eyed despairs;

Aqui, onde os mortais lamentam os mortais;
Onde o tremor move os cabelos já sem cor
E o jovem pálido e espectral se vê finar,
Onde pensar é já uma antevisão sombria
Da olhipesada dor

O enfático e repetido *"Here – where – where – where – where"* [Aqui – onde – onde – onde – onde] indica o verdadeiro mundo do sofrimento cotidiano. Contrasta com o repetido *"fade away... fade far away"* [desvaneceria... desapareceria ao longe], com suas rimas femininas, sua assonância prolongada e ecos inseridos hipermetricamente. É claro que percebemos o irmão de Keats, Tom, no jovem que *"grows pale and spectre-thin and dies"* [empalidece e definha e morre]. Mas a questão é muito mais ampla que essa – o ponto é que qualquer um que *simplesmente* pense deve estar *"full of sorrow"* [repleto de pesar]: e que, se a poesia é usada apenas como uma droga escapista, ela nada pode fazer para transmutar essa taça de *"leaden-eyed despairs"* [olhipesadas dores/ desesperos] (refletindo a *"dullness"* [estupidez] inaugural); ela não sabe nada sobre isso – *"what thou among the leaves hast never known"* [O que das folhas

172   A BELA ADORMECIDA

não saberás jamais]. O Rouxinol, portanto, torna-se um objeto de ódio. Aqui, a declaração de dor do poeta é o tipo de "ataque inicial" necessário na autocontenção da Musa, que foi descrito por Adrian Stokes;[2] somente depois disso que "desigualdades, tensões e distorções" podem se tornar "integradas" e "feitas para o trabalho", para alcançar uma "integração mais difícil de ser conquistada" do que a simples alteridade do objeto (Stokes, 1965, pp. 23, 16). A essa altura, no entanto, a canção do pássaro parece confrontá-lo mais uma vez, persistentemente. A palavra *"away"* [longe], que antes conduzira à inexistência [*nothingness*], agora vem à tona e o poeta vê uma nova forma de usá-la. Em vez de se referir a um lugar de privilégio e isolamento (e exclusão), é usada como um verbo, para insistir no reconhecimento da necessidade do poeta. Imbuído de uma nova energia ativa, ele faz um salto imaginativo de união:

Away! Away! For I will fly to thee,
Not charioted by Bacchus and his pards,
But on the viewless wings of Poesy,
Though the dull brain perplexes and retards.

Adeus! Adeus! Eu sigo em breve a tua via,
Não em carro de Baco e guarda de leopardos,
Antes, nas asas invisíveis da Poesia,
Vencendo a hesitação da mente e os seus retardos.

As *"viewless wings of Poesy"* [asas invisíveis da Poesia] reproduzem palavras de Milton, e é como se os poetas do passado o apoiassem no seu voo de imaginação – "emplumar-se" de seus poderes, tal como Keats descreveria. Instantaneamente, o Rouxinol responde a sua projeção de desejo:

Already with thee! Tender is the night,
And haply the Queen-Moon is on her throne,

Clustered around by all her starry fays;
But here there is no light,
Save what from heaven is with the breezes blown,
Through verdurous glooms and winding mossy ways.

Já estou contigo! suave é a noite linda,
Logo a Rainha-Lua sobe ao trono e luz
Com a legião de suas Fadas estelares,
Mas aqui não há luz,
Salvo a que o céu por entre as brisas brinda
Em meio à sombra verde e ao musgo dos lugares.

Não é um voo de escapismo, mas de reconhecimento, de enxergar sob outra perspectiva aquele primeiro momento estético na corte da deusa-mãe, com sua constelação de luz na escuridão. A *"dullness"* [estupidez] foi relegada ao cérebro, a faculdade de racionalização consciente ou discursiva, e ele descobre (ou reconhece) o tipo de visão interior que os grandes poetas, tantas vezes, têm descrito. A declaração breve e direta *"But here there is no light"* [Mas aqui não há luz] conduz para cadências prolongadas que qualificam seu significado: na última e extensa linha, é como se a luz da lua tivesse se fusionado ao ritmo do canto do rouxinol, e eles se unem em uma via introjetiva nas profundezas da floresta da mente – cruzando-se com a inteligência humana, tal como diria Bion – em sua *"embalmed darkness"* [escuridão perfumada], uma intensificação rica e sensuosa do processo natural:

I cannot see what flowers are at my feet,
Nor what soft incense hangs upon the boughs...

Não posso ver as flores a meus pés se abrindo,
Nem o suave olor que desce das ramagens,

174 A BELA ADORMECIDA

Esse é o estado que Keats (mais uma vez seguindo Milton) chama de "*darkling*" [às escuras], uma palavra cuja sonoridade musical ecoa as asas leves e esvoaçantes do Rouxinol e transmite a capacidade de escuta aguçada do poeta: "*Darkling I listen*" [Às escuras, escuto]. Como Langer ressalta, ouvir é "a atividade musical primordial" e assim é também na poesia, uma vez que o poeta tenha se tornado firmemente ligado à Musa. A passividade exaustiva do modo de escuta é sustentada pelas modulações da canção.

Antes que o significado desse objeto cantado possa ser adequadamente assimilado, há, contudo, outra jornada de equívoco a ser explorada e superada: a tentação de "*cease upon the midnight with no pain*" [Cessar, à meia-noite, sem nenhuma dor] – "*die*" [morrer] no sentido de uma união com o objeto eterna, do tipo oceânica:

> *To cease upon the midnight with no pain,*
> *While thou art pouring forth thy soul abroad*
> *In such an ecstasy.*

> *Cessar, à meia-noite, sem nenhum ruído,*
> *Enquanto exalas pelo ar tua alma plena*
> *No êxtase do ser!*

Isso é fixar sua união feliz com o Rouxinol em um tipo de permanência falsa, a morte indolor da incorporação completa, sua identidade viva engolida pela música. No manuscrito, Keats, na verdade, começou a escrever algo como "*But requiem'd by thee although a sod*" [Mas requienizado por ti, mesmo que sendo relva"]. Isso implicaria na ilusão de que o Rouxinol existia pelo propósito de cantar o réquiem do poeta. Mas Keats, ao que parece, imediatamente mudou de ideia, ou melhor, mudou a sua maneira de ouvir – de modo que as palavras da Musa fossem de fato transcritas como:

Still wouldst thou sing, and I have ears in vain –
To thy high requiem become a sod.

Teu som, enfim, se apagaria em meu ouvido
Para o teu réquiem transmudado em relva amena.

Mais uma vez, é a música do poema que transmite o significado dessa fantasia ilusória: os sons emitidos de *"pour... abroad"* [exalar... exterior] são subitamente interrompidos pela rima com *"sod"* [relva]; o próprio canto do rouxinol parece parar. Reciprocamente, o poeta percebe que ele teria *"ears in vain"* [ouvidos em vão]: se ele se entregasse à morte indolor da incorporação eterna, os seus talentos seriam inúteis – preservados de forma egoísta.

Isso leva a uma completa mudança de perspectiva em relação ao seu propósito na vida e ao propósito de sua dor. Tal como disse Hazlitt, o poeta é fortalecido pelas formas eternas da verdade e da beleza que são refletidas em sua mente; é para elas, e não para si mesmo, que ele busca uma forma de vida eterna. O poema modula-se em um novo tom, maioral e majestoso, como se ele entendesse e celebrasse o sentido transcendental no qual o Rouxinol é imortal e que sua canção não precisa acabar nunca:

Thou wast not born for death, immortal bird!
No hungry generations tread thee down;
...
The voice I hear this passing night was heard In ancient days by
emperor and clown: Perhaps the self-same song that found a path
Through the sad heart of Ruth when, sick for home,
She stood in tears amid the alien corn.

Tu não nasceste para a morte, ave imortal!
Não te pisaram pés de ávidas gerações;

176 A BELA ADORMECIDA

...

A voz que ouço cantar neste momento é igual À que outrora encantou príncipes e aldeões:
Talvez a mesma voz com que foi consolado
O coração de Rute, quando, em meio ao pranto, Ela colhia em terra
alheia o alheio trigo.

A nova e sempre generosa Musa não pode ser "*trod down*" [pisada] (um eco de "*sod*" [relva]); não importa quão necessitadas, famintas, doentes, ou sofridas estejam as "*hungry generations*" [ávidas gerações], o alimento espiritual delas está sempre potencialmente disponível. Tal como diz Bion, o pensamento não precisa de um pensador para existir, mas para que tenha alguma serventia para esses incontáveis bebês necessitados, o pensamento tem que entrar na marcha da mortalidade, entrecruzando-se com a inteligência humana, como aqui.

O poeta que, em "Ode à Psique", atentou-se para o seu jardim pessoal – "*some untrodden region of my mind*" [alguma região virgem da minha mente] – agora vê a si próprio em um contexto histórico ou lendário mais amplo, escutando uma canção – o espírito da poesia – que já foi ouvida muitas vezes, serpenteando seu caminho sinuoso através da estrofe como a luz soprada pela brisa:

The same that oft-times hath
Charmed magic casements, opening on the foam
Of perilous seas in fairy lands forlorn.

Quem sabe o mesmo canto
Que abriu janelas encantandas ao perigo
Dos mares maus, em longes solos, desolado.

O aperto no peito inicial é transmitido pela canção através do coração de Rute (lástima), não mais separado do lugar "*here where men sit and hear each other groan*" ["aqui onde os homens sentam-se e compartilham seus lamentos"], mas transpondo e transmutando sua dor. O novo pensamento (*"alien corn"* [trigo alheio]) é estranho, e em certo grau assustador, levando a *"peril"* [perigo] e *"forlorn"* [desolado] por associação sonora; mas, ao mesmo tempo, fornece uma resposta musical para aquele *"groan"* [lamento] original, a doença-do-pensamento que precisava ser simbolizada.

O último estágio nessa transformação pela função-alfa consiste na separação perturbadora entre poeta e Musa. Essa separação manifesta-se na palavra *"forlorn"* [desolado]:

> *Forlorn! The very word is like a bell*
> *To toll me back from thee to my sole self!*

> *Desolado! a palavra soa como um dobre,*
> *Tangendo-me de ti de volta à solidão!*

Perturbadora, porque a música da estrofe final ressoa ecos da experiência total, juntamente com a ambiguidade que acompanha a natureza enigmática do objeto estético. *"Forlorn"* [Desolado] é a palavra que exige que o bebê cresça, e que completa o continente simbólico para seu novo formato de identidade. Enquanto o Rouxinol livra-se do diálogo contrapontístico e retorna à natureza, o poeta sente – com alguma desorientação – os limites recém-ajustados do ego:

> *Adieu, adieu! Thy plaintive anthem fades*
> *Past the near meadows, over the still stream,*
> *Up the hill-side; and now 'tis buried deep*
> *In the next valley-glades: Was it a vision, or a waking dream?*
> *Fled is that music... do I wake or sleep?*

> *Adeus! Adeus! Teu salmo agora tristemente*
> *Vai-se perder no campo, e além, no rio silente,*

178 A BELA ADORMECIDA

Nas faldas da montanha, até ser sepultado
Sob o vale deserto:
Foi só uma visão ou um sonho acordado?
A música se foi – durmo ou estou desperto?

O pássaro afastou-se, mas a música não desapareceu – exceto para o "ouvido sensual" (tal como Keats escreve na sua próxima ode, "Ode sobre uma Urna Grega"). Ela ainda existe, sem nunca ter sido ouvida, *"buried deep"* [sepultada] no *"next valley"* [próximo vale], ou seja, o próximo *"aching spot"* [ponto de dor] do coração humano, pronto para o próximo encontro com o objeto interno, o próximo *"melodious plot"* [lugar harmonioso].

O poema foi moldado pelo vértice artístico, musical, em resposta às flutuações vibrantes do canto do pássaro, observando seu som, peso e ritmo. O vértice científico de registrar rigorosamente um fenômeno natural ancora o questionamento espiritual ao mundo externo real, e, na modulação final, o vértice religioso reorienta o Rouxinol como objeto interno – a Bela Adormecida na próxima clareira do vale. Pois, em última análise, somos nós mesmos por quem o pássaro canta (e não que os sinos dobram). Quando o poeta se vai, o poema ainda está lá. Enquanto leitores, estamos entre as *"hungry generations"* [ávidas gerações], e se nós podemos responder à tensão dos três vértices e a sua modelagem do processo criativo, o poema pode tornar-se "generativo" da forma como todas as ideias (como diz Bion: 1991, p. 572).

A *"Ode sobre uma Urna Grega"*

"Em todo objeto reside o incognoscível, a realidade última", escreve Bion (1970, p. 187). A Urna Grega é um objeto como esse, tanto por si mesma quanto em virtude da sua ativação, que é promovida pelo poeta quando ele busca compreender o significado da Urna para a humanidade. Tal como o mundo em si, ela tem a realidade tridimensional de caráter externo – algo a ser cientificamente estudado e questionado – e, ao mesmo tempo, parece conter a sabedoria histórica de uma civilização humana, o protótipo clássico para uma vida feliz. É uma Bela Adormecida que dormiu durante séculos e adquiriu uma aura do eterno durante seu sono; nossas próprias vidas parecem insignificantes em comparação à dela. Tal como Shakespeare disse, "nossa vidinha é circundada por um sono", e a função da Urna – como a do Rouxinol – é a de conduzir a nossa percepção para algum tipo de harmonia estética. Nesse sentido, o objetivo do poema é o de estabelecer aquilo Bion chama de "intersecção" entre fenômeno e númeno. Após as tentações de solipsismo e de possessividade terem sido superadas, nós verificamos que, por fim, o objeto retorna à sua objetividade inviolada, dando a entender uma vez mais a sua espera pelo "próximo bebê", o próximo visitante que encontrará suas aventuras imaginativas no interior, na solidez externa do objeto.

O poema é um diálogo com a mente do escultor, mas não por meio da psicobiografia; os processos relevantes estão contidos na forma de arte com seu poder de evocar algo mais abstrato – não apenas sentimentos, assim como diz Langer, mas a "vida de sentimento". A solidez material da Urna comprova a validade de sua orientação para o etéreo, porém seu mistério interno ainda é desconhecido, pois a conexão – que igualmente recebe e descreve – tem de ser estabelecida através da própria formação simbólica do poeta. Seria ela um recipiente para restos incinerados ou para a essência espiritual? Como pode o seu espírito tornar-se acessível? A urna é igualmente completa e expectante, à beira da maturidade, do casamento com a alteridade, possivelmente a alteridade da rima do poeta:

Thou still unravished bride of quietness,
Thou foster-child of silence and slow time,

180   A BELA ADORMECIDA

Sylvan historian, who canst thus express
A flowery tale more sweetly than our rhyme...[*]

Inviolada noiva de quietude e paz,
Filha do tempo lento e da muda harmonia,
Silvestre historiadora que em silêncio dás
Uma lição floral mais doce que a poesia.[**]

A vagarosa concentração sensuosa da quadra de abertura transmite a aproximação cautelosa e meditativa do poeta, enquanto ele apreende o silêncio do objeto, algo que é enfatizado pelos repetidos sons de "s", que ventam sobre ela e trazem a passagem do *"slow time"* [tempo devagar] em perspectiva musical e visual (as ideias de ser [*being*] e tornar-se [*becoming*]). Adentramos no espaço da alma de Platão. A *"rhyme"* [rima] ecoa as sinuosidades da *"flowery tale"* [fábula florida]. Enquanto o observador se move ao redor do objeto, como se fosse compreender todos os seus planos simultaneamente, o *"slow time"* [tempo lento] é gradualmente acelerado à medida que o poeta começa a exigir uma resposta para seu mistério:

What leaf-fringed legend haunts about thy shape
Of deities or mortals, or of both,
In Tempe or the dales of Arcady?
What men or gods are these?
What maidens loth? What mad pursuit? What struggle to escape?
What pipes and timbrels? What wild ecstasy?

Que lenda flor-franjada envolve tua imagem
De homens ou divindades, para sempre errantes.

---

[*]   Keats, "Ode on a Grecian Urn". Todos os trechos de citação que aparecem até o fim do tópico fazem parte dessa ode. [N.T.]

[**]   A versão traduzida da "Ode a uma Urna Grega" é de Augusto de Campos. A continuação dessa versão aparece até o fim deste tópico. [N.T.]

Na Arcádia a percorrer o vale extenso e ermo?
Que deuses ou mortais? Que virgens vacilantes?
Que louca fuga? Que perseguição sem termo?
Que flautas ou tambores? Que êxtase selvagem?

O poeta está construindo sua imagem e, portanto, seu conhecimento sobre a superfície do objeto, expressando-se enquanto faz as voltas e os rodopios rítmicos do seu baixo-relevo. Uma "*legend*" [lenda] é, por definição, algo a ser lido, e esse é um método para a leitura dela. Ao mesmo tempo, porém, a urgência da sua demanda por saber as linhas da história tem o efeito de perda de parte do significado que se encontra no seu interior, dentro da sua concreta traceria. Em vez de assonância musical temos as leves, porém insistentes, marteladas de "*What – what – what?*" [Que – que – que?].

Assim, o poeta-espectador modifica sua abordagem. Ele agora começa a explorar as qualidades inefáveis da Urna: aqueles elementos que são mais do que a soma ou a síntese de suas partes esculpidas, suas folhas ou figuras (Langer nos lembra, "tais elementos não existem fora dela"). Ele modifica a sua própria rima para homenagear o ultrassensuoso:

> *Heard melodies are sweet, but those unheard*
> *Are sweeter; therefore, ye soft pipes, play on,*
> *Not to the sensual ear, but, more endeared,*
> *Pipe to the spirit ditties of no tone...*

> *A música seduz. Mas ainda é mais cara*
> *Se não se ouve. Dai-nos, flautas, vosso tom;*
> *Não para o ouvido. Dai-nos a canção mais rara,*
> *O supremo saber da música sem som.*

Há uma nova música, não de consoantes, mas de vogais (que ressoa nos sons de "*ear*" [ouvido], "*i*" e "*on*"), modulando para o agudo "*piping*" [tocar flauta] que suaviza-se completamente no "*no*

182 A BELA ADORMECIDA

tone" [sem som], amortecendo o seu eco. É uma resposta paradoxal ao "*play on*" [dai-nos vosso tom], não obstante, um tipo de reciprocidade que reconhece a abstração de uma música interior, que é, por natureza, não acessível ao "*sensual ear*" [ouvido sensual]. A rima do poeta, em harmonia ressonante, pode ecoar essa inefável música espiritual (como a de Ariel) em termos materiais, assim como pode evocar as qualidades visuais da superfície da Urna. É uma preconcepção da "música profunda demais para ser ouvida" de Eliot (citado por Rhode, 1998, p. 259), a música silenciosa da consciência humana, a gramática profunda que subjaz a Urna como símbolo de arte. Uma preconcepção, porque, até então, ela não é plenamente realizada.

A essa altura, o poeta responde com um novo e apaixonado anseio pelo "encantamento" da Urna (tal como Stokes nomeia o convite para fazer parte da vida do objeto):

> *Fair youth, beneath the trees, thou canst not leave*
> *Thy song, nor ever can those trees be bare;*
> *Bold Lover, never, never canst thou kiss,*
> *Though winning near the goal – yet, do not grieve:*
> *She cannot fade, though thou hast not thy bliss,*
> *For ever wilt thou love, and she be fair!*

> *Jovem cantor, não há como parar a dança,*
> *A flor não murcha, a árvore não se desnuda;*
> *Amante afoito, se o teu beijo não alcança*
> *A amada meta, não sou eu quem te lamente:*
> *Se não chegas ao fim, ela também não muda,*
> *É sempre jovem e a amarás eternamente*

Sua perspectiva observacional mudou, fecha-se na medida em que ele deseja fazer parte da história e envolver a própria identidade dentro da lenda franjada de folhas (*leaf-fringed legend*) nos seus próprios termos de existência. Nessa identificação, momentaneamente fundida ou adesiva, ele próprio é o Amante alheio aos malefícios do tempo e, em escala, menor do que a própria Urna. É o processo que Stokes chama de "envelopamento" ou "envolvimento" dentro dos limites do objeto, sob a folhagem das árvores, com a sua alusão às sobrancelhas:

> *Ah, happy, happy boughs! That cannot shed*
> *Your leaves, nor ever bid the Spring adieu;*
> *And, happy melodist, unwearied,*
> *For ever piping songs for ever new;*

> *Ah! folhagem feliz que nunca perde a cor*
> *Das folhas e não teme a fuga da estação;*
> *Ah! feliz melodista, pródigo cantor*
> *Capaz de renovar para sempre a canção;*

No entanto, o ponto culminante da felicidade contém, em si, as sementes das próprias limitações. O processo natural e a realização foram interrompidos; as frontes felizes-felizes (dos dois olhos) não podem derramar folhas-lágrimas, elas são incapazes de entristecer; o flautista, enquanto um modelo para o poeta, parece incapaz de escutar – a palavra "*unwearied*" [incansável] nos lembra dos sinuosos sons de "*ear*" [ouvido] da estrofe anterior, mas com a insinuação adicional de sem-ouvidos (*un-eared*). As repetições de "*ever-ever*" e "*happy-happy*" tornam-se demasiadamente insistentes, como as marteladas anteriores. As ideias de "*ever*" [sempre] e "*never*" [nunca] tornam-se intercambiáveis ("*nor ever*", "*hast not... for ever*", "*nor ever bid*", "*for ever new*"):

> *More happy love! More happy, happy love!*
> *For ever warm and still to be enjoyed,*
> *For ever panting, and for ever young –*
> *All breathing human passion far above,*
> *That leaves a heart high-sorrowful and cloyed,*
> *A burning forehead, and a parching tongue.*

> *Ah! amor feliz! Mais que feliz! Feliz amante!*
> *Para sempre a querer fruir, em pleno hausto,*
> *Para sempre a estuar de vida palpitante,*
> *Acima da paixão humana e sua lida*
> *Que deixa o coração desconsolado e exausto,*
> *A fronte incendiada e língua ressequida.*

Ao final dessa estrofe, o poeta encontra-se separado da sua ilusão de ser tanto o amante quanto o flautista da Urna. A Urna parece ser incapaz de conter seus sentimentos e ansiedades pessoais, estando *"far above"* [muito acima] de sua pequenez infantil, em que o rápido *"panting"* [ofegar] leva ao *"burning"* [estar em chamas] e ao *"parching"* [ressecar], e não ao alimentar interior *"for ever warm and still to be enjoyed"* [para sempre acolhedor e passível de ser desfrutado]. A Urna recolhe-se de volta ao reino platônico das ideias.

Nesse ponto crucial, em que tudo parece que pode se perder e o objeto passa a ser seu inimigo por meio da indiferença (o vértice do "ódio"), o poeta é movido por uma nova inspiração. Ele já caminhou ao redor da Urna e descreveu o drama humano dentro de seu frondoso friso. Agora, todavia, ele escreve como se uma parte da história ou lenda da Urna tivesse se tornado visível a ele somente nesse momento: em termos psicológicos, tivesse acabado de se conectar com sua "atenção" (Bion), sua consciência – acabado de se tornar disponível para a função-alfa. É um exemplo do que Stokes descreve como uma jornada "além da identificação com a estrutura realizada", para além da superfície bonita até os princípios subjacentes artísticos:

> *Who are these coming to the sacrifice?*
> *To what green altar, O mysterious priest,*
> *Lead'st thou that heifer lowing at the skies,*
> *And all her silken flanks with garlands dressed?*

Quem são esses chegando para o sacrifício?
Para que verde altar o sacerdote impele
A rês a caminhar para o solene ofício,
De grinalda vestida a cetinosa pele?

Ele fala com surpresa. Ainda assim, existe certa inevitabilidade de que a criança *"burning"* [em chamas] e faminta da linha anterior (estilo *La Belle Dame*) seja sucedida pela ideia de *"sacrifice"* [sacrifício]. Algo precisa ser sacrificado para produzir a grinalda da poesia, a fábula florida. Tal como em "Ode à Psique", o poeta agora identifica-se com o padre, e não com o flautista ou o amante. Ao mesmo tempo, isso é amenizado pela primeira cor no poema, o altar verde. O *"s"* soa redescobrindo aquelas linhas iniciais do poema, que evocam a *"bride of quietness"* [noiva da quietude]; no entanto, em vez da mudez do silêncio, evocam o farfalhar da procissão, um friso estimulado pelo movimento atual e pelo balanço do *"altar – leads – lowing – garlands"* [altar – conduz – mugido – grinaldas] (sons do *"l"*). É de qualidade diferente do êxtase congelado da perseguição do amante. O sacrifício que está por vir é uma nova modalidade de casamento entre elementos opostos. Junto ao *"mysterious priest"* [sacerdote misterioso] vem uma abertura ao mistério da Urna e aos seus conteúdos. Não estamos mais sendo conduzidos nem pelo amor nem pelo ódio, mas pela busca do conhecimento. Em paralelo ao mugido da novilha para os céus, a visão do poeta cruza com a superfície da Urna e abre-se para uma cena que é como uma escultura, que existe apenas na sua imaginação:

What little town by river or sea-shore,
Or mountain-built with peaceful citadel,
Is emptied of this folk, this pious morn?
And, little town, thy streets for evermore
Will silent be; and not a soul to tell
Why thou art desolate, can e'er return.

186 A BELA ADORMECIDA

> *Que aldeia à beira-mar ou junto da nascente*
> *Ou no alto da colina foi despovoar*
> *Nesta manhã de sol a piedosa gente?*
> *Ah, pobre aldeia, só silêncio agora existe*
> *Em tuas ruas, e ninguém virá contar*
> *Por que razão estás abandonada e triste.*

Sua visão sensuosa está transcendida; ele deslocou-se para fora da frondosa fronteira de esculpida solidez. No entanto, a cena está presente em sua consciência de forma ainda mais persistente: *"this folk, this pious morn"* [esta gente, nesta manhã sagrada], assim como *"Here"* [Aqui] em "Ode a um Rouxinol"; isso faz uma conexão quase física com o mundo do estar presente: essa gente da aldeia somos nós mesmos. E, aqui, os altos e agudos sons anteriores de *"piping"* [tocando] (uma voz de bebê) ganham suavidade, profundidade e sonoridade: uma sensuosidade mais complexa do que as reflexões mais áridas provocadas pelos trocadilhos que costuravam juntas as estrofes iniciais. Em particular, a brincadeira com as palavras *"leaves"* [abandona/folhas] assume uma nova pungência, com a ideia de abandono amplamente confrontada nesse altar verde da eternidade. Uma nova rima é introduzida: o longo e retumbante *"o"* em *"shore – morn – evermore"* [beira-mar – manhã – para sempre] amplia as reverberações dentro de *"can e'er return"* [jamais pode retornar] (recuperando *"ever – never"* [sempre – nunca] das estrofes anteriores). Essas palavras adquirem profundidade, elevação e longevidade. Elas também recuperam a nota baixa de *"forlorn"* [desolado] do fim da "Ode a um Rouxinol" com suas insinuações de estar soando o sino da morte (*"toll me back... to my sole self"* [Dobrando-me de volta... ao meu eu sozinho]) – um sino que também está presente aqui em *"soul-tell-de-sol-late"** [alma-contar-a-bandonada], repleto de ecos lamuriosos.

Tal como no momento análogo de inversão em "Ode a um Rouxinol" (*Peripateia* de Aristóteles), essa conscientização da perda é a base para uma nova orientação do poeta em relação ao objeto, tal como sugerido nos vértices giratórios de *morn-turn* e *town-urn*, que terminam em *"ret-urn"* [ret-urna/ retorna]. Ainda que nos lembre dele, difere-se do observador caminhando ao redor da Urna, no início, a fim de ler a sua *"legend"* [lenda]. Agora há uma nova identificação com a Urna e uma nova razão de ser para ele mesmo enquanto poeta. Ler a Urna é "um processo que acontece em nosso olhar" (Stokes, 1965, p. 26). Este explorador científico se tornará aquele a transmitir a história dessa aldeia cheia de almas para o resto da humanidade. Assim como Ismael, ele é a alma que conta e, portanto, que alivia o cerco de sua desolação, o excessivo ardor congelante do *"happy happy love"* [feliz feliz amor]** que não

---

*   *De-sol-late* é uma referência a *desolate,* mas também a fonética da sílaba *"sol"* sugere uma referência a *soul* e *sole*, e a sílaba *"late"* sozinha pode ser traduzida como "tardio". [N.T.]

** Assim como explicado na nota da tradução da página 121, optamos por traduzir os trechos e termos de poesias que estão soltos no corpo do texto de forma mais literal, o que faz com que eles, muitas vezes, fiquem diferentes das transcrições de Augusto de Campos. Essa escolha baseia-se no fato de a autora trabalhar com a fonética, o ritmo, as repetições e os significados individuais das palavras para além do contexto em que elas estão inseridas. Esses recursos, em algumas situações, acabariam ficando perdidos se tivéssemos seguido rigidamente às transcrições de Augusto de Campos. Mesmo que isso, em alguns momentos, não faça diferença, optamos pela padronização. Consideramos os significados individuais das palavras, mas também foram consultadas outras traduções (de Alberto Marsicano, John Milton e Péricles Eugênio da Silva Ramos) ao escolher os termos traduzidos. [N.T.]

188 A BELA ADORMECIDA

poderia alimentar a aldeia interna. Tendo alcançado esse ponto de autoconhecimento, o poeta retira-se da sua intimidade com a Urna, que retorna ao seu estado inviolado e autossuficiente:

> *O Attic shape! Fair attitude! With brede*
> *Of marble men and maidens overwrought,*
> *With forest branches and the trodden weed;*
>
> *Thou, silent form, dost tease us out of thought*
> *As doth eternity: Cold Pastoral!*
> *When old age shall this generation waste,*
> *Thou shalt remain, in midst of other woe*
> *Than ours, a friend to man, to whom thou say'st,*
> *Beauty is truth, truth beauty,—that is all*
> *Ye know on earth, and all ye need to know.*
>
> *Ática forma! Altivo porte! em tua trama*
> *Homens de mármore e mulheres emolduras*
> *Como galhos de floresta e palmilhada grama:*
>
> *Tu, forma silenciosa, a mente nos torturas*
> *Tal como a eternidade: Fria Pastoral!*
> *Quando a idade apagar toda a atual grandeza,*
> *Tu ficarás, em meio às dores dos demais,*
> *Amiga, a redizer o dístico imortal:*
> *"A beleza é a verdade, a verdade a beleza"*
> *– É tudo o que há para saber, e nada mais.*

Na intensa linha *"When old age shall this generation waste"* [Quando a velhice arruinar esta geração], com o seu progresso surpreendente *"other woe/Than ours"* [outros infortúnios /que não nossos], o poeta experiencia sua própria transitoriedade, e a transcende. Ele percebe que a Urna exige dele diferentes processos identificatórios. Assim como ele diz em um poema anterior, *"All is cold beauty: pain is never done*" [Tudo é fria beleza: nunca se acaba a dor]. O tão discutido grupo de trocadilhos em "*brede-breed*" [trama-criar] e "*overwrought*" [ornamentados] evidencia o poeta resselando fronteiras entre ele próprio e o objeto com *sentidos ambíguos* ligeiramente irônicos, enfatizados pelas repetidas consoantes "r", quase como os toques dos dedos de um ceramicista ("*brede – marble – wrought – trod – form*" [trama – mármore – trabalhado – pisar – forma]). A Urna cristaliza-se novamente em um artefato esculpido, e não um mundo vivo – uma "*shape*" [forma], um "*attitude*" [porte], um receptáculo para as cinzas do coração humano.

Ao mesmo tempo, ecoando os "*thoughts beyond the reaches of our souls*" [pensamentos além do alcance de nossas almas] de Hamlet, o caminho imaginativo até o eterno mundo das Ideias é mantido aberto – a interseção com O. Assim, "*Out of thought / As doth eternity*" [Fora do pensamento / Tal como a eternidade] ecoa em som e ritmo "*evermore / Will silent be*" [para sempre / Será silenciosa]. Uma "leitura" científica foi realizada investigando-se a superfície sensuosa, embora respeitando as limitações dessa abordagem, de forma a assegurar que esse tipo de conhecimento não é demasiado "denso" (Bion) para o desconhecido penetrar. A verdadeira Bela Adormecida da Urna consiste em seu silêncio, que agora se tornou delimitado pelo som (o verso) e por isso ecoa com significado em potencial. A ideia de silêncio tomou forma e se tornou um recipiente para as lacunas do conhecimento sensuoso cotidiano que Bion se refere através de suas metáforas da rede de tênis, ou da escultura que funciona como uma armadilha para a luz etc. O poeta tem esculpido a "fresta" no conhecimento racional, através da qual o vértice religioso-artístico não sensuoso pode entrar.

Com a assertiva de seu silêncio eterno, prestigiosamente, a Urna fala; mas não da forma como canta o Rouxinol. O significado não está na mensagem em si, apesar da sua aparente síntese da filosofia keatsiana. Lê-se como uma inscrição esculpida, que requer ser sentida na vida antes de tornar-se significativa, como faz a própria Urna enquanto objeto. A afirmativa, que fora de contexto parece igualmente banal ou enigmática, serve para nos lembrar que temos que experimentar "na pele" se queremos que ela signifique alguma coisa para nós. Dessa forma, o fim nos traz de volta ao início – para o permanente processo de aprender a partir do objeto por meio da inspiração e internalização. Esta é a "fraternidade" da Urna, que acompanha o ininterrupto processo extenuante-e-generativo de viver. A partir da beleza externa do objeto, o poeta encontrou a excentricidade dela, penetrou seu mundo e se tornou parte dele, então moveu-se para além da sua estrutura realizada para identificar-se com "um processo em andamento"* (Stokes) – incorporando, deste modo, algo da função e não apenas da história dela, assim como Money-Kyrle refere-se ao objeto estético. Isso resulta mais uma vez na sua própria separação, mas, ao mesmo tempo, também na criação de seu próprio símbolo de arte, o poema em si. O objeto é retornado a sua quietude original, vedado mesmo enquanto fala.

Com seu humor irônico característico, Keats disse que não queria chegar ao fim da sua vida como "um sapo em uma geada". Seu *cold pastoral* [frio pastoral], vedando em formato particular os ricos e calorosos conteúdos da civilização ocidental original, é um dom da vida, não para ele mesmo, mas para o resto de nós, garantindo que o silêncio da eternidade vai se manifestar. Entre as cinzas de uma mente, permanece, como diz Bion, "uma faísca que pode ser transformada em uma chama na qual outros possam aquecer suas mãos" (Bion, 1985, p. 31).

---

* No original *a process in train*. [N.T.]

O lamentar de Moneta

A série das grandes Odes de Keats foi escrita na primavera de 1819, alguns meses após a morte do seu irmão Tom, por tuberculose, na mesma época do seu noivado com Fanny Brawne e do início da sua suspeita, que depois virou certeza, de que ele tinha a mesma doença que Tom. A inspiração por trás de todas as Odes foi acalorada pelo vértice religioso representado pela apaixonada e reveladora "Ode à Psique", na qual Keats, pela primeira vez, verdadeiramente descobriu sua voz poética e sua Musa, e *"let the warm Love in"* [deixou entrar o ardente Amor]:

A rosy sanctuary will I dress
With the wreathed trellis of a working brain...

And there shall be for thee all soft delight
That shadowy thought can win,
A bright torch, and a casement ope at night,
To let the warm Love in!
(Keats, "Ode to Psyche")

Adornarei um róseo santuário
Com a treliça engrinaldada de um ativo cérebro...

e para ti lá estará todo o prazer suave
Que pode obter o pensamento umbroso,
Um claro archote, e uma janela aberta à noite
Para que tenha entrada o ardente Amor!
(Keats, "Ode à Psique", Tradução de
Péricles Eugênio da Silva Ramos)

Não obstante, no outono daquele ano, Keats – impulsionado pela pressão da finitude – abordou qualidades mais lancinantes e assustadoras no vértice religioso e na sua Musa. Sua luta nos diz

192 A BELA ADORMECIDA

algo, não somente sobre seu caráter e sua situação crítica, mas também sobre a crueldade inerente à formação simbólica e o terror com o qual o *self* infantil tem de lidar, mesmo em circunstâncias "catastróficas" comuns. Está presente, diz Bion, no início de cada nova experiência; e na "situação desesperadora" de uma doença terminal ainda há um lugar para a "verdade", no sentido de autoconhecimento, e o pseudosímbolo *trompe l'oeil* é menos satisfatório do que nunca (1980, pp. 126-127).

Nesse processo, primeiro o vértice religioso é gradualmente abandonado, durante as duas Odes finais da sequência de primavera: "Ode sobre a Melancolia" e "Ode sobre a Indolência". "Melancolia" é uma Musa alegre, porém monstruosa, que *"lives with Beauty – Beauty that must die"* [mora com a Beleza – com a Beleza que perecerá], afirmando que não há como escapar do conflito estético: *"grape [must] burst against [the] palate fine"* [a uva (deve) estourar contra (o) céu da boca] da Alegria. Em reação a isso, o poeta procura em "Indolência", paulatinamente, uma trégua temporária das *"shadows"* [sombras] internas, que fazem a emotividade tão vívida:

> *The open casement pressed a new-leaved vine,*
> *Let in the budding warmth and throstle's lay;*
> *O Shadows, 'twas a time to bid farewell!*
> (Keats, "Ode on Indolence")

> *Folhas novas de vide opressas na janela*
> *Por onde entrava a tepidez das brotações*
> *E a voz do tordo, ó Imagens! era dar-me adeus!*
> (Keats, "Ode sobre a Indolência", Tradução de
> Péricles Eugênio da Silva Ramos)

A janela aberta para *"warm Love"* ["o ardente Amor"] agora perdeu o significado metafórico da "Ode à Psique" e tornou-se uma descrição natural factual. E esse vértice, evitando a associação ao aspecto religioso – que suscita emoção –, é aprofundado no sentido de uma *redução ad absurdum* na ode "Ao Outono".

"Ao Outono" é, por um lado, um dos melhores poemas de Keats, ainda que, por outro, seja quase sinistro em suas inferências de que o espírito desapareceu da natureza, deixando apenas uma sensuosidade sufocante que é cega e surda à necessidade infantil do poeta por reciprocidade. Uma diferença básica na estrutura de "Ao Outono" em relação às odes de primavera, nas quais foi baseado, é a ausência de um mundo visionário ou outra dimensão que difere em qualidade da percepção sensuosa comum, com a qual exista um diálogo – uma exploração do conhecimento. A linguagem do poema não é de fato "natural", mas artificial em sua deliberada evitação de todo vocabulário abstrato ou interpretativo. Essa qualidade de restrição é reforçada toda vez que o poema traz de volta as odes anteriores, o que acontece em pontos-chave, particularmente, na "Urna Grega". A primeira quadra é como a da "Urna" em som, em personificação e em *layout* visual:

> *Season of mists and mellow fruitfulness,*
> *Close bosom-friend of the maturing sun,*
> *Conspiring with him how to load and bless*
> *With fruit the vines that round the thatch-eaves run.*
> (Keats, "To Autumn")[*]

> *Estação de névoas e frutífera suavidade,*
> *Amiga do peito do sol maduro;*
> *Conspiras como ele como espargir e abençoar*
> *Com frutas as videiras nos beirais de palha;*
> (Keats, "Ao Outuno", Tradução de Marsicano e Milton)

"*Season – mists – -ness – close bosom – sun – conspiring – bless – vines*" [Estação – névoas – idade – do peito – sol – Conspiras – abençoar – videiras"] ressoa "*still unravished bride – quietness – foster –*

---

[*] Trechos deste poema e suas respectivas traduções aparecem até a página 199.

194 A BELA ADORMECIDA

silence – slow time" [ainda inviolada noiva – quietude – criada – silêncio – tempo lento] A *"unravished bride"* [noiva inviolada] tornou-se uma *"close bosom friend"* [amiga do peito] de um sol que se põe, e as videiras circundando os beirais de palha são uma versão da borda folhada moldurando a *"legend"* [lenda]. Mas desse ponto em diante, "Ao Outono" prossegue com sua narrativa de maneira oposta. Em vez de revelar a imagem frisada para a terra do *"no tone"* ["sem som"], as séries de imagens são confinadas e trancadas no espaço original delas, porém empanturradas com mais material, assim como o olhar de Cocheiro dizendo "coma, coma, coma".[3] As árvores foram cobertas por musgos e arqueadas até o chão, a fruta foi preenchida *"with ripeness to the core"* [com maturação até o centro], cujo som é repetido em *"set budding more / And still more, later flowers"* [fazer brotarem mais / E ainda mais, tardias flores]. Todos – som, ritmo e os pesados verbos monossilábicos (*"load – bless – bend – fill all fruit – swell – plump"* [carregar – abençoar – envergar – preencher todas frutas – expandir – avolumar"]) – transmitem o acúmulo de substância. Fertilidade torna-se abundância e excesso:

Until they think warm days will never cease,
For Summer has o'er-brimm'd their clammy cells.

Até que pensem jamais findar-se-ão os dias quentes,
Pois o Verão transbordou suas meladas colméias.

O processo de intensificação é análogo à passagem de *"happy happy"* [feliz feliz], *"ever ever"* [sempre sempre] no centro da "Urna Grega", exceto por ser mais claustrofóbico porque restringiu-se inteiramente ao mundo dos sentidos, de modo que não há movimento em nenhum sentido entre o material e a imaginação. Os favos melados (*clammy cells*) e as macieiras musgadas (*mossed aple trees*) são como aqueles *"happy happy boughs / That cannot shed / [their] leaves, nor ever bid the spring adieu"* [Ah! Ramos felizes,

felizes! / Que não perdereis jamais / vossas folhas, nem vos despedireis da primavera]; exceto que o adjetivo em a "Urna" refere-se aos amantes enquanto rodopiam entre o imaginário e o mortal, enquanto que em "Outono" só há uma realidade preenchendo a imagem por inteiro, e nenhuma possibilidade de movimento. Em "Outono" Keats rende-se brevemente à ideia de que a natureza sozinha pode ser suficiente, de que o homem pode viver "somente de pão", como o Cocheiro, e ainda ser um poeta, ainda cantar como um pintarroxo. A mínima atenção foi atribuída à experiência dos sentidos (tato na primeira estrofe, visão na segunda e audição na terceira), mas não há lugar para deuses, sonhos ou mundo interior. A experiência do sentido manifesta-se, não como um canal para a realidade da mente, mas como um agente de bloqueio; a paisagem de "Outono" não é uma "passagem para pensamentos".

A sucessão de imagens na segunda estrofe é muito mais sólida e escultural que qualquer coisa na "Urna Grega", e retrata o Outono personificado, a força motriz por trás dessa existência sensuosa e, portanto, em certo nível, a Musa – ou Musa substituta – do poema:

> *Who hath not seen thee oft amid thy store:*
> *Sometimes whoever seeks abroad may find*
> *Thee sitting careless on a granary floor,*
> *Thy hair soft-lifted by the winnowing wind;*

> *Quem não te viu em teu armazém?*
> *Às vezes, aquele que procurar te encontrará*
> *Sentada tranquila no chão do celeiro,*
> *Teu cabelo levemente erguido pelo vento joeirante,*

Nessa estrofe, todos os movimentos para fora (*"seeks abroad"* [procura lá fora], cabelos *"softlifted"* [levemente erguidos]), são capturados na metade da passagem e trazidos de volta à terra;

196 A BELA ADORMECIDA

e lhes é dada uma localização específica no espaço; isso é o mais perto que a técnica de Keats chega a *ut pictura poesis*. Alguns aspectos de Outono recordam Moneta em *The Fall of Hyperion*, com a sensação de tempo artificialmente suspenso; exceto que o conhecimento trágico de Moneta, contido dentro dos vazios *"teeming"* [abundantes] do seu cérebro, é antitético àquele do Outono *"careless"* [tranquilo/descuidado], o qual parece não ter conhecimento do processo que personifica, mas cujos orifícios de sentidos são bloqueados como os *"clammy cells"* [favos melados] à medida que ela é entorpecida em insensibilidade, *"sound asleep"* [dorme profundo]. Sua *"laden head"* [cabeça pesada] está sobrecarregada, e não com pensamento, mas com excesso sensuoso. A imagem de Outono, em particular, lembra Ceres, a mãe da colheita, cuja busca por sua filha perdida tinha um significado especial para Keats (e Milton), exceto que, naquela figura que *"with patient look... watchest the last oozings hours by hours"* [com olhar paciente... vigia as derradeiras horas que vão desaparecendo], compreende-se Ceres *sem toda* essa dor (sublinhado por Keats em sua cópia de "Paradise Lost"). A reciprocidade mãe-bebê é perdida. A Musa, que traz a colheita poética em "Outono" é especificamente privada dessas qualidades que tornaram a lenda de Ceres significativa, e é deliberadamente restrita ao papel de uma personificação neutra de uma estação, em vez daquela de uma deusa que governa. Ela não é apenas estática, mas sem emoção: ela *"watches"* [vigia], mas não *"care"* [se importa]. A terceira estrofe começa com uma referência comovente a uma canção perdida, sugerindo, talvez, as odes de primavera, e o lado de Proserpina do mito de Ceres – aquela criança perdida da primavera:

Where are the songs of spring? Aye, where are they?
Think not of them, thou hast thy music too...

Onde estão as canções da Primavera?
Sim, onde estão? Não penses nelas, tens tua música também.

A pergunta, que parece arriscar-se fora dos limites da estação, é imediatamente afastada, em vez de ser absorvida e integrada, como os movimentos entre reinos de experiência nas odes, é gentilmente recusada: *"Think not"* [Não penses]. O poeta de "Outono" deseja manter-se dentro dos limites, não aprender mais nada – ele já sabe demais, e já sente seu corpo "muito pequeno" para acomodar as "incansáveis" buscas da sua mente (carta a Fanny Brawne, Março 1820; 1970a, p. 367). Em vez disso, é oferecida ao autor da pergunta, que tinha demostrado sinais de lamentação por uma primavera perdida, uma variante da falácia patética:

Then in a wailful choir the small gnats mourn
Among the river sallows, borne aloft
Or sinking as the light wind lives or dies...

Num coro-lamento pranteam os mosquitos
Entre os salgueiros do rio, no alto
Ou imersos quando a tênue brisa vive ou fenece.

O som *"mourning"* [lamentoso] produzido pelos mosquitos não se origina na presciência que têm da morte (ou dor mental), mas é meramente uma coincidente função das insignificantes correntes de ar. O observador é aconselhado, implicitamente, a aceitar o conhecimento da natureza e a separar o estético do emocional; ele deveria renunciar a sua memória da música perdida (a música da perda), e considerá-la como mera aparência, como simplesmente uma das variações sensuosas da sonora orquestra da natureza: o balido das ovelhas, o canto dos grilos, o assobio do pintarroxo, o gorjeio das andorinhas. A lamentação, assim como a "vigilância" de Outono, é um truque bizarro das emoções com o

198 A BELA ADORMECIDA

qual os humanos torturam-se desnecessariamente – ao se verificar mais de perto, é uma ilusão.

A linha final do poema, *"And gathering swallows twitter in the skies"* [E um bando de andorinhas gorjeia nos céus], tem um ar de mau agouro na medida em que a paisagem se fecha desde acima e os céus escurecem, e recorda o ritual misterioso na "Urna Grega", no qual a humanidade prepara-se para o sacrifício no altar de uma novilha *"lowing at the skies"* [mugindo aos céus]. Mas aqui, os céus estão livres de suas associações sobrenaturais; a pergunta do homem sobre a passagem da música é ignorada, e Outono parece surdo ao seu apelo por compreensão enquanto ele é negociado no altar da eternidade. "Outono" apresenta uma paisagem em que muitas criaturas cantam, mas nenhuma tem *"a soul to tell / Why thou art desolate"* [uma alma para contar / Por que estás desolada].

Assim como em Shakespeare e todos os grandes poetas, a música de um poema é onde o significado reside, precisamente. A música de Keats parece se intensificar no momento da perda, como se estivesse tentando, em vão, despertar o olhar da Musa de sua *"careless"* [tranquila] (indiferente) preocupação. Ao final de 1819, ele tem a virtuosidade técnica para fazê-lo, mas ela não responde. Ela é atenciosa, mas não a ele, e não às *"hungry genera-tions"* [ávidas gerações] que choram por alimento espiritual. Ela não é cruel, apenas desinteressada em seu drama. Ela está preo-cupada com o mundo da existência sensuosa, com a realização do ciclo natural no qual viver e morrer representam uma mesma função. A claustrofobia de impressões sensoriais, que pesa tanto na sensi-bilidade poética, não é aliviada por qualquer fenda, furo, ou rugo-sidade (na linguagem de Bion) que possa permitir uma intersecção com O. É o mundo da arte e da ciência sem o vértice religioso – tal como o pesadelo de Keats da América, a terra que ele uma vez viu como poética e pioneira, mas, devido às dificuldades de seu irmão George, passou a vê-la como uma insensível e *"monstrous*

region... unowned of any weedy-haired gods" ["monstruosa região...
sem dono, de quaisquer deuses de cabelos mirrados"] onde *"great
unerring Nature once seems wrong*" [a grande Natureza infalível
por uma vez parece errada"] (ode *"To Fanny"*).

A natureza da religião de "Ao Outono" era muito diferente do
complexo vértice religioso que estava se desenrolando em *Hyperion*,
o épico de Milton em que Keats estava trabalhando simultaneamente. Neste poema, a relação de amor e ódio com uma Musa, que
parecia estar, literalmente, matando Keats, está focada na ambivalência dele em relação Milton, o poeta que parecia às vezes negar-lhe
acesso a sua própria Musa e afirmar a sua própria personalidade no
lugar. "Ultimamente tenho estado em guarda em relação a Milton",
escreveu ele. "A vida para ele seria a morte para mim" (carta a G. e
G. Keats, 21-27 setembro 1819; 1970a, p. 325). Uma parte dele sentiu
que seus esforços para adquirir o estilo de Milton estavam sufocando
não apenas sua prosódia, mas sua própria vida – nas linhas descritas
por Bion sobre como as "regras aceitas para um poema podem sufo-
car ao invés de proteger o crescente gérmen do pensamento" (Bion,
1985, p. 55). No entanto, ao mesmo tempo, Keats viu sua relação
com Milton (agora em pé de igualdade com Shakespeare) como proporcionando – em termos espirituais – a única saída possível para a
claustrofobia sensuosa da deusa de Outono:

> *A cada dia, Shakespeare e o Paraíso Perdido tornam-se
> mais encantadores para mim – eu encaro belas frases
> como um Amante... O meu próprio ser, que eu sei ser,
> passa a ser mais determinante para mim do que a mul-
> tidão de Sombras na forma de Homem e mulheres que
> habitam um reino. A Alma é um mundo de si mesma
> e tem o suficiente para fazer na sua própria casa. (car-
> tas para Bailey, 14 de agosto de 1819, e Reynolds, 24 de
> agosto de 1819; 1970a, pp. 277, 281-282)*

200 A BELA ADORMECIDA

É em *Hyperion*, e não em "Outono", que Keats abriga sua alma no próprio lar. Ele só interrompeu o processo de revisar o poema quando parou totalmente de escrever poesia (assim como ele fez durante o último ano de sua vida). Enquanto estava escrevendo, ele continuou a enfrentar na sua poesia o conflito estético inseparável do "meu próprio ser que eu sei ser"; e esforçou-se para conseguir um tipo de imortalidade poética – um espírito além do sentido – em virtude de atiçar a faísca de sinceridade e confrontar a verdade com todos os seus terrores.

No entanto, ele abandonou a versão original de *Hyperion*, com sua restritiva armadura de regras e "inversões miltônicas", e reconstruiu o poema sob a forma de um sonho que narra as origens da mentalidade humana e as armadilhas da ilusão suscetíveis de enganar o aspirante poeta na jornada da sua vida. Ele estava à procura de qualidades diferentes em sua Musa miltônica – o Milton exploratório que poderia enfrentar os terrores do "infinito vazio e informe" em vez do Milton dogmático que pregava aos outros a verdade e que disse "deixem que ela seja seu bálsamo". O próprio tema do poema é o fazer ou desfazer do poeta. Começa com um panorama misterioso e fluido cujas formas sombrias sugerem processos mentais primitivos:

> *Fanatics have their dreams, wherewith they weave*
> *A paradise for a sect, the savage too*
> *Guesses at Heaven; pity these have not*
> *Traced upon vellum or wild Indian leaf*
> *The shadows of melodious utterance.*
>
> (Keats, "The Fall of Hyperion")[*]

---

[*] Trechos deste poema e suas respectivas traduções livres aparecem até o fim do capítulo.

Fanáticos têm seus sonhos, com os quais tecem
Um paraíso para uma seita, e também o selvagem
Adivinha no Céu; uma lástima que estes não têm
Traçadas sobre papiro ou em folha naturais da India
As sombras do discurso melodioso
(Keats, "A queda de Hyperion", tradução livre)

O tom agudo e a estrutura rígida do estilo épico em *Hyperion* foram substituídos por um uso novo e flexível da linguagem, que pode acomodar igualmente expressões decorativas da frase (*"wherewith they weave"* [com que eles tecem]) e o quase coloquialismo taquigráfico (*"pity these have not"* [lástima que estes não têm]), dando um efeito de palavras que vão caindo em posição no momento do pensamento sem esforço para impôr-lhes um estilo ou gênero específico. Em um movimento gracioso e melodioso, a tapeçaria de sonhos (o que Keats anteriormente chamou de "tapeçaria empírea") torna-se o foco, momentaneamente, ao aparecer impressa ou "traçada" nas veias das folhas naturais da Índia, e em seguida, dissolve-se de volta em discurso que, de fato, não foi capturado na arte formal.[4] Se um novo poeta está para ser tecido no próximo poema, não será de um estilo já formulado, mas a partir dos materiais antigos do insondável inconsciente, como acontece com *"emperor and clown"* [imperador e palhaço] no "Rouxinol". Ao registrar um sonho como esse, a sua qualidade é alterada:

But bare of laurel they live, dream, and die;
For Poesy alone can tell her dreams,
With the fine spell of words alone can save
Imagination from the sable charm
And dumb enchantment.

Mas sem louro eles vivem, sonham e morrem;
Pois somente a Poesia pode contar os próprios sonhos
Com o belo feitiço das palavras pode sozinha salvar
a imaginação do soturno magnetismo
E do mudo encantamento

A poesia não é apenas um instrumento técnico a serviço do poeta; ela tem o poder, por meio de símbolos em evolução, de salvar a imaginação de um tipo de morte, em *"dumb enchantment"* [mudo encantamento].

Depois de *"guessing at heaven"* [adivinhar o céu], a imaginação precisa *"tell its dreams"* [contar seus sonhos], para encontrar reciprocidade na forma:

Who alive can say "Thou art no poet; may'st not tell thy dreams"?
Since every man whose soul is not a clod
Hath visions, and would speak, if he had loved
And been well nurtured in his mother tongue.
Whether the dream now purposed to rehearse
Be poet's or fanatic's will be known
When this warm scribe my hand is in its grave.

Quem vivo pode dizer "Não és poeta; não podes contar teus sonhos"?
Todo homem cuja alma não seja tosca terá visões,
e falará, se tiver sido amado
E bem alimentado na sua língua mãe.
Se o sonho agora pretendido a ensaiar
For do poeta ou do fanático, será sabido
Quando minha mão, esta quente escriba, estiver em sua cova.

Com essa extraordinária e surreal descrição da sua própria vida-
-em-morte (no som de "*warm-grave*" [quente-cova]), ele estabelece
seu comprometimento com o próximo estágio no criar-simbólico.
Em *The Fall of Hyperion* não existe um momento clímax de mor-
rer-em-vida, mas uma série de experiências de morte em cada nova
etapa na consciência e, a cada passo "*thou hast dated on / Thy doom*"
[tu tens datada / Tua morte]. Cada ganho de conhecimento parece
estilhaçar a própria existência do poeta, como na descrição clinica-
mente vívida da aproximação da morte, cuja "*palsied chill*" [paralisia
gelada] ascende a "*those streams that pulse beside the throat*" [aquelas
torrentes que pulsam perto da garganta]. A qualidade avassaladora
dessa sucessão de mudanças catastróficas que o fazem "*die and live
again*" [morrer e viver novamente] antes da "*fated hour*" [hora pre-
destinada] da morte real é a maldição daqueles "*to whom the miseries
of the world / Are misery, and will not let them rest*" [a quem as misérias do mundo / São miseráveis, e não vão deixá-los descansar] (I:
148-149). Aqueles que "*have no thought to come*" [não têm nenhum
pensamento para advir] ao santuário da Musa e são felizes por restringir sua imaginação ao mundo natural retratado em "Outono" não
"*venom their days*" [envenenam seus dias] dessa maneira.

À medida que o poema progride (e foi escrito em pedaços, ao
longo de muitos meses), Keats dá uma guinada entre esperança –
"*flying to heaven*" [voando para o céu] – e insegurança, e arrisca
um triste conforto na possibilidade de que ele esteja sendo punido
por causa da qualidade dos seu sonhos. Talvez eles não sejam poéticos, afinal de contas. Quando ele pergunta à Musa diretamente
qual o tipo de criatura ele é, ela responde:

Art thou not of the dreamer tribe?
The poet and the dreamer are distinct,
Diverse, sheer opposite, antipodes

204   A BELA ADORMECIDA

Não és tu da tribo sonhadora?
O poeta e o sonhador são distintos
Diferentes, extremos opostos, antipodas

Contudo, após um período de autoflagelação infrutífera, Keats deixa de exigir uma definição de sua própria atividade e propósito, e em vez disso pede à Musa para contar-lhe uma história. É a história da queda dos Titãs, assim como no primeiro *Hyperion*. Agora que ele não é mais responsável pelas as imagens vindouras, o poema começa a se mover novamente: *"tell me where I am, / Whose altar this... What image this"* [diga-me onde estou, / De quem é este altar... O que é esta imagem] (I: 211-212). Quase imediatamente, o foco muda de Keats para a própria "triste Moneta" e a dor depressiva associada a uma intensificação do conflito estético, suscitada pelos mistérios velados do seu conhecimento intolerável. Esses estão contidos nas nebulosas cortinas brancas de seus véus, cujas *"fragrant curtains"* [cortinas perfumadas] têm lhe preenchido de *"terror"* [terror] e, parcialmente, constituído uma barreira de proteção entre eles, em consonância com *"my mind's film"* [o filme da minha mente].

Então, Moneta desenha o véu. *"Moneta's mourn"* [o lamentar de Moneta] é muito diferente do *"wailful choir"* [coro-lamento] dos mosquitos de *"Outono"*, cuja lamentação é uma ilusão da brisa, uma harpa eólica sem ânimo. Mesmo que ela *"softens"* [suavize] suas *"sphered words"* [palavras esféricas] da forma mais parecida possível com as de uma *"mother"* [mãe] (I: 250), ele não pode deixar de ver a verdade que elas transmitem:

But for her eyes I should have fled away. They held me back, with a
benignant light, Soft-mitigated by divinest lids ...
So at the view of sad Moneta's brow
I ached to see what things the hollow brain
Behind enwombed; what high tragedy

In the dark secret chambers of her skull
Was acting, that could give so dread a stress
To her cold lips, and fill with such a light
Her planetary eyes; and touch her voice
With such a sorrow.

Mas pelos olhos dela eu deveria ter fugido.
Eles me seguraram, com uma amável luz,
Aliviado pelas mais divinas pálpebras...
Assim, ao ver a triste fronte de Moneta
Eu ansiava por ver que coisas o falso cérebro envolveu atrás;
que grande tragédia
Nas câmaras escuras e secretas de seu crânio
Estava sendo atuada, que poderia tornar uma pressão tão terrorífica
Para seus lábios frios, e preencher com tal luz
Seus olhos planetários; e tocar sua voz
Com tamanha tristeza.

A linguagem é extraordinária e – embora baseada na *"hollow crown"* de Milton e Shakespeare – totalmente original, reproduzindo adiante as implicações da Musa enquanto memória, Milton (antepassado poético), conselheira (de *monere*), luz do luar, mãe e enlutada. O poeta *"strain[s] out [his] eyes"* [esforça [seus] olhos], assim como outrora escrevendo a "Ode a Psiquê" ele *"strain[ed] at particles of light"* [esforçou-se em partículas de luz]. A fronte de Moneta é uma paisagem, que se estende de forma surreal; o vale obscuro é subitamente inundado pela fonte de luz dos olhos dela, enquanto a transição é feita da visão comum para as coisas invisíveis à visão dos mortais.

Moneta é a última Bela Adormecida de Keats, vista pela perturbadora luz de seus próprios *"planetary eyes"* [olhos planetários].

206   A BELA ADORMECIDA

Com sua voz de tristeza, ela é a antítese da descuidada Ceres (que nem sequer é mencionada como uma deusa). Keats ouve a história ao lado de Moneta *"like a stunt bramble by a solemn pine"* [como um espinheiro atrofiado ao lado de um pinheiro solene] (I: 293), como uma criança ao lado da sua mãe, dizendo que sentia seu corpo "fraco demais para sustentar-me à altura", e "Eu não vou cantar em uma gaiola".[5] Ele finalmente renuncia a história da sua vida enquanto um poeta, no limiar de mais uma mudança catastrófica, aprendendo a "ver como um Deus vê". Da *Chamber of Maiden Thought* ele "continuou pensando",[6] pisando sobre as soleiras para explorar as "passagens sombrias" e, por fim, encontrar-se na antecâmara de um sonho onde ele ousa pedir que não haja nem mais uma história:

> *Onward from the antechamber of this dream*
> *Where even at the open doors awhile*
> *I must delay, and glean my memory*
> *Of her high phrase – perhaps no further dare.*

> *Avante a partir da antecâmara deste sonho*
> *Onde até nas portas abertas por um tempo*
> *Eu devo me atrasar, e recolher minha memória*
> *De sua grande expressão – talvez sem mais ousar.*

Todavia, ele ultrapassa o limiar no Canto II, apenas o suficiente para escrever um último adeus à música da inspiração, em que o som da voz da Musa é destilado a partir das folhas ao vento, transformado de um processo natural sem sentido para uma tapeçaria empírea:

> *Mortal, that thou may'st understand aright,*
> *I humanize my sayings to thine ear,*
> *Making comparisons of earthly things;*
> *Or thou might'st better listen to the wind,*

Whose language is to thee a barren noise,
Though it blows legend-laden through the trees.

Mortal, tu que não podes compreender devidamente,
Eu humanizo as minhas palavras para o teu ouvido,
Fazendo comparações com coisas mundanas;
Ou talvez melhores ouvir o vento,
Cuja linguagem é para ti um ruído estéril,
Embora ele assopre carregado de lendas através das árvores.

De forma comovente, Keats cita essas linhas ao seu amigo Woodhouse por causa do som de *"legend-laden"* [carregado de lendas]. A imagem ecoa a descrição de Dante sobre o desvanecimento da inspiração "ao vento, nas leves folhas", evocando as *"shadows of melodious utterance"* [sombras de discurso melodioso], e prevê o próprio desejo de Keats pelo epitáfio "Aqui jaz aquele cujo nome foi escrito em água". O poeta estar diante das portas abertas, tal como Shakespeare registrando sua experiência de inspiração retornando aos elementos, promove uma despedida que é mais verdadeira à vida tragicamente abreviada de Keats do que a orquestração exclusivamente sensuosa de "Ao Outono". O mundo dos sentidos não é o bastante; exige-se um mediador interno para interpretar os ventos carregados de lendas nas palavras de poesia, ou seja, palavras emocionalmente significativas, por mais dolorosas que suas verdades possam ser.

É dessa forma que, em seu último grande símbolo poético, Keats estabelece uma espécie de paz com o cruel "princípio da beleza em todas as coisas", que ele afirmou ter sido sua égide orientadora, reconhecendo que o espírito musical desse princípio fala de uma realidade para além dele mesmo, embora ele tenha se sintonizado com a sua linguagem "humanizada" por um curto período de tempo e transcrito seus dizeres de uma forma recíproca –

208 A BELA ADORMECIDA

a "linguagem de consecução". Assim como afirma Borges em relação à "música" da "Ode a um Rouxinol", "Aí chega o momento, e (o homem) sabe quem ele é... Eu venho sentindo essa experiência desde então" (Borges, 2000, p. 99). Ao enfrentar mais uma vez a emotividade do vértice religioso, Keats demonstra o tipo de formação de símbolo que nos revela quem somos.

Notas

1. Carta a Reynolds, 22 de novembro, 1817; 1970a, p. 40.

2. Para uma sinopse de algumas características-chave da filosofia estética de Adrian Stokes, ver o Capítulo Seis deste livro.

3. Em uma carta escrita no mesmo mês que o poema, Keats descreve a figura de um cocheiro que sintetizava para ele a não espiritualidade sensuosa: "O rosto do cocheiro diz coma, coma, coma... Talvez eu coma para convencer-me de que eu sou alguém... Oh, tivesse eu um Seio tão doce para exaltar como o Cocheiro tem! Eu daria uma moeda por seu assobio" (carta a Woodhouse, 21 de setembro de 1819; 1970a, p. 293).

4. Keats estava lendo Dante, cuja descrição, no final de Paradiso, das "leves folhas que momentaneamente segurararm e, em seguida, libertaram o oráculo da Síbila, é ecoada nesta passagem.

5. Cartas de 24 de agosto de 1819 a Reynolds (p. 282) e de março de 1920 a Fanny Brawne (p. 365); Keats, 1970a.

6. Carta a Reynolds, 3 de maio de 1818; Keats, 1970a, p. 95.

5. A beleza em movimento

Bion e Meltzer estavam ambos preocupados, especialmente nos seus últimos anos, com a "longevidade" do espírito psicanalítico em meio ao "clamor das guerras entre gangues" e as pressões econômicas de uma sociedade conformista. O verdadeiro espírito psicanalítico, se puder ser encontrado entre as silvas, é aquele que deverá viver por "centenas de anos" e ser capaz de alcançar as origens arcaicas da mente, sendo ele acessível somente via o sonho contratransferencial de uma forma de arte. Na visão Bion-Meltzer, a psicanálise – aquela listra singular na pele do tigre – existiu no mundo por séculos como uma ideia adormecida esperando pela descoberta de Freud, quem "deu-lhe forma" (Meltzer, 1978a, vol. III, p. 2). Descobrir a forma foi o que permitiu-lhe pensar o pensamento subjacente ao processo psicanalítico. O artista-amante-cientista platônico procura pela ideia do belo "através de todas as formas e formatos das coisas". E, como Keats nos mostrou, o espírito leve-alado do Rouxinol move-se de uma forma para outra e canta na próxima clareira do vale.

210　A BELEZA EM MOVIMENTO

Com isso em mente, o objetivo deste penúltimo capítulo é ampliar o linguajar da contratransferência para as possibilidades de outra dimensão estética. Este capítulo é sobre o desenho de modelo vivo (*life-drawing*), ou melhor, sobre um tipo particular de desenho de modelo vivo que envolve a combinação das características estéticas da dança, da música, e o corpo humano na sua Ideia subjacente de um objeto estético.[1] O objeto estético não fica imóvel, mas está em processo de evolução, e o desenho de modelo vivo – uma arte que é temporal, bem como espacial – nos possibilita o relacionamento direto com esta qualidade e a observação do seu impacto. O trabalho de desenhar o corpo em movimento – fisicamente extenuante para todos os envolvidos –, pode parecer distante do modo contemplativo da relação entre analista e analisando, cuja técnica de comunicação desencoraja até mesmo os meios comuns de contato visual. No entanto, essa mesma distância entre as formas de arte pode ajudar a melhorar a capacidade de observação em relação aos movimentos ocultos, à música oculta, ao equilíbrio escondido e à capacidade de resposta ao processo de formação de símbolo que está acontecendo entre duas mentes distintas.

Em *Transformations* (1965), Bion fez uma tentativa inicial de incluir seu novo conceito-chave, "turbulência", em uma formulação estética. Ele baseou-se nos campos de papoulas e nas árvores refletidas em um lago de Monet. No entanto, isso foi dificultado por sua linguagem mecânica de "invariância" e busca por "invariantes", que reduziu o objeto a um Gestalt bidimensional e a interação observador-observado a uma pseudociência de único vértice. Uma invariante é um signo, não um símbolo que contém a essência de uma Ideia platônica. A discussão não ganha vida, e seu próprio amor pela pintura impressionista falha em transmitir a ideia.[2] No entanto, em trabalhos posteriores, ele volta-se muitas vezes às habilidades de Leonardo da Vinci em retratar a "turbulência" por meio de suas representações de cabelo e água, e reflete sobre suas capacidades simbólicas ou de sustentação. Roland Harris descreve isso ainda mais lindamente, em sua visão de cisnes "lutando para elevarem-se da extensa água escura":

As men from knowledge strive to mysteries;
Then yield; recall the soft returning surge
When water receives them once more, and in dusk they burn On the
smooth lake in phantom, silver fires.

(Harris, "Swans")

Tal como homens de conhecimento empenham-se aos mistérios;
E então rendem-se; revocam a suave onda que retorna
Quando a água uma vez mais os recebe, e incendeiam ao cair da
noite Sobre o tranquilo lago, ilusórias chamas prateadas.

(Harris, "Cisnes")

Turbulência não é uma interferência em alguma qualidade "invariável" perfeita da "coisa em si". Turbulência é o que nos permite reconhecer a realidade, tanto externa como interna, mesmo que apenas momentaneamente antes de mergulhar de volta dentro do lago ou da Caverna de Platão. É a primeira condição para elevar a linguagem de signos a uma que seja simbólica, elevar o conhecimento ao mistério. Existe algo que nós não sabemos, e como diz o P.A. de Bion: "O mistério é a vida real; a vida real é a preocupação da análise verdadeira" (1991, p. 307). No entanto, não teríamos nos tornado conscientes desse indicador de mistério sem a conjunção de, pelo menos, duas mentes ou vértices em um campo de alguma forma ressonante ou aquoso:

Não podemos enxergar tão facilmente essa turbulência no mundo que denominamos como sendo a mente.

212 A BELEZA EM MOVIMENTO

Se pudermos, então passa a ser possível acreditar na existência de algo tal como uma personalidade humana no mundo da realidade... (Bion, 1973-1974, vol. I, pp. 41-42)

A turbulência é precisamente o que é retratado pela figura humana no espaço, inclusive a figura aparentemente estática, perturbando o ar do seu entorno. No estúdio de desenho de modelo vivo há uma turbulência que exige uma resposta, de uma natureza tanto sensuosa (expressa através de movimentos do corpo) quanto abstrata, uma vez que refere-se à ideia subjacente ou ao espírito musical, a Bela Adormecida da pose.

No consultório, a criança vai gradualmente substituindo o brincar pelo desenhar, como o modo característico fundamental para a busca do símbolo. Desenhar é uma daquelas atividades que estão livres das complicações da obscuridade verbal, e que retorna ao início, à infância da nossa espécie. Talvez, em vez de fazermos marcas mecânicas em virtude de sermos muito competentes, ao concentrarmo-nos no processo de desenhar, podemos chegar a algumas considerações gerais sobre como trazer para o nosso trabalho este tal sopro de vida, que deriva somente da saúde dos nossos objetos internos. O desenho de modelo vivo proporciona outra analogia para a orientação contratransferencial, na qual mais do que nos contentarmos com nosso conhecimento limitado, podemos encontrar um modo de nos empenhar em mistérios. A "arte moderna", disse Kandinsky (citado em *Hulks*, 2001, p. 99), "pode nascer somente quando signos tornam-se símbolos" – uma declaração sobre a arte em geral, com a qual concordaria qualquer esteticista que entende essa distinção. Como os signos tornam-se símbolos no ambiente do desenho de modelo vivo? Como podemos usá-lo ou sermos usados por ele para descobrir nossa própria identidade simbólica?

MEG HARRIS WILLIAMS 213

Beneficência no espaço: sobre o desenho de modelo vivo[*]

Meu interesse de longa data no desenho de modelo vivo, já um tanto exaurido, foi renovado durante um período em que, por muitos anos, participei de aulas sobre essa prática ministradas por Meriel Hoare, em uma pequena aldeia em Hampshire. Sua metodologia era a de seu próprio professor, Cecil Collins, reconhecido como alguém inovador nesse campo, e as aulas foram frequentadas principalmente por artistas que queriam "soltar-se" de modo que isso pudesse repercutir em seus outros trabalhos, colocando-os novamente em contato com a criatividade deles. O foco não era sobre o produto acabado, mas sobre o processo de fazer contato com as fontes criativas que se encontram fora do controle do próprio sujeito. Nesse tipo de desenho, o modelo sempre deve ser aquele a descobrir a pose, ele ou ela não deve ser posicionado. (Alguns desses profissionais, inicialmente, sentem-se desconfortáveis com isso; eles preferem ser uma ferramenta passiva do artista ou do grupo, ou assumir poses preconcebidas.) Em vez disso, o modelo concentra-se na busca de uma pose, e é interrompido pelo artista quando ela é encontrada. A música é um emoliente essencial neste processo – primordialmente para o modelo, mas também para as pessoas desenhando. Provavelmente, ela não é *ouvida* estritamente no sentido estético, isto é, pela própria música. Sua função é mobilizar o que Stokes (1965) chama de "encantamento", o convite para

---

[*] Isto foi apresentado como uma palestra em uma conferência sobre o tema "Desenhado a partir da Experiência", em setembro de 2004 na Universidade de Oxford, e mais tarde publicado em Português ("A Descoberta da Identidade simbólica através do desenho de Modelo Vivo" [*Discovering symbolic identity through life-drawing*], Revista de Psicanálise da Sociedade Psicanalítica de Porto Alegre, 11, 2004). Uma versão foi publicada em 2008 como "*The role of incantation: life drawing as an analogue to psychoanalytic process*", The Psychoanalytic Review, 95 (3): 463-472.

214 A BELEZA EM MOVIMENTO

participar de uma situação dinâmica em que linhas de tensão são estabelecidas entre modelo e desenhista, para que sejam incorporadas nas linhas e marcas sobre o papel. Sem o encantamento dos processos identificatórios não há nenhum sentido de autoexploração; isto é o que conduz para além, processar em vez de parar no objeto autossuficiente, mesmo que esteja simultaneamente ciente da alteridade do objeto.

A música literal permite o fluxo de uma música mais idiossincrática, não sensuosa, como em a "Urna Grega" de Keats. "O que é a dança?", pergunta Langer:

> *uma aparição. Origina-se a partir do que os dançarinos fazem, embora seja algo a mais. Ao assistir a uma dança, não se vê o que está fisicamente diante de você – pessoas circulando ou contorcendo seus corpos; o que você vê é uma manifestação de forças que interagem... singularmente em seu movimento. (Langer, 1957, p. 10)*

As linhas traçadas no espaço pelo modelo são um tipo de dança abstrata, que o desenhista se esforça para corresponder com as linhas no papel. Convidado pela música, ele empenha-se para se identificar com essa aparição abstrata, para dançar em resposta através das mãos e dos dedos sobre o papel. Ambas, a curva do modelo e a linha do desenhista, expressam a Ideia subjacente, a essência estética da cena. A expressão de Stokes (1963) para isso é "amplamente simbólico". De fato, a linha traçada em si é um tipo de abstração artificial; as linhas não existem na natureza, todavia uma linha traçada tem o poder de traduzir três dimensões em duas dimensões, devido às suas intensas qualidades magnéticas: a "linha do Todo-Poderoso", como foi denominado por Blake (1966, p. 583). Todos os conflitos relativos às fronteiras (a dança entre dentro e fora, entre corpo e espaço) reúnem-se ao longo da linha; ela une e separa simultaneamente.

Não é uma dança no sentido acadêmico de ter qualquer coreografia preconcebida; ela pode inclusive ser uma dança que é muito quieta e silenciosa, quase estática. Mas, uma vez que é alcançado um nível de comunicação abstrata entre modelo e desenhista, a dança das mãos torna-se *simbólica*: "Uma vez que a obra é vista estritamente como uma forma, seu caráter simbólico – sua semelhança lógica com as formas dinâmicas da vida – é autoevidente... a forma orgânica parece estar diretamente contida nela" (Langer, 1957, p. 30).

Francis Sparshott explica que, na visão aristotélica, a dança está relacionada aos estados da mente do homem, mas que estes não necessariamente coincidem com o estado particular do dançarino (Sparshott, 2004, p. 282); a presença física é necessária para tornar visível a "sabedoria prática do corpo" e, dessa forma, permitir que ela faça suas próprias afirmações. "Como podemos enunciar o dançarino a partir da dança?", indaga Yeats (*"Among School Children"*). Nessa categoria artística, o Soma é capaz de comungar-se com a Psique, e passado e futuro são reunidos no presente, na cesura temporal que Eliot chama de "ponto estático do mundo em rotação":

> *No ponto estático do mundo em rotação. Nem com pele, nem sem pele; Nem a partir de, nem rumo a; no ponto estático, lá está a dança... e somente a dança existe.*
> *(Eliot, 1944, "Burnt Norton")*

A invocação do dançarino sugere que o *significado* da dança ultrapassa a figura física até o espaço que está entre, como o campo de batalha de Tolstói. Essa Ideia orienta as mãos e o pincel, ou

216 A BELEZA EM MOVIMENTO

caneta, do desenhista de uma forma análoga (embora não idêntica) ao compositor e ao intérprete na música.

Qualquer marca sobre um papel branco e virgem é inicialmente experimentada como uma cicatriz. Isso não acontece porque o desenho de modelo vivo é de natureza agressiva no sentido esquizoparanoide kleiniano, mas por causa da ansiedade que *pode* estar ali contida. A tensão dessa possibilidade ameaça. Stokes fala da necessidade de um "ataque" inicial para dinamizar as tensões e "fazê-las funcionar". Até que isso aconteça, não há movimento, o símbolo permanece distante e não se comunica com o espectador ou o desenhista; a última "reparação... depende deste ataque inicial" (Stokes, 1965, p. 23). Mas a agressão, por si só, não tem lugar na arte, nem mesmo nos estágios iniciais. O tipo de ataque comunicativo que Stokes fala é mais parecido com o clamor infantil por atenção, ou com o lançar-se ao mar para explorar suas rochas e redemoinhos, tal como Keats descreveu sua entrada no mundo da poesia. Ele ativa o "encantamento" que o artista sente emanar do modelo e acidenta a superfície do papel com esperança. O ataque inicial é realmente uma demonstração de comprometimento com a busca pela resolução simbólica do impacto do objeto estético. Assim como o espectador da arte, o artista tem dificuldades com a "ação de perspectiva gananciosa, preênsil, e controladora" (Stokes, 1961, p. 14), isto é, com as fantasias onipotentes. O trabalho a ser feito entre artista e modelo requer que uma "vibração em comum" seja encontrada, uma unicidade, bem como uma alteridade. Isso pode, então, levar à "imagem resposta de um objeto bom reconstituído e independente" (ibid., p. 20). Tal como a Urna de Keats, que começa sendo uma "*still unravished bride of quietness*" [noiva ainda inviolada] e termina sendo "*a friend to man*" [um amigo do homem].

Em seu trabalho anterior, *Smooth and Rough*, Stokes encontra uma linguagem para as pedras cujas qualidades táteis também poderiam ser aplicadas ao desenho de modelo vivo:

Muitas pedras brutas permanecem rearranjadas: agora
na forma de orifícios, de sufusão nas laterais dos orifí-
cios, as mordidas, as lágrimas, os apertos são milagro-
samente identificados com as passagens receptoras do
corpo, com os órgãos dos sentidos, com as qualidades...
(Stokes, 1951, p. 56)

O trato áspero do papel liso é uma resposta à "invitação na arte",*
do tipo infantil mas não intrusivo, tal como na teoria kleiniana original – apenas literalmente "áspero", nos degraus mais baixos da
Grade. A natureza intacta ou simbólica da imagem é uma função
não somente da sua total existência contida, mas também do quanto
ela convoca do espectador processos de identificação – sua função
encantatória. Na metáfora de Bion, a ideia subjacente não se aloja
em complacência suave e superficial, mas nos lugares "ásperos" da
mente que não são tão bem cuidados pelo ego: "psico-alojamento"
(Bion, 1991, p. 265). O conceito de Stokes da "natureza intacta" do
objeto relaciona-se de forma semelhante a um ideal de beleza que
seja diferente da perfeição impecável; é o resultado de uma relação que pode sobreviver à agressão, à turbulência e às tensões do
conflito estético. O processo encantatório interage com a planura
do papel para evocar uma sensação de existência de multicamadas.
A nossa conquistada "contemplação" demanda enxergar a obra de
arte "como uma imagem não apenas de um objeto independente e
concluído, mas da integração do ego" (Stokes, 1965, p. 19). O objeto
independente refere-se ao aspecto de "entalhamento" da nossa contemplação. Por "entalhamento", ele sugeria abster-se da manipulação
e, ao contrário, permitir que a imagem surja ou forme a si própria,

---

* Expressão que faz referência ao livro de Adrian Stokes "*The invitation in Art*
(1951)". [N.T.]

218   A BELEZA EM MOVIMENTO

assim como a descrição de Michelangelo sobre libertar a forma que está dentro da pedra, ou a descrição dos poetas sobre a inspiração. Pois o verdadeiro símbolo não é artificial; revela-se a partir de dentro, sempre com um elemento do inesperado. Essa passividade extenuante é "duramente adquirida", mas em última análise, resulta em "beneficência no espaço" (Stokes, 1963, p. 69), o ponto em que artista e espectador, dançarino e desenhista, estão em harmonia com a dança da Ideia emergente.

Kenneth Clark, em seu clássico estudo *The Nude* (1956), traçou a história da representação do nu não em termos aristotélicos de imitação, mas em termos platônicos de busca da humanidade pelo ideal, por uma abstração que venha a ser incorporada na "forma humana divina" (para usar a frase de Milton). Clark percebeu isso sendo realizado, de forma mais plena, na arte da Grécia antiga, a qual combinou o celestial (Apolíneo) e o sensuoso ou atemporal (Dionisíaco) para alcançar uma "finalidade da forma", que "controlaria as observações dos artistas ao longo dos séculos que ainda estavam por vir". Essas duas abordagens, como aquelas do entalhamento e da modelagem, foram combinadas culturalmente para formar o ideal clássico. O Dionisíaco é móvel, extasiado, intenso (também associado a Hermes e a sua mudança de forma); o Apolíneo é equilibrado, estático, contemplativo. Clark descreve o sentido de colocar frouxamente tecidos nos nus da Grécia antiga, especialmente o feminino:

> *As dobras aderentes do tecido, seguindo um plano ou um contorno, enfatizam o alongamento ou a torção do corpo; as dobras flutuantes do tecido tornam visível a linha do movimento através do qual ele acaba de passar. Assim, a limitação estética do corpo nu em ação, que está confinada dentro de um presente imediato, é superada.*

As dobras do tecido, sugerindo linhas de força, indicam
um passado e um futuro possível para cada ação. (ibid.,
pp. 169-171)

Isso torna mais claro o significado da "dança" do desenho de modelo vivo para a música. Clark descreve as figuras nuas Dionisíacas, ou dançantes, em "uma piscina de movimento na qual seus corpos parecem nadar" enquanto esforçam-se em se fundir com um mundo espiritual (p. 267). Podemos perceber como essas linhas das dobras do tecido são equivalentes aos espirais do expressionismo, ou às marcas de "possibilidade" no plano de fundo, desenhadas pelo artista *a priori* enquanto sentia seu caminho com um traçado, marcas nas quais a imagem final é incorporada e contida. Essas marcas de possibilidade, assim como as dobras clássicas do tecido, enquanto representam a insistência do artista em deixar-se entrar na existência do objeto, simultaneamente estabelecem no tempo e no espaço a existência objetiva do nu. O equilíbrio de uma figura – seja parada ou em movimento, seja relaxada ou tentando manter uma pose difícil – indica a fusão do corpo com o mundo espiritual, a sua dissolução potencial e, ao mesmo tempo, estabelece efetivamente o contato com o espaço fora dele, a sua fisicalidade. Isso é o que liga o Dionisíaco à inviolada quietude equilibrada do nu Apolíneo. Esses diferentes tipos de nu, com suas divindades orientadoras aparentemente distintas, são aspectos verdadeiramente complementares da dupla abordagem da "modelagem" e do "entalhamento" que Stokes (1963) enxergou como interdependentes (em vez de antagônico ou excludentes). Assim, a dupla abordagem do artista ou do espectador da arte é, de fato, uma resposta às qualidades formais inerentes ao objeto – a obra de arte, ou o modelo que está representando o nu. A beneficência no espaço é alcançada por meio de pungência no espaço – questionamentos, problemas, incertezas. Em última análise, tanto o *self* quanto o

220 A BELEZA EM MOVIMENTO

"outro" são enriquecidos, separadamente, por meio da miscigenação entre eles, uma forma de transferência-contratransferência.

O problema enfrentado por cada artista em particular, em qualquer sessão de desenho de modelo vivo, é o de como estabelecer contato com a "forma humana divina". Em outras palavras, é como conseguir um desenho que não seja meramente fidedigno, mas que *tenha vida*. Durante uma sessão de desenho de modelo vivo, é o senso de espaço quase tangível em torno do modelo que ajuda configurar as tensões de entalhamento e modelagem para os desenhistas. A oportunidade de espelhar este espaço é representada pela folha de papel sobre a mesa. O espaço colapsa durante as pausas para o café, ou quando as pessoas entram atrasadas na sala. Ninguém fala na sala de desenho de modelo vivo. A fim de evoluir o nu a partir do despido – isto é, alcançar a forma simbólica – o corpo do modelo torna-se um objeto de contemplação, livre de qualquer excitação, constrangimento ou sensação sexual associada à nudez em outras situações. A pessoa que é o modelo assume um papel ideal, imediatamente, ao modelar o nu – aquela abstração estética – carregado de seu impressionante histórico cultural. De certa forma, é um papel para além deles mesmos, tal como o ator no palco. O desenhista fica maravilhado perante o modelo, que está para assumir esse papel por eles.

A qualidade "ideal" não pode ser acondicionada em um sentido quantitativo, da forma como os pós-gregos tentaram academicizar e aperfeiçoar as proporções físicas. O estudo de Clark enfatiza, literalmente, as proporções físicas do ideal clássico. Ele também descreve os estágios da decadência que provocou a perda do espírito e, portanto, da realização física do ideal clássico: a grandiosidade romana e o retraimento medieval. O ideal foi restabelecido pela Renascença em associação com o platonismo, apenas para seguir um padrão análogo de deterioração na direção da estupidez e da pornografia relativas ao demasiado lento fim vitoriano, que depois precisou ser derrubado pelo cubismo e desconstruído pelo construtivismo etc. No entanto, pode-se questionar se a redução do corpo a cubos e a cilindros é de fato uma abstração ou um processo essencializante, tal como sugere Stokes. Pelo contrário, parece ser uma expressão da ânsia pseudocientífica por respeitabilidade, que atormentou as artes ao longo do século XX. A Helena da *Ilíada*, recordemos, é conhecida por seus movimentos, e não seus traços. Seu rosto lançou ao mar mil navios, mas não temos ideia de como ela era. Isso não significa que as características físicas são ignoradas ou generalizadas; pelo contrário, a individualidade do corpo e da personalidade deste modelo em particular aparece na pose. Mas é uma qualidade diferente – a qualidade misteriosa do equilíbrio natural – que permite ao modelo fazer contato com o mundo espiritual para além de si mesmo, por meio da interface de planos-corpos e espaço circundante. Professores e desenhistas de modelos vivos têm um arsenal de técnicas designadas para amenizar o medo da agressão e desencorajar as suaves manipulações que surgem da necessidade de se permanecer no controle. Assim, a "cicatriz" da ansiedade pode ser suplantada ao se cobrir o papel com cicatrizes leves, que podem, então, ser selecionadas e acentuadas de forma construtiva (por uma combinação de apagar e desenhar) para começar a formar a imagem. Ou pode-se criar a textura do pano de fundo por outros meios: carvão de variados tons, aquarelas, etc. Gizes de cera esbatidos aguados com um tom suave imitam a textura de uma parede de pedra calcária; os nus de Rembrandt trazem essa impressão de surgimento da caverna. Qualquer um desses métodos irá criar a sensação de um fundo fértil, o que significa mais do que um pano de fundo – um campo de possibilidades semelhantes ao mármore do escultor. Frequentemente, esse pano de fundo é criado por uma série de breves tentativas de desenhar a imagem, uma multiplicidade de linhas possíveis. Então o desenho torna-se uma questão de escolha, correspondência, acentuação. As linhas que não são escolhidas continuam sendo uma parte integrante: elas não são apagadas em favor das linhas "corretas"; elas sustentam as linhas finais e representam a base do surgimento destas, assim como Milton quando descobriu uma maneira de enxergar "coisas invisíveis", fazendo um traçado sobre a visão que ele tinha perdido, e enxergando o significado inconsciente via brechas no consciente, ou no que já era conhecido. É sabido como os "erros" de um artista dão vida ao desenho; isto não se aplica a todas as linhas erradas, apenas àquelas que fazem parte da exploração inicial do espaço e das tensões em torno do modelo. Uma técnica comum é desenhar em série, quer a mesma posição de ângulos ligeiramente diferentes ou uma pose ligeiramente diferente, uma em cima da outra. Um verdadeiro símbolo contém a história da sua própria criação e a fantasia do artista não é a de impor forma e ordem, mas a de descobrir uma congruência, seguindo os contornos, combinando a imagem com sua própria voz interior.

Em termos psicológicos, poderíamos dizer que o ateliê de desenho de modelo vivo é um microcosmo do mundo e que os desenhistas estão usando a oportunidade para desenvolver o seu "modelo de mundo" através do mapeamento das linhas experimentais de tensão. A narrativa de Money-Kyrle sobre como nós "construímos" o nosso modelo de mundo através da mutualidade de realidades interna e externa é da seguinte forma:

> *O que chamamos de o mundo é, na verdade, um modelo de pensamento – uma espécie de mapa – daquilo que acreditamos ser as possibilidades da experiência – "verdadeiro" onde corresponde a essas possibilidades, "falso" onde isso não acontece, e "incompleto" onde falha em dar qualquer informação sobre aquilo que é esperado.*

Nós podemos pintá-lo, por assim dizer, de qualquer cor, ou embelezá-lo até o limite que quisermos, e, nessa medida, é uma construção arbitrária. Mas se é para ser verdadeiro, ele só pode ter uma "forma" – aquela que se encaixa aos fatos de observação. (1961, p. 62)

Aqui, o desenho é usado como uma analogia para o tipo de experiência cognitiva corretiva que podemos esperar da transferência-contratransferência, tanto em seu aspecto de entalhamento (a sua "forma" essencial ou crucial) quanto em seu aspecto de modelagem – coloração e adornamento. Diferente da representação fotográfica, torna-se possível aos desenhistas fazer traçados completamente diferentes e que, mesmo assim, podem ser todos "verdadeiros" para "os fatos da observação".

No desenho de modelo vivo, portanto, a busca por beneficência no espaço é uma meta do "entalhamento" alcançada pelos meios da "modelagem": a torção e rotação de um instrumento de traçado, com suas variações de pressão, direção, fluidez (literalmente, na difusão de tons através de um meio como a água). Existem muitas técnicas que foram elaboradas para ajudar a contornar a onipotência natural do ambiente de modelagem e deixar a vida interior assumir a cena. Você pode desenhar sem olhar para o papel, ou em um meio mascarado que pode ser revelado depois de uma aguada. Os chineses categorizam cinco posições para segurar a escova, classificadas desde apertada até solta. Podem ser usados instrumentos de cabo longo, ou aqueles delicados, como penas de ganso, que também relaxam o controle da mão, sua dominância muscular há muito estabelecida. A mão é complexa em suas capacidades; o que é desejado é um retorno à pré-história, quando nenhum movimento era automático e não havia preconceitos culturais ou aprendidos em relação a um tipo de traçado em detrimento de outro.

224   A BELEZA EM MOVIMENTO

Nas cavernas de Lascaux, por vezes o homem pré-histórico utilizava os contornos preexistentes da rocha calcária para ajudar a revelar o formato em um baixo-relevo natural, uma fusão do entalhamento e da modelagem. Bion disse que essas esculturas representam "uma colaboração entre um caráter humano, uma personalidade, e as forças da natureza; a terra salienta-se para fora em um determinado lugar e o artista usa isso como parte de sua escultura" (2005, p. 50). Essa terra que está salientada, com seus contornos pintados, constitui um diafragma ou ponto de encontro primitivo entre o homem e seus objetos antropomórficos. Picasso disse que ninguém jamais seria capaz de desenhar tão bem como esses homens das cavernas. Aqueles cervos e bisões são, em certo sentido, os primeiros desenhos de modelo vivo. A relação encantadora que tinham com a rocha simboliza as qualidades do vir-a-ser, que devem sempre circunscrever e definir o nu como um gênero artístico. Antes que a divindade encarnasse o corpo humano e antes que o homem enxergasse a si próprio dominando o mundo, talvez ele tenha visto o divino como encarnado no corpo do animal com seu poder, beleza e qualidades de provedor de alimentos. Por comparação, ele viu a si próprio – nas mesmas paredes – como uma criatura minúscula feita de palitos. O homem é um mero signo, um sinal; o bisão é um símbolo de Deus na Terra – um objeto inteiro no sentido kleiniano, um expressivo símbolo de arte no entendimento de Susanne Langer. Ele existe, eternamente surgindo de sua parede de pedra calcária com beneficência no espaço.

"Toda arte é do corpo", escreveu Stokes em *Reflections on the Nude* (1967, p. 40). Na visão kleiniana, que, em muitos aspectos, é uma reafirmação da filosofia da imaginação neoclássica ou romântica, o mundo da natureza externa representa a mãe interna, e as obras de arte são representações articuladas desta (Stokes, 1963); na verdade, a arte "sustenta e mantém intactos os objetos mesmo quando o que está em questão é a desintegração. Seja qual for a forma de transcrição, a conservação ou restauração primária é a do corpo da mãe..." (Stokes 1967, p. 37). O nu (mais evidentemente o nu feminino) é um caso específico ou significativo disso. Aliás, escreve Stokes, "O corpo humano concebido desta forma é uma promessa de sanidade" (1967, p. 4). No mais, neste caso, são representações do corpo em sua nudez direta, suscetíveis a uma significância especialmente intensa. Provavelmente o artista na sala de desenho de modelo vivo, rodeado por outros que estão igualmente tensos e preocupados, assemelha-se ao crente fiel dentro de um templo religioso. O tipo de "soltura" que acontece não tem nada a ver com a liberdade ou o relaxamento. O artista está consciente de que ele, ou ela, está prestando reverência a essa manifestação da ideia do objeto estético. A atmosfera criada nessa sala por quem quer que esteja conduzindo a atividade é crucial, assim como a "música" da contratransferência. É por isso que o nu, enquanto uma forma de arte, sempre atraiu associações históricas com os processos envolvidos em fazer contato com objetos internos ou divindades em um antigo santuário da civilização, seguindo os passos dos artistas-sacerdotes de Lascaux.

É bem sabido que até mesmo uma única marca já evoca uma imagem nos olhos de quem vê. Duas marcas podem transmitir a essência de toda a figura. Isso articula-se com o uso que Meltzer faz da metáfora da cauda do cervo em "tornar precisa a função de observação" na contratransferência (ver Capítulo Seis). Um ou dois movimentos rápidos de uma cauda branca na escuridão são suficientes para gerar um sonho congruente na mente do analista. Ele também comparou o psicanalista a um violinista, a um atleta e a um cavalo de corrida (1967, p. 93), assim como Bion compara o analista ao poeta, ao artista e ao músico. Essas comparações não têm intenção de dar glamour ao processo analítico, mas de inserir sua competência peculiar em um contexto artístico mais amplo, em uma sintonia tal que possa aprimorar seu próprio modelo e, desse

226 A BELEZA EM MOVIMENTO

modo, expandir o que é observável e dizível na situação analítica. O desenhista de modelo vivo, assim como o analista, até mesmo à luz do dia está em um estado de vigilância noturna, procurando por lampejos de movimentos de objetos parciais, a essência abstrata da dança onírica. Desenhar a figura em movimento com as duas mãos a fim de desarmar o controle do ego, identificando-se com a sequência e não com o produto acabado, é provavelmente a resposta encantatória final. E sempre, em algum lugar no meio da selvagem floresta de marcas com suas moitas emaranhadas de linhas, existe um símbolo genuíno: um padrão de caudas piscantes. Pois, na dança psicanalítica, o objeto estético é o próprio processo psicanalítico e ambos os jogadores respondem à música da transferência-contratransferência. A Bela Adormecida desperta. "Como podemos enunciar o dançarino a partir da dança?"

Notas

1. Kina Meurle-Hallberg, na Suécia, tem estudado o papel do movimento na relação psicanalítica a partir de fundamentos em fisioterapia e psicoterapia.

2. Bion e Meltzer compartilhavam o amor pela arte, incluindo uma admiração especial pela pintura impressionista de paisagens. Bion pintava; Meltzer era bem versado em estética.

6. A psicanálise como uma forma de arte*

O objetivo deste capítulo é tornar mais claro o sentido em que a psicanálise pode ser considerada uma forma de arte, tal como Bion e Meltzer sempre almejaram fazer. Eles acreditavam que identificar analogias relacionadas às formas de arte existentes beneficiaria a prática do próprio método psicanalítico, relativamente novo: "um método novo que é tão antigo quanto a religião e a arte... no entanto, com uma aplicação muito aquém a das artes, que vem desenvolvendo suas práticas há milênios" (Meltzer, 1994b, p. 474). O futuro da psicanálise, disse Meltzer, encontra-se no "método e no processo que ele engendra" (1986, p. 210), e o aperfeiçoamento da nossa compreensão do processo enquanto um "objeto estético" (p. 209) conduz a uma nova concepção do método psicanalítico enquanto uma forma de arte, na qual duas mentes juntas compreendem esse objeto estético e ambas agregam autoconhecimento.

---

* Uma versão de partes deste capítulo foi primeiramente publicada como "Psychoanalysis as an art form", *British Journal of Psychotherapy*, 25(3), 381--392, 2009.

228   A PSICANÁLISE COMO UMA FORMA DE ARTE

Um modelo estético da psicanálise, que esteja alinhado às ideias artísticas e poéticas da criatividade, pressupõe um campo de operação mais complexo e dramático do que os modelos de ciência de único vértice ou de humanismo frouxo (relativismo subjetivo). O domínio da psicanálise moderna, diz Bion, é "muito mais amplo do que aquele conhecido pelas análises clássicas" (1973-1974, vol. I, p. 39). Baseia-se na tolerância de emoções contrárias de amor e ódio, estabelecendo tensões entre diferentes perspectivas cognitivas, e na busca por congruências. Essas tensões emocionais e cognitivas criam um espaço religioso-estético-científico (Bion) que "resplandece significado potencializado" (Meltzer, 1983, p. 148). Esse é o espaço no qual são formados os símbolos que contêm o significado da experiencia emocional – os "fatos de sentimento" de Bion. Quando Bion indaga "que tipo de artistas podemos ser?" (1980, p. 73) e quando Meltzer diz que "não pode haver argumentação, somente evocação" (Meltzer & Williams, 1988, p. xi), eles estão destacando a importância da formação de símbolos, na complexa noção artística que foi, elegantemente, exemplificada por Keats em suas duas Odes irmãs. As características essenciais de uma forma de arte dizem respeito a uma estrutura simbólica que pode conter um significado, de outra forma inexprimível, e a uma capacidade para despertar a empatia ou a identificação no leitor ou espectador. Essas características correspondem às duas razões pelas quais Meltzer considerava que a psicanálise iria sobreviver: em primeiro lugar, por ajudar com a formação do símbolo e, em segundo, por causa da interação transferência-contratransferência que veio a constituir um novo método para se fazer isso. As "realizações" intuídas das quais Bion fala (1970, p. 7) não são palavras, nem podem ser imediatamente expressas em palavras, ainda que a psicanálise seja preeminentemente um meio verbal; este é o cerne da questão relativa a como usar as palavras simbolicamente em vez de apenas como uma linguagem de signos.

A investigação de Langer sobre a natureza dos símbolos enfocou o símbolo da arte como algo cuja unidade orgânica tinha de ser intuída como um único todo indivisível, não importando o quão finamente "articulados" fossem os elementos de sua composição (1953, p. 369). Ela citou Croce ao se referir à intuição enquanto um ato de percepção especial, através do qual o conteúdo é transformado em forma (ibid., p. 375). Os símbolos da sessão psicanalítica podem parecer diferentes dos símbolos da arte em termos de qualidade formal. No entanto, aqui, tal como na arte, a necessidade primária é "formular a experiência como algo, em primeiro lugar, imaginável" (Langer, 1957, p. 100). O sonho, próprio da sessão, precisa emergir da vida onírica via a observação do analista-artista alinhada com O (distância psíquica), assim como o artista tradicional não se caracteriza pela efusão de seus próprios sentimentos (relativismo subjetivo), mas por sua capacidade intuitiva de reconhecer formas "simbólicas de sentimento", isto é, representar "não apenas sentimentos, mas a *vida de sentimentos*" (Langer, 1953, p. 372). Isso é o que Bion chamou de "realização" (1970, p. 7).

Meltzer afirma que é o sonho que "vem em auxílio" da difícil situação do analista relativa à pobreza de expressão, e é ele que coloca em movimento a formação de símbolos (1997a, p. 176). O objetivo da observação e da descrição é, portanto, orientado, mas não menos difícil. Em primeiro lugar, diz Bion, "temos de olhar – e a maioria das pessoas não o faz –, e ao olhar, reconhecer o significado que está além" (2005a, pp. 64-65). "O fundamento da Veracidade está na qualidade de observação" (Meltzer & Williams, 1988, p. 203). Mas – indaga Meltzer (1994c, p. 504) – o que vem primeiro: o observar ou o descrever?). Ele cita Ella Sharpe em relação à "dicção poética" do sonho, e diz que a tarefa do analista é encontrar alguma maneira de "dar-lhe correspondência" (1983,

230   A PSICANÁLISE COMO UMA FORMA DE ARTE

p. 136); pois sonhos constituem o "nível mais apaixonado e criativo" de funcionamento mental (p. 159).

Com o objetivo de ilustrar e elaborar esses problemas essencialmente estéticos irei considerar agora, em primeiro lugar, a natureza dos sonhos como o primeiro passo observável na formação de símbolo; em segundo lugar, a congruência simbólica entre duas mentes, ou partes da mente, que é necessária para observar e conter o sonho; e em terceiro lugar, o nível mais abstrato de um diálogo entre "objetos [internos] em comum" que relaciona o símbolo ao "significado que encontra-se além".

A substância dos sonhos

A antiga equivalência entre arte e sonhos é, pelo menos, tão longínqua quanto a história documentada, e, por inferência, vem desde os primórdios da humanidade. A linguagem dos sonhos "molda a matéria, quando não a essência da arte" (Meltzer, 1992, p. 74). A mente é moldada pelos sonhos igualmente na arte e na psicanálise, mesmo que uma obra de arte persiga o processo de sonhar até um nível maior de abstração e comunicabilidade. Tal como Shakespeare diz:

We are such stuff
As dreams are made on, and our little life
Is rounded with a sleep...

(Shakespeare, *The tempest*)

Nós somos de uma tal substância
Da qual também são feitos os sonhos, e nossa vidinha
É circundada por um sono...

(Shakespeare, *A tempestade*)

O valor próprio de um sonho, e o nível onírico de uma obra de arte, é que ele não pode ser inventado pelo *self*; é um presente dos deuses – ou uma maldição. As "filhas de Beulah" do Blake (imaginação) alimentam as pessoas que dormem com suas "mãos de fada"; mas é o "leite do Paraíso" (Coleridge) ou o sinistro "orvalho maná" da Belle Dame, de Keats? Os sonhos são uma tentativa da psique – com um nível variado de conquista estética – de simbolizar seus atuais conflitos emocionais, a fim de reorientar-se para a realidade externa e interna.

Artistas que trabalham na totalidade dos meios de comunicação estão propensos a dizer que seus trabalhos são "um sonho", seja por serem baseados em sonhos recordados ou por serem trabalhados como uma espécie de sonho em si. Nas palavras de Borges:

> *Eu escrevo uma história acreditando nela não como uma simples história, mas como alguém acredita em um sonho ou uma ideia... Tento ser fiel ao sonho e não às circunstâncias... Eu esqueço das minhas circunstâncias pessoais... Eu apenas tento transmitir o que é o sonho...*
> *(Borges, 2000, pp. 114, 115, 119)*

As formas de arte, como disse Langer, igualmente articulam e engendram a experiência emocional. O sonho é o símbolo originário em qualquer meio e a base da "forma apresentativa". Ambos, o sonho e o símbolo de arte, têm uma lógica apresentativa que difere da lógica positivista, embora o sonho-arte seja diferente do sonho pessoal ou privado, devido ao seu intrínseco "senso de obrigação moral para com a Ideia" (Langer, 1953, p. 121) – o senso de vocação que Meltzer denominou "sermões aos irmãos" (Meltzer & Williams, 1988, p. 222). Nas palavras do

232 A PSICANÁLISE COMO UMA FORMA DE ARTE

escultor Anthony Caro, "O artista rende-se à autoridade da arte de um modo não possessivo e altruísta" (2003, p. 205). A ideia onírica governa a formação do símbolo, e ele esforça-se para se identificar com a sua evolução. Ele segue o sonho, não a história superficial dos seus desejos ou intenções.

Os artistas também estão propensos a contestar a arte como sendo *apenas* um sonho: sugerindo que ser desprezada enquanto um sonho negligencia a estrutura formal do símbolo de arte e o trabalho – mental e físico – envolvidos na sua criação. Provavelmente o tipo de interpretação psicanalítica que, como Bion diz, "vitima" a arte (1991, p. 588) contribuiu para libertar o impulso de muitos artistas, no passado. Na verdade, Francesca Bion nos conta que a antologia poética do marido projetada para os psicanalistas não foi, especificamente, destinada ao propósito de incentivar o "virtuosismo em dar as chamadas interpretações psicanalíticas" (1985, p. 241). Devido aos ecos remanescentes da psicopatografia freudiana, de um lado, e à tendência moderna de desvalorizar a realidade psíquica da arte, de outro, a preeminência da arte como um modelo para a investigação psíquica tem sido negligenciada na exegese psicanalítica dominante.[1]

O artista trabalha para perceber o sonho de uma forma transmissível para o mundo exterior, enquanto o sonhador individual não tem tal obrigação. No entanto, a qualidade do sonho generativo, por trás do símbolo de arte, pode ser ela própria um fator crucial ao exigir do artista a sua expressão, para que o mundo a veja. Sonhos, de acordo com Byron, são o lugar onde a "mente" está para ser encontrada na sua forma mais concentrada:

> *Estar presente no momento de ação da Mente. Ela está em eterna atividade... independente do corpo: nos sonhos,*

por exemplo, incoerente e loucamente, eu reconheço: no
entanto ela ainda é Mente, e muito mais Mente do que
quando estamos acordados. (Detached Thoughts, n. 96)

Apesar (ou por causa) da selvageria de seus próprios sonhos, Byron compreendeu o problema metafísico de que devemos ter um interesse na vida onírica como um fenômeno substancial em si mesmo. Para ele, os sonhos eram a prova da imortalidade da alma, e há "mais Mente" neles do que na consciência do dia a dia, mesmo quando essa mente parece ser um "triste frasco de átomos" (como ele descreveu seu próprio estado inquieto). Esses átomos são os dados sensoriais da intuição. Nosso interesse deveria ser despertado não apenas pelas suas impactantes associações, mas pela natureza da estranha substância imaterial da qual são feitos, como na descrição de Emily Brontë dos "sonhos que foram executados por e através de mim, e que mudaram a cor da minha mente" (Brontë, 1972, p. 72). Bion diz que os sonhos são "eventos peculiares" (1997, p. 28), e chama atenção para a estranheza, a peculiaridade, a aura do desconhecido que se arrasta em torno deles.

"O sonho é a minha paisagem", disse Meltzer (carta não publicada). Tanto ele quanto Bion adotaram a formulação de Freud sobre a consciência como um "órgão de percepção das qualidades psíquicas", a ser orientada com o objetivo de localizar a turbulência que se torna manifesta nas condições da "atenção flutuante". A paisagem da mente ganha vida quando uma sombra onírica passa sobre ela, quando duas mentes se encontram. Partindo do nosso "abismo" de ignorância, Bion sugere-nos "dar uma arejada em nossa imaginação", para que ela tenha "a chance de desenvolver-se em algo científico", e que sigamos a estrada de Robert Frost pela floresta, em busca "do espírito do homem... escondido em algum lugar [ao longo] desse caminho de pensamento ou de ser" (1997,

234 A PSICANÁLISE COMO UMA FORMA DE ARTE

p. 29). Este é o aspecto ativo do pensar: dirigir a atenção para pensamentos sombrios que já existem e que estão se movendo na floresta da mente inconsciente, esperando para serem descobertos.

Meltzer descreve isso como

> *esperar no escuro pelos cervos que pastam à noite, visíveis por suas caudas brancas cintilantes... em alerta para o movimento da presa, movimentos mínimos do objeto parcial que, com paciência, podem ser vistos formando um padrão de significado incipiente "previamente manifesto". Esta captura do significado incipiente previamente manifesto é uma função da imaginação receptiva – abre-se ao possível, sem se preocupar com a probabilidade. (Meltzer, 2005b, p. 182)*

O significado tem de ser imaginativamente descoberto, espiando através dos buracos na escuridão do conhecimento existente, "aberto ao possível", e permitindo que esses minúsculos flashes de luz formem um padrão sombrio. Keats chama isso de "esforçar-se nas partículas de luz no meio de uma grande escuridão" (carta ao George Keats, fevereiro-maio de 1819; 1970a, p. 230). Bion evoca "nuvens de possibilidade" em vez de "nuvens de probabilidade" (1965, p. 117). Emily Dickinson, de forma semelhante, distingue o espaço poético ou criativo daquele prosaico já conhecido, plausível, provável:

> *I dwell in Possibility –*
> *A fairer house than Prose –*
> *More numerous of Windows –*
> *Superior – for doors...*

> (Dickinson, nº. 657)

Eu resido na Possibilidade –
Uma casa mais bela que a Prosa –
Mais numerosa em Janelas –
Superior – pelas portas...

(Dickinson, n°. 657)

Tal como as janelas de Dickinson, ou as caudas dos cervos de Meltzer, Bion vê a si próprio fazendo "caixas", para nelas capturar elementos-beta – minúsculas partículas de pensamento em potencial – "caso essa estranha criatura exista e deslize para o meu campo de visão".[2]

Mais uma vez, Shakespeare evoca, em *Pericles,* como o pensamento onírico orienta seu caminho através de espaços fluidos de ar e água:

Think his pilot thought
So with his steerage shall your thoughts grow on ...
Like motes and shadows see them move awhile.

(Shakespeare, *Pericles, prince of Tyre*)

Considere o pensamento seu piloto
E, sob esta orientação, seus pensamentos devem crescer e tomar conta...
Observe-os enquanto movem-se como sombras e pó.

(Shakespeare, *Péricles, príncipe de tiro*)

O pensamento-piloto é o órgão de atenção de Freud, orientando através da turbulência da mente-mar, mirando nas formas sombrias que cintilam através da sua superfície, assim como os sonhos são gerados e os pensamentos seminais "crescem e tomam conta" [*grown on*]. Roland Harris, desenvolvendo a metáfora de Shakespeare, discorre sobre as sobreposições rítmicas dessa inundação da consciência, em seu poema "O Mar":

236 A PSICANÁLISE COMO UMA FORMA DE ARTE

There are voices in the morning
By the lonely estuary,
Voices softer than silence calling,
Or whispy tones of ghosts that haunt Falling,
in Autumn leaves, the dark stairway.
The exiled flood comes humbly there,
As son to mother, kissing her feet,
Sadly returning to the patient shore...

Words are confined, as land to
maps. But marshy wits and dull
must find In heaving waves, as
poets shapes Of terror and delight
in motes,
Symbols of power moving to no known end.

(Harris, unpublished)

Há vozes pela manhã
Pelo estuário deserto,
Vozes, mais suaves do que o silêncio, estão a chamar,
Tons murmurantes de fantasmas que assombram
Caindo, como folhas de outono, pela escadaria escura.
Humildemente, aproxima-se a torrente exilada,
Como um filho para a mãe, beijando seus pés,
Retornando, triste, à serena beira-mar...

As palavras estão confinadas, como a terra está para os mapas.
Mas espíritos pantanosos e vagos devem encontrar
Em ondas agitadas, tal como as formas dos poetas
De terror e deleite em pó,
Símbolos de poder movendo-se em direção a um fim desconhecido.

(Harris, não publicado)

Nesta paisagem de estuário, a poeira e as sombras do sonho da mente (os elementos-alfa de Bion) inundam a cesura entre mar e beira-mar, mãe e filho, como ondas que trazem uma sensação de retornar silenciosamente. No processo, eles acumulam aspectos dinâmicos de *"terror and delight"* [terror e deleite] (conflito estético), na jornada para tornarem-se os "tipos e símbolos da Eternidade, / Da primeira, e da última, e do meio, e sem fim" de Wordsworth (*The Prelude*, VI: 571-572). Da mesma forma, os compatriotas exilados (*split off*) de Prospero retornam a sua mente-ilha e, reciprocamente:

> *Their understanding*
> *Begins to swell;*
> *and the approaching tide*
> *Will shortly fill the reasonable shore*
> *That now lies foul and mudy.*
>
> (Shakespeare, *The tempest*)

> *A compreensão deles*
> *Começa a aumentar;*
> *e a onda que se aproxima*
> *Em breve cobrirá de razão a beira-mar*
> *Que por ora jaz suja e lamacenta.*
>
> (Shakespeare, *A tempestade*)

Todos esses trechos são sonhos-em-formação, e ilustram o sonho subjacente da tradição poética, em que as palavras e suas músicas são permanentemente reconstituídas em novos símbolos que retêm os sons e as cores de suas ascendências.

Fica mais fácil entender a importância que os sonhos têm em governar nossa atitude para com a realidade, se levarmos em consideração as implicações do conceito de "vida onírica de Meltzer, em que os sonhos individuais são apenas a ponta do *iceberg*. Sonhar é coextensivo à "fantasia inconsciente" de Melanie Klein e gera, continuamente, o significado que depois utilizamos na nossa visão de

238 A PSICANÁLISE COMO UMA FORMA DE ARTE

mundo. Neste sentido, os sonhos não são entidades independentes, mas tramam-se um no outro, assim como a história da nossa vida interior. Tal como disse Bion, sonhos não precisam estar referenciados à hora solar de vigília e de sono; eles estão acontecendo o tempo todo (1991, p. 674). Se vamos ou não notá-los, dependerá da personalidade estar voltada para fora ou para dentro (Meltzer, 1994b, p. 473). Um tipo precoce de sonho artístico é o "teatro bucal" (Meltzer, 1986, p. 179),[3] que é uma boa demonstração de como as realidades interna e externa atuam uníssonas e não impulsionam a mente em direções opostas, como frequentemente costuma-se presumir.

Longe de ser indiferenciada, tal como na antiga noção do inconsciente enquanto um sistema, a vida onírica, que é "periodicamente colocada à prova" pelos meios da observação psicanalítica (ou autoanalítica), consiste em

> *diversas estruturas formais... elaboradas em justaposições para criar um espaço cintilante com significado potencializado. Às vezes, palavras e formas visuais parecem interagir... Em outras ocasiões, os espaços estão sendo criados como continentes de significado. Outras vezes, os movimentos de um tipo de espaço para outro e as dificuldades emocionais para fazer tais movimentos tornam-se evidentes. (Meltzer, 1983, p. 148)*

Tal fluxo de inconsciência admite o fato de que nem todos os sonhos, necessariamente, carregam em si um carácter estético. No entanto, se os movimentos, espaços, ligações e finalizações mentais têm qualquer qualidade estética, ter-se-ão seus fundamentos aqui, na vida onírica. Pois sonhos são o nosso modo de lidar com a nossa experiência estética (ibid, p. 29); eles encarnam a nossa absorção – ou identificam nosso afastamento – da beleza do mundo e suas manifestações.

Sonhos, inevitavelmente, variam em sua vivacidade e em sua complexidade, estrutura e impacto: da condensação poética aos repetitivos resíduos diurnos. Os antigos gregos agruparam os sonhos entre os que entravam pelas portas de chifre e aqueles que entravam pelas portas de marfim, diferenciando-os como sendo ou proféticos ou enganosos. Os sonhos podem ser empobrecidos ou derivados, tal como com os tipos de aprendizagem por "vasculhação" (*scavenging*),[4] ou eles podem ser, simplesmente, pouco evoluídos, dependendo do indivíduo ou do seu estado de espírito naquele momento. O "pensamento" que o sonho anuncia pode estar em um estágio primitivo. Mesmo assim, pela própria natureza, "o sonho é a *evolução* de O, onde O evoluiu o suficiente para ser representado pela experiência sensuosa" (Bion, 1970, p. 70). Como uma alternativa às portas de chifres ou de marfim, os sonhos poderiam ser categorizados, então, de acordo com o quão desenvolvida possa estar a sua qualidade estética. Quanto maior a qualidade poética do sonho, mais integrada a cintilação entre os vários sentidos diferentes, e mais poética ela se torna, no sentido de fusão entre o visual e o verbal, e também o musical. O compositor Arne Nordheim escreveu, sobre *The Tempest*, que "Caliban tem olhos e ouvidos para a substância da qual são feitos os sonhos. A partir de seu corpo feio e semienterrado ele olha para as estrelas e sua alma evoca visões retumbantes" (Nordheim, 2006). Ele *"guesses at Heaven"* [adivinha no Céu], como diria Keats (*The Fall of Hyperion*, I: 4). Caliban é aquele que dorme como um feto e que se abre para o espectro entre o primitivo e o abstrato, sensuoso e não sensuoso, sonho e vigília, pois o feto, Bion sugere, não está "nem consciente nem inconsciente" (1997, p. 50). "Se o somito pudesse escrever", ele declara em sua *Memoir of the Future*, "o livro seria 'Sobre a Interpretação da Realidade', e todas as teorias seriam aquilo que chamamos de sonhos" (Bion, 1991, p. 470).

Este aspecto semienterrado da mente está sempre em risco de ser excessivamente normatizado pelos aspectos tirânicos, ou patriarcais, de um Prospero que ainda está lutando para aceitar que a mente-ilha é o seu sonho, e não o seu reino. O poema de Roland Harris "*The Statesman and the Snake*" [O Estadista e a Serpente] ilustra essa eterna dicotomia:

Beware, snake, of this
Forthright gentleman!
Turn away
To your ferny lair; he
Is content unknowing to
Fashion it for you
Out of the glare
And you unknowing to dream
His dream for him?
Could you, you would
Hate, as he despises,
Important beautiful adder,
Under his heel
Writhing; he walks erect
Very masculine,
His thought goes erect,
As bee to foxglove
Buzzing boldly
In as straight a line as may be –
There is no delicate inflorescence

He will not pierce:
Does he, like the bee,
Serve the flower?

He serves right and power...
His frank and genial foot
Will crush you.

You will not feel him permeate
Gently with otherness your tonality...

Give no cause to suspect
Your inattention
To his sufficiently correct interpretation.
He will spy
Danger in you
With his frank and fearless eye.
He will turn
Every stone
To slay you In the forest
By your lair Alone,
Glistening in the warm sun,
Lying along the warm rocks
Listening with your inward ear
To a sound half-heard
Only within your brain.

(Harris, *The Statesman and the Snake*)

Cuidado, serpente, com este
Franco cavalheiro!
Vá embora
Para sua toca silvada; ele
Está ingenuamente entusiasmado para
Modelá-la por você
Toda iluminada
E você, ingenuamente para sonhar
O sonho dele em seu lugar?
Poderia você, você
Odiaria, tal como ele despreza,

Bela víbora ilustre,
Sob seu calcanhar

Em dor contrair; ele caminha ereto
Muito viril,
Seu pensamento segue ereto,
Como a abelha para a dedaleira
Zumbindo corajosamente
Tão reto como uma linha pode ser –
Não há inflorescência delicada
Ele não vai perfurar:
Será que ele, como a abelha,
Serve às flores?

Ele serve às leis e aos pudores...
Seu pé honesto e cordial
Vai esmagar você.

Você não vai senti-lo penetrar
Suavemente com alteridade, a sua tonalidade...

Nenhum motivo haverá para suspeitar
Da sua desatenção
À suficientemente correta interpretação,
Do cavalheiro.
Ele vai avistar
Perigo em você
Com seu sincero e destemido olhar.
Por detrás de todas as rochas
Ele a buscará
Para então matá-la
Dentro da floresta
Na sua toca
Sozinha,
Reluzente ao calor do sol,
Estirada na rocha quente

A escutar com o seu ouvido interior
Um som ouvido pela metade
Dentro de seu cérebro, somente.
(Harris, *O Estadista e a Serpente*)

O batuque das linhas curtas expressa o passo agressivo da bota, e contrasta com a rima prolongada, extensa e feminina *"Glistening – listening"* [Reluzente – a escutar], evocando a música do silvo da serpente e a conexão curvilínea de suas vértebras. O antagonismo estadista-serpente, retratado como um cenário consciente-inconsciente – tal como fizeram muitos autores –, descreve os perigos do ditador benevolente, o cientista de único vértice que tem um cajado e um livro mágicos e que mantém o poder separando Ariel e Caliban, a alma e o corpo, a música e o sentido. Uma figura de um estadista na mente, pelo perigo que representa, reprime os poderes do inconsciente ctónico na sua *"ferny lair"* [toca silvada], incorporando as raízes somáticas da estabilidade psíquica horizontal.

A serpente somática associada é a Bela Adormecida, a ideia subjacente, o sonho-gerador. O enredo do estadista é aquele da censura do sonho real: a mente "interpretativa" (seguramente *"sufficiently correct"* [suficientemente correta]?) que considera a psicanálise como uma forma puramente discursiva, ignorando o dever de conduzi-la como uma forma apresentativa, em que símbolos evoluem em resposta ao *"inward ear"* [ouvido interior] e *"sounds halfheard within the brain"* [sons ouvidos pela metade dentro do cérebro]. Como diz Bion, nossa reação instintiva à ideia Nova é "matá-la" ou "descobrir sobre ela" (1973-1974, vol. I, p. 47). Em vez disso, devemos respeitar as "humildes origens glandulares do pensamento", já que este é o caminho para uma "linguagem que penetra" – um novo "senso comum" (1991, pp. 440, 512).

O que dizer sobre o sonho repugnante ou aterrorizante, o que nós podemos preferir reprimir, em vez de permitir que a sua *"otherness"* [alteridade] *"permeate"* [penetre]? Considerando que

244   A PSICANÁLISE COMO UMA FORMA DE ARTE

os sonhos são a "via régia para o inconsciente", tal como disse Freud, Bion acrescenta que, nesse caso, esses reinos "têm uma qualidade arrebatadora inspiradora" e nos convidam para "abaixo descender" (Bion, 1985, p. 241). Ele recupera os "sonhos aterrorizantes" nas paredes de Lascaux e as cavernas de Elephanta (2005a, p. 49). Estes são os sonhos primordiais relacionados à criatividade do objeto combinado, aparecendo nas formas arquetípicas de caça e sexo. O impacto deles está ligado ao amor, ao ódio, e à admiração, assim como no conflito estético. Byron discorre sobre o despertar de tal sonho:

> Acordei de um sonho! – E, bem! Não terão outros sonhado? – Um sonho como este! – Mas ela não me ultrapassou... Eu não podia acordar – e – Oh!... Estarei eu prestes a ser abalado pelas sombras?... Desde que levantei, sinto uma profunda dor corporal. (Journal, 23 de novembro de 1813; 1974-1980, vol. III, p. 216)

No entanto, essas qualidades perturbadoras ou reverberações somáticas não tornam o sonho antiestético por elas mesmas: muitas vezes o que acontece é o contrário. Sonhos perturbadores – sejam aterrorizantes, felizes ou apenas estranhos – resumem o vértice religioso ou espiritual. A verdade em si mesma, como disse Bion, pode ser "feia e assustadora" (Bion, 1977, p. 32), por isso é de se esperar que a sua representação nos sonhos também possa ser dessa forma, bem como a "feiura embutida" é um elemento necessário das transformações em beleza (Bion, 1991, p. 145). Um urso pode ser um arbusto, disse Shakespeare; o que significa, também, que um arbusto pode ser um urso.

Mais adiante, Meltzer sugere que precisamente a "vivacidade" dos sonhos os torna sujeitos a serem apreendidos "pornograficamente" e atuados (Meltzer, 1983, p. 160), provavelmente como os de Byron, através de sua contínua inquietação. "Ela não me ultrapassou", disse Byron sobre seu sonho vívido, ambivalente em relação a quanto sua poética mulher perseguidora era sedutora ou era mãe, diabólica ou divindade. Se "todo trabalho é sexual em seu significado" (Meltzer, 1973, p. 130),[5] então assim são todos os sonhos – eles nos abalam com sombras. A alternativa a uma leitura pornográfica, que resulta em ação, é ler o sonho esteticamente, absorvendo o impacto do objeto. "Ação", neste contexto, pode referir-se igualmente às formulações verbais; é um movimento psicológico, em vez de literal, e é o oposto da formação de símbolos. Uma interpretação constitui uma ação se ela pactua com um modo pornográfico (excitável) em vez de um modo contemplativo de ver o sonho.

Outro aspecto da congruência simbólica, que poderia parecer confuso, aparece na discussão que Meltzer faz sobre o apaixonado senso de convicção, representado por figuras como Melanie Klein ou Esther Bick, que poderia ser confundido com dogmatismo (Meltzer, 1997a, p. 177). Trabalhar simbolicamente é algo muito vívido, o que também significa que é agradável e interessante. Existe ali a "presença de vida" que, assim como Bion lamentou, parece faltar em tantos artigos psicanalíticos. No entanto, isso pode ser interpretado como uma necessidade tirânica de convencer, e Meltzer descreve como Klein ou Bick podiam mudar de ideia do dia para noite e oferecer uma interpretação bastante diferente para o analisando ou supervisionando desnorteado. Quando inqueridas sobre o porquê, elas responderiam: "Novas evidências". Mediante a sua qualidade realista, a convicção pode ser interpretada como uma ação, mas ela não tem necessariamente essa intenção: pode ser uma expressão do sonho atual do analista relativo ao objeto estético.

A natureza da forma apresentativa é aquela que, em relação à forma discursiva, é tanto mais primitiva em suas raízes, quanto

246 A PSICANÁLISE COMO UMA FORMA DE ARTE

mais sofisticada em suas implicações. Tal como acontece com Caliban e a serpente, é o aspecto primitivo e monstruoso da mente, como o de um peixe, que é mais sensível ao estético e ao espiritual – as canções marítimas de Ariel. O violinista Stephane Grapelli disse que quando estava improvisando ele sentia-se como "alguém metade dormindo... grandes improvisadores são como sacerdotes; eles estão pensando apenas nos seus deuses" (citado em *Sapen*, 2008, p. 247). Quando a música entra no sonho, ele adquire inevitabilidade, como nos versos de Emily Brontë. "Quando o ouvido começa a ouvir e o olho começa a ver." Como disse Bernstein, a música não é nada sem essa sensação de "inevitabilidade", o impulso subjacente de um movimento que não pode ser combatido (1969, p. 30). A ideia musical tem "forma autoritária" (Langer) e, uma vez que é percebida, sua autoridade prevalece assim como o "espírito modelador" da imaginação de Coleridge. É provavelmente o espírito musical, e não a *gestalt* caleidoscópica, que insiste cruelmente na suspensão do símbolo e força o *self* da criança a ingerir o significado da experiência.

Dentro das "tranquilas crisálidas da vida onírica" (Meltzer, 1983, p. 177), respeitando a serpente em sua toca silvada, todos nós podemos nos tornar a substância na qual os sonhos são feitos (*the stuff that dreams are made on*): isto é, o material psíquico no qual deuses internos podem trabalhar, sujeito ao "espírito modelador da imaginação" (Coleridge). Neste sentido, as pessoas são feitas pelos seus sonhos – Sheakespeare quis dizer "em" *(on)*, bem como "de" *(of)*.* Então, poder-se-ia dizer que o objetivo do

---

* Aqui a autora faz referência à expressão *"made on"* na fala anterior de Sheakespeare, em The Tempest: *"the stuff that dreams are made on"*, chamando a atenção do leitor para o duplo significado de *"made on"* (feito em) e *"made of"* (feito de). [N.T.]

processo psicanalítico é o de melhorar a qualidade do sonhar do paciente, não simplesmente por meio da interpretação dos sonhos (uma forma discursiva), mas do re-sonhar os sonhos (uma forma apresentativa ou simbólica). Quando Shakespeare conclui que "As nossas vidinhas são circundadas por um sono", ele não quis dizer simplesmente "encerradas", mas "circundadas", no sentido de esteticamente completadas e contidas, o que significa que reverbera além de si mesmo, levando a um "Mundo novo destemido". Cada passo no sentido do desenvolvimento é uma "vidinha" e seu fim é realmente um novo começo, um "caminhar da Imaginação em direção à Verdade" (Keats, 1970a), assim como é a natureza essencial da posição depressiva. Na forma apresentativa, os aspectos científico-artísticos e terapêuticos fundem-se e unem-se sob O para, simultaneamente, explorar os mistérios da mente e "salvar as crianças perdidas da personalidade de um paciente" (Meltzer, 1973, p. 98). A despedida sheakesperiana do sonhar em *The Tempest* não vem a ser desilusão, mas uma afirmação pungente da mentalidade humana e um modelo para as gerações futuras. Pois, assim como Keats sustentou em *The Fall of Hyperion*, o mundo pode ser salvo pelos sonhos dos seus filhos.

Congruência simbólica

A intencionalidade inconsciente (e consciente) do analista é a chave para saber se a psicanálise está sendo usada apenas como uma linguagem de signos ou como uma de símbolos: a "linguagem de consecução" de Bion (1970, p. 2). É possível imaginar um cenário hipotético em que as mesmas palavras são utilizadas, mas com um significado subjacente diferente. Martha Harris fala sobre a interpretação "possibilitadora" (*enabling*) como sendo distinta da correta, referindo-se a uma interpretação que possibilita que o paciente prossiga ao próximo estágio no seu pensar (Negri &

248 A PSICANÁLISE COMO UMA FORMA DE ARTE

Harris, 2007, p. xiv).[6,*] Se a interpretação psicanalítica é possibilitadora ou dogmática (*end-stopping3*), isso é algo que não está visível para ninguém que não seja o analista, que tem de olhar internamente para "a intenção que ele percebe dentro dele mesmo" (Meltzer, 1995b). Uma interpretação possibilitadora baseia-se na congruência simbólica com o sonho do paciente – algo decorrente da empatia ou do "imaginar dentro" (Keats), da qual poetas trazem tão bons exemplos.

Ao contrário de poesia, sonhos não são primordialmente para a comunicação, escreve Meltzer, mas para a "resolução de problemas" (Meltzer, 1983, pp. 13, 51-70). Inicialmente, a impressão do analista é, provavelmente, de confusão:

> *Nosso primeiro esforço é no sentido da ordenação, pois o material incide sobre nós, enquanto analistas, de uma maneira tão confusa e "sem sentido" quanto no próprio sonhador acordado – provavelmente até mais. Mas esse esforço não é para colocar ordem ao caos do sonho, pois isso tem a sua própria ordem. Em vez disso, procuramos colocar ordem na confusão em nossas próprias mentes...*
> *(pp. 136-137)*

O impacto inicial é aquele de não saber, a tal ponto que Bion descreve o analista estando repetidas vezes na posição de um bebê recém-nascido. Nesse sentido, como poderia avançar um processo que busca estabelecer ordem a nossa própria confusão, e como isso poderia evitar a tentação de nos tornarmos o estadista da "serpentuosidade" própria de alguém e atuarmos na contratransferência com forte repressão?

---

* Verso que termina com uma pausa no final. [N.T.]

A resposta está na busca por congruência simbólica com o objeto estético. Neste caso, como Bion muitas vezes destaca, a "assistência [mais] eficaz" que o analista pode encontrar é proporcionada pelo paciente, seu parceiro na investigação (Bion, 1997, p. 35). Ele compara a busca pelo conhecimento entre duas mentes (ou partes da mente) à pintura do Picasso nos dois lados de uma peça de vidro (1991, p. 465). O sonho contratransferencial precisa corresponder à "dicção poética" (a gramática profunda) do sonho a que está relacionado, a fim de torná-lo "possibilitador". Formar o símbolo da sessão é um resultado da "adequação da atenção do analista à cooperatividade do paciente" (Meltzer, 1986, p. 208), um processo que ele chama de "contrassonhar" (*counter-dreaming*). Um sonho tem de ser *lido* tanto quanto *ter* as suas implicações descobertas; e ler o sonho é diferente de apenas interpretar o seu conteúdo dentro dos termos de uma dada teoria psicanalítica. Os sonhos não são apenas quebra-cabeças a serem decodificados, nem podem ser explicados pelo trauma histórico ou pela sua parceira, a realização do desejo.

"Contratransferência é tudo em psicanálise", disse Meltzer; "A ideia histórica de que você não deve comunicar a contratransferência é uma ilusão. Você está comunicando-a na música da sua voz o tempo todo" (em Oelsner & Oelsner, 2005, p. 458). Por muito tempo, na sequência dos primeiros debates psicanalíticos, Bion sustentava que a contratransferência era, por definição, inconsciente e, portanto, incognoscível, então "fazer uso" dela pertencia ao dualismo repressão – *acting out*.[7] Mas, à luz de sua última e mais estética filosofia, ele percebeu um uso diferente para o termo e referiu-se a ele como uma ferramenta privilegiada do analista para fazer observações (ver, como exemplo, 1977, p. 56).[8] Diante da "escuridão total" de uma nova situação, a primeira coisa que o analista pode ver, com certeza, são as "marcas" que essa situação emocional particular deixou nele mesmo (Bion, 1997, p. 38).

250 A PSICANÁLISE COMO UMA FORMA DE ARTE

Em *Memoir*, ele descreve a caça pela verdade em termos de rastrear um "animal feroz", nunca antes capturado, conhecido como "Verdade Absoluta" (1991, p. 5). A caça psicanalítica pelo significado tem como base a observação desses rastros. A contratransferência constitui uma prova valiosa de que "a situação psicanalítica existe e que é real". Isso é diferente de tentar falar *sobre* a contratransferência (Bion, 1991, p. 515). Como Meltzer diz em *The Psychoanalytic Process*, é a "cilada" das "*atividades* contratransferenciais" (meu grifo) que constitui uma falta de fé psicanalítica (1967, p. 92). A ação verbal na contratransferência é um tipo de sedução ou tirania, que provavelmente toma a forma de pseudoconhecimento ou interpretação moralista. O *sonho* contratransferencial refere-se a outra questão; ele é, de fato, a única maneira de ler o objeto estético do processo analítico.

Keats compara o processo do pensar onírico ao de uma aranha tecendo sua teia de dentro para fora, tornando-se gradualmente mais complexa e espacialmente ousada:

> *Quase todo Homem desejaria o tecer da Aranha dentro dele mesmo, de sua própria Fortaleza rarefeita – são poucos os pontos das folhas e dos ramos nos quais a aranha começa seu trabalho, e ela preeenche o Ar com um belo percurso; o homem deveria estar satisfeito com tão poucos pontos para direcionar a delicada Teia de sua alma e tecer uma tapeçaria empirea – cheia de Símbolos para o seu olhar espiritual, de suavidade para seu toque espiritual, de espaço para suas andanças, de distinção para seu requinte. (carta a Reynolds, 19 de fevereiro de 1818; 1970a, p. 66)*

A Aranha, como a Bela Adormecida no centro da mente, gera "símbolos para o olhar espiritual" em uma rede contida de infinitas possibilidades. Mais adiante, Keats desenvolve sua teia de aranha em um encontro de mentes:

> As mentes afastar-se-iam em direções opostas, atravessariam umas as outras em Inúmeros pontos, e finalmente cumprimentar-se-iam no fim das Jornadas – um Homem velho e uma criança conversariam juntos e o Homem velho seria orientado em seu Caminho, e a criança deixada a pensar... (ibid., p. 66)

O sonho, agora, torna-se o sonho contratransferencial entre as diferentes partes do *self* que "conversam juntas" para seu progresso mútuo, atravessando inúmeros pontos, deixando a criança interior "pensando". Respondendo à tensão da aranha no centro, a criança aprende *como* pensar. É um encontro que ocorre não somente em psicanálise, mas também em outros encontros estéticos na vida, estimulando uma nova maneira de olhar.

Olhar, ler e ouvir, são processos complexos que, como a psicanálise, implicam abandonar as "possessões" intelectuais de memória e desejo por uma total absorção no sentimento presente (Bion, 1970, p. 43). Um tipo particular de atenção é necessário para que a "Ideia subjacente" da situação emocional possa se manifestar, e tem de haver um espaço mental suficientemente flexível e receptivo para apreender a ideia. Não é à toa que "ler" é um daqueles termos que Bion solicita que consideremos com mais cuidado, como "experiência" ou "pensar" ou "saber", a fim de restabelecer o seu valor:

252 A PSICANÁLISE COMO UMA FORMA DE ARTE

É bom ser lembrado pelo poeta Herman Melville de que existem muitas maneiras de ler livros, mas muito poucas de lê-los corretamente, isto é, com reverência. Quão verdadeiro isso também não é no que se refere a ler pessoas.
(Bion, 1985, p. 241)

Como podemos "ler" livros, pessoas, pinturas, músicas, "com reverência" – ou seja, com a ajuda dos objetos internos? Nos parágrafos seguintes, gostaria de traçar alguns paralelos com a função da crítica estética, usando a abordagem do crítico de arte kleiniano Adrian Stokes, a título de um exemplo.[*]

Stokes entendia nossa própria busca pela compreensão de uma obra de arte como se fosse um traçado sobre a própria busca do artista pela finalização estética da obra de arte: nós seguimos os seus contornos emocionais da mesma forma que Keats fez com sua "Urna Grega", absorvido pelo convite dela até, finalmente, devolver-lhe sua objetividade composta. As características transitórias da fixação ao objeto nunca desaparecem, ao contrário, ficam para sempre contidas nas pinceladas, cores, marcas do cinzel, etc., e é esta qualidade de exploração mental que demanda nossa identificação. Ao observar a integração dos elementos artísticos, nós respondemos ao "encantamento" do objeto estético, e nos encontramos "em contato com um processo que parece estar acontecendo enquanto olhamos, um processo ao qual estamos unidos como se fosse a uma alternância de objetos parciais" (1965, p. 26). Ele descreveu esse diálogo projetivo-introjetivo como "envelopamento e incorporação". Assim como Bion e Meltzer,

---

[*] Esta seção é baseada em *"Holding the dream"* (Williams, 1988b) e em *"'Knowing' the mystery: against reductionism"* (Williams, 1986), em que o modo de "congruência simbólica" é diferente daqueles do "behaviorismo linguístico" e "humanismo frouxo" (*softhumanism*).

Stokes enfatiza o "*splitting* não patológico", necessário para criar uma resposta tridimensional para o objeto estético em sua completa plenitude. Os movimentos projetivos são comunicativos e interrogativos, e não onipotentes, concebidos para controlar o objeto.

Podemos observar esse processo do crítico seguindo os movimentos da mente do artista na seguinte passagem:

> *Resta falar da tensão, o contraponto, a união da tempestade com o sol, do desastre com a beleza, da melancolia com a tranquilidade garantida... Mais significante, porém, mesmo nesse caso (enquanto um símbolo cuidadosamente elaborado), as altas e iluminadas velas da gávea, contrastando um céu que desaba em cortinas de chuva de forma fantasmagórica, dividem triangularmente o semicírculo do arco-íris em contraste com a água em primeiro plano, desertos ricos em luz ladeados por montes sombrios de mar, que tombam na direção do espectador, ainda que, ao fundo, pareçam escalar os barcos e o céu que está caindo. O encontro desses movimentos ocorre próximo ao centro da tela, de onde tem-se a sensação de extrair o coração de uma cena tão vertiginosa e tão desértica, ainda que muito diversificada, referenciado pela bujarrona vermelho-rosa no barco à vela mais próximo: nos dois lados as margens verticais inclinam-se para fora e, assim, realçam aquele centro. Tomar consciência de um centro em um grande espaço favorecerá um rencontro de fatores contrários, qual seja o sentido. (Stokes, 1963, p. 76)*

Aqui, a proeza do crítico é seguir o artista no sentido abstrato ou essencial de encontrar um pulsar em comum, pensando *com* o objeto estético. Isso é possível porque ele envolveu-se na luta do artista para alcançar a integridade formal, e desenvolveu uma linguagem descritiva própria para encontrar-se com a luta correspondente da sua própria relação. Ao fazer contato com o símbolo – cuidadosamente elaborado – da forma, e fixando-se no drama entre forças conflitivas que atravessam um "grande espaço", ele finalmente vê-se diante, tal como o artista, do reconhecimento de um "centro" – aqui a bujarrona vermelho-rosa no centro de uma cena "diversificada", como o barco que "concretiza" o mundo. Tal como as forças tangenciais da teia de aranha de Keats, as linhas de tensão dirigem-se para o interior e o centro governante irradia para o exterior. Em vez da sensação assustadora de perda de identidade e de objetos no sentido pictórico normal, que alienou os primeiros espectadores de Turner, o espectador aqui, por meio de um modo de "contenção" de crítica, tem seu *self* sustentado e reforçado, mesmo que no meio do flamejante redemoinho de Turner, no meio do espantoso "grande espaço", assim como Milton no "infinito informe". Ele é ao mesmo tempo o dentro e o fora do quadro; espaço e luz "envelopam a eles e a nós"; "desertos ricos em luz... tombam na direção do espectador" e, em seguida, escalam para cima de novo, governados pelo coração da figura representado pela bujarrona vermelha, que é ao mesmo tempo experimentada como o coração do espectador, como o cordão umbilical dele, ou ainda como a sua ligação-mamilo com o símbolo de arte.

Na conclusão de Stokes: "Ao aceitar sua a sublimidade, e portanto admitir uma experiência de fusão, o espectador reduz-se a uma entidade completa ou separada, mas recupera-se na medida em que assimila a autoinclusão (*self-inclusiveness*) estável do objeto de arte" (ibid., p. 78). Esse drama de identificações é o que o crítico estético pode ilustrar ao espectador; ser puxado para o interior do objeto de arte, de tal forma que a integridade independente do objeto, e a dele própria, é estabelecida. Deste modo, não apenas a forma final da obra de arte torna-se conhecida, mas também o impulso de desenvolvimento da mente do seu autor torna-se introjetado. Essa é a experiência de "beneficência no espaço" (p. 69) – espaço para um evento formador de vida na mente do observador.

Vemos o quanto a mentalidade criativa está contida dentro dos contornos da obra de arte, na sua beleza sensuosa, e é acessada através do apego a sua estrutura formal e do estabelecimento de um diálogo projetivo-introjetivo, "um processo que parece estar acontecendo em nossa perspectiva... ao qual estamos conectados como se fosse uma alternância de objetos parciais" (Stokes, 1965, p. 26). Isso distingue-se do relativismo subjetivo que separa o processo criativo da coisa criada. A abordagem estética de congruência simbólica demanda uma resposta emocional disciplinada para o objeto de arte; é onde o espírito platônico entrelaça-se com a ênfase aristotélica sobre a integridade estrutural de uma obra, no finito mundo do ser. Em relação a estética sofisticada da tradição kant-coleridgeana, o pensar não é aplicado, mas retirado dela. Não é "superinduzido", mas um princípio que emerge de dentro, assim como explica Coleridge:

> *A diferença entre Fabricação e Geração [é que] a última é ab intra, evoluída; a outra ab extra, impressa – a última é sempre representante de algo que não de si mesma... mas a primeira [de] sua própria causa, dentro de si mesma. (Notebooks; 1957, vol. II, n. 2086)*

Nós pensamos *com* a obra, e não *sobre* ela, alinhando-nos com o seu O. Para citar um teórico contemporâneo, "a própria arte informa modos de pensar": "A ordenação estrutural da linguagem... determina a ordem dos pensamentos do leitor... seu valor

256   A PSICANÁLISE COMO UMA FORMA DE ARTE

estético e cognitivo se encontra no poder de criar estruturas complexas de pensamento em nossas mentes (Lamarque, 2004, p. 335).

A vida de pensamentos está contida, como a Bela Adormecida, na "autoinclusão estável do objeto de arte", sempre pronta para ser re-despertada. Tal como Bion afirmou sobre ler Kant, ele não estava em busca de interpretá-lo, mas "eu estou usando os 'conceitos' dele para combinar com as minhas 'intuições', pois desta forma posso reunir um conceito e uma intuição, tornando possível sentir que eu sei o que eu quero dizer" (Bion, 1991, p. 194). Esse tipo de congruência simbólica é análoga à contratransferência analítica.

Assim como Langer, Stokes, Money-Kyrle e outros apontaram, a experiência emocional do artista e do espectador de arte é essencialmente a mesma – a diferença é "primordialmente em grau" (Stokes, 1961, p. 13). Ler a congruência simbólica contribui para uma "nova experiência todas as vezes", escreve Borges; na verdade, "a arte acontece toda vez que lemos um poema" (Borges, 2000, p. 6). O objetivo e o subjetivo, disse Coleridge, estão "em antítese fundamental":

> Todo conhecimento está na coincidência de um objeto com um sujeito... Durante o próprio ato de conhecimento, o objetivo e subjetivo são imediatamente unidos de tal maneira, que não podemos determinar a qual dos dois pertence a prioridade. (Biographia Literaria; 1997, p. 152)[9]

Não obstante o infindável debate sobre estética acadêmica, não há, portanto, contradição no fato de que as qualidades estéticas são objetivamente inerentes à obra e, ainda, só podem vir à tona através de uma resposta subjetiva – desde que ela seja verdadeira. Como diz Pater, "na crítica estética o primeiro passo para ver um sujeito como ele realmente é, é conhecer a própria impressão dele na forma como ela realmente é" (1893; Pater, 2005, p. 1). O julgamento estético tem uma "estrutura comunicativa interna... dessa forma é promovido um diálogo dentro do reconhecimento do espectador em relação à obra" (Podro, 2003, p. 65). Uma resposta pessoal reconhecida é mais precisa tanto em relação ao sujeito quanto ao objeto: "mais fiel às características particulares e específicas de uma obra de arte e, fenomenologicamente, mais verdadeira em relação à profundeza e à diversidade da nossa resposta psicológica" (Maclagan, 2001, p. 117). Tal como Bion diz: "métodos não artísticos de comunicação são menos precisos do que aqueles usados por artistas" (1991, p. 110). Portanto, para os herdeiros da abordagem clássico-romântica, a autocrítica como resposta ao objeto estético é um pré-requisito para ajustar cientificamente a ambas realidades, a interna e a externa.[10]

Como diz Bion, nós "nos maravilhamos com o produto de uma mente como a [de Shakespeare]" (1997, p. 42). É o *produto* que é maravilhoso; a mente do homem a quem chamamos de Shakespeare era o veículo para uma verdade que tinha se tornado alojada nele de uma forma que alcançava muito além da sua consciência comum. No entanto, Bion nos lembra, a maioria das pessoas depende que os atores interpretem uma peça de Shakespeare para que possam trazê-la à vida. A mesma coisa é quase sempre verdadeira para a música e para a poesia: podemos precisar de um mediador para performar ou demonstrar a evocatividade delas antes de se tornarem um sonho que nos seja próprio. A vida está dentro do objeto, mas não se pronuncia automaticamente, como Keats mostrou com a Urna. O objeto de arte não é nem um brinquedo particular para a fantasia onipotente, nem um segredo cujo conhecimento pode ser descoberto por meio de alguma hermenêutica inteligente. É um mistério, não um enigma, e é isso que o

258 A PSICANÁLISE COMO UMA FORMA DE ARTE

torna propício e gerador de sonho. A análise acadêmica incentiva o modelo do enigma e procura por respostas ou diagnósticos por meio de sistemas de signos discursivos; ouvir a música ou a poesia interior incentiva o modelo do mistério, e depende do modo projetivo-introjetivo inquiridor-receptivo da congruência simbólica – em outras palavras, tem de ser uma forma de arte em si. E estes dois modos – o discursivo e o simbólico – têm seus equivalentes correspondentes na prática psicanalítica.

Bion e Meltzer deram cada vez mais destaque à "profunda gramática musical" do diálogo psicanalítico e também à capacidade negativa, necessária para elevar a sensibilidade das suas comunicações. Juntamente com a técnica, isso constitui o método ou arte psicanalíticos, e leva à "linguagem de consecução" (Bion, 1970, p. 125). Ler a profunda gramática implica levar em consideração questões como intuição, postura, nuance, e ressonância, "temperatura e distância" (Meltzer, 1994d), o equilíbrio entre "rotina e interpretação inspirada" (Meltzer, 1994e). Bion diz que sua "elevada prontidão para perceber qualidades não verbais" permitiu que a situação analítica se tornasse mais "realista" (1977, p. 17). A interpretação, em vez de ser uma estrutura bidimensional de pareceres, pode ser usada de uma forma mais flexível e complexa, de modo que os símbolos possam surgir a partir do centro espiritual do próprio fenômeno emocional. Meltzer fala das "interpretações ruminativas" iniciais ou originais, cujas funções são a de "facilitar o surgimento" do material, em vez de definir seu significado. Além disso, e estendendo a questão, é a "função poética" (ele continua), que "encontra os meios metafóricos para descrever o mundo interior através das formas do mundo exterior" (Meltzer, 1994d, p. 377).

"Eu me pergunto o que fazer quando quero chamar a atenção de um analisando para um padrão", indaga Bion (1991, p. 227). O padrão é o símbolo que está emergindo entre as duas mentes dos participantes. Para que o símbolo da sessão tome forma, o sonho do paciente e o contrassonho do analista precisam trabalhar em reciprocidade. Entre as analogias artísticas que possam representar isso, está o "dueto" do melodista e do contrabaixo no jazz, que foi descrito por Daniel Sapen. Sapen escreve que os músicos de jazz "sonham coletivamente novas estruturas... que sustentam e elaboram a estrutura da peça", ao seguir os contornos emocionais em um espaço de ressonância. A transferência-contratransferência pode ser vista como "um encontro de ritmos que buscam ou que resistem a uma melodia" (Sapen, 2008, p. 302).[11] Nesse contexto, Bion descreve sua própria experiência com a Sra. Klein, em termos de uma ligeira falha de ajuste, como se não estivessem, precisamente, sempre no mesmo comprimento de onda:

> *Ela tentou transmitir-me as suas interpretações do material, pelo qual seus sentidos a fizeram consciente. Mas para que fossem eficazes, seus métodos dependiam da minha receptividade... Deve haver algo ou alguém disposto a receber. (Bion, 1985, p. 68)*

Ele não está atribuindo culpa a nenhum dos parceiros, mas apontando para uma falta de congruência naquele momento, que mais tarde foi reparada por meio do re-sonhar interior, de uma forma que, em última instância, ajudou-lhe a formular uma tensão reverberadora entre diferentes vértices, tais como O ou "amor apaixonado".

O poeta John Donne chama essa busca por ressonância musical interior de *"tuning the instrument"* [afinar o instrumento] da mente:

260 A PSICANÁLISE COMO UMA FORMA DE ARTE

Since I am coming to that Holy room
Where, with thy Quire of Saints for evermore,
I shall be made thy Music; as I come
I tune the Instrument here at the door,
And what I must do then, think here before.
(Donne, Hino a Deus na minha enfermidade)

Já que vou àquele quarto Sagrado
Onde, para sempre, com teu Coral de Santos,
Farei tua Música; enquanto venho
Afino o Instrumento aqui na porta,
E o que eu devo fazer depois, já penso aqui.
(Donne, *"Hino a Deus na minha enfermidade"*)

Aparentemente sobre a morte, essas linhas na verdade são sobre a vida e o quarto-de-pensar, no qual corpo e alma são afinados em sintonia com O e transformados em sua música. Elas descrevem o processo análogo de "abandonar-se" à psicanálise:[12] "Se os analistas podem se abandonar à análise nas sessões psicanalíticas, estão em uma posição de recordar a experiência em tranquilidade, para compreender suas experiências enquanto parte de um todo maior" (Bion, 1992, p. 285). Isso, diz ele, é quando o par analítico começa a "participar na evolução da análise" (ibid., p. 287). É um tipo de "amor apaixonado" que instiga o processo de "tornar-se". A mente torna-se o instrumento do processo estético de "contrassonhar": "Como é que [o analista] sabe do que ele está falando? Ele não sabe – ele é "contrassonho"; ele, de fato, abandonou o "pensar" (ciência) pela intuição (arte, poesia): a tradição verbal de Homero" (Meltzer, 2005b, p. 182).

Na verdade, como Meltzer diz em outro lugar, esse jogo poético entre o domínio e o instrumento para investigação faz da psicanálise "a ciência perfeita" (1983, p. 164), e, como diz Bion, é o que permite a descoberta de novas "configurações revelando outros, e ainda mais aprofundados, grupos da teoria" (Bion, 1992, p. 285). O analista, na verdade, não abandonou o pensar; ele abandonou um tipo de pensar por outro: o abandono para o processo psicanalítico.

Objetos em comum

Bion, muitas vezes, adverte-nos que o sonho que o paciente traz não é o que ele teve na noite anterior: quando teve aquele sonho, estava em um lugar diferente e era uma pessoa diferente. Por ser um analista, diz, ele é bem treinado na interpretação onírica: o único problema é: "qual era o sonho?" (2005b, p. 46). Na altura em que é relatado, ele já foi transformado, não só porque passou a assumir uma forma verbal, mas porque ao fazer isso, seu significado teria sido refinado ou ofuscado – teria dado um passo para cima ou para baixo na Grade do pensar. Isso está de acordo com as investigações filosóficas sobre a natureza da memória (ver, por exemplo, Ricoeur, 2004). Sendo assim, o sonho psicanalítico relevante é aquele que é gerado durante a sessão e que se relaciona com a sua realidade fundamental, sua Bela Adormecida. O modelo do processo psicanalítico deslocou-se daquele de "interpretar" sonhos para o de "ler" sonhos para "sonhá-los" em um estado de reverência, como em outras formas de arte.[13]

Intuitivamente, o artista reconhece formas simbólicas de sentimentos e os símbolos passam a existir como resultado da comunicação entre mentes. Esses são os vértices ou coordenadas que sustentam a experiência de observação, na medida em que o númeno se aproxima do fenômeno. Somente quando a ideia subjacente pressiona a interface entre os dois vértices – a cesura, ou sinapse (Bion) –, é que são configuradas as tensões que demarcam

262 A PSICANÁLISE COMO UMA FORMA DE ARTE

o conflito emocional. Estas, então, aguardam por uma resolução potencial através do objeto estético – o processo. Bion diz que, "em uma situação analítica, há o analista, um paciente e um terceiro que está assistindo – sempre" (2005b, p. 19). Ele enfatiza a necessidade de "identificação" com esse terceiro, que é outra forma de dizer que eles precisam se alinhar com O – a ideia subjacente ou realidade básica da situação – através de uma "suspensão voluntária da descrença" (Coleridge). Considerando ou não O representando o "objeto" ou, de forma mais abstrata, o mundo platônico das ideias, é sempre o objeto interno que é o primeiro receptor desse conhecimento. Meltzer diz que o trabalho analítico é realizado "através da transferência dos objetos internos que nos permite parecer estar desempenhando funções para o paciente que são essenciais para o desenvolvimento do seu pensar" (citado por Williams, 2005a, pp. 437-438). Ele diz que o par analítico visa uma "congruência" nas suas fantasias (Meltzer, 1983, p. 46), de modo que – assim como ele afirmou, muitas vezes, nos anos posteriores – possa existir uma "conversa entre seus objetos internos". Que tipo de conversa é essa?

Ao tentar descrever essa terceira dimensão de identificação com um observador que está, de certa forma, além do analista e do analisando, o paralelo musical é frequentemente solicitado para contribuir na formulação. Devemos permitir a "música da humanidade" (*Tintern Abbey*) de Wordsworth dentro do consultório, diz Bion – ou pelo menos "um pouquinho dela" (2005a, p. 74). A dimensão musical de qualquer forma de arte é, muitas vezes, o segredo para a forma como ela comunica seu significado "inefável", a Bela Adormecida do seu espírito. Como celebremente disse Walter Pater, "Toda arte aspira à condição de música" (Pater, 2005, p. 90). Na música, diz Langer, é a "matriz musical" que articula todos os diferentes elementos da harmonia e do contraponto, para realizar sua ideia subjacente. Bion questiona sobre como é que podemos fazer contato com essa Bela Adormecida ou com o oráculo de Delfos: "É essa voz, de alguma forma, audível?" (Bion, 1977, p. 37). Contudo, a "cura pela fala" verbal e a natureza visual dos sonhos ofuscaram as ressonâncias musicais na psicanálise. Se aprendermos a observar e apreciar essa música oculta, nos tornaremos melhores criadores-de-símbolos e menos dependentes dos sistemas de signos.

Atrair objetos em comum é muito mais uma função da *música* da transferência-contratransferência, e são os objetos que de fato regem essa música. Para ilustrar o tipo de consonância que pode ser esperada:

> *For friendship there must be a like reaction;*
> *A consonance, let's say, in the perception of beauty;*
> *Two hearts vibrate when the lute-player passes;*
> *And also, difference, which the stranger gives us,*
> *A separate strength for the hand to offer.*
> *Then, far apart, to the strange note sounded,*
> *Friends stir in memory like tuned strings.*
> (Harris, "A note with The Silent Traveller", unpublished)

> *Para que a amizade aconteça, deve existir uma reação parecida;*
> *Uma consonância, digamos, na percepção da beleza;*
> *Dois corações vibram quando passa o tocador de alaúde;*
> *Mas também, a diferença, que o estranho nos concede,*
> *Uma força independente a ser oferecida pela mão.*
> *Então, distantes um do outro, diante da estranha nota soada, Amigos*
> *remexem na memória como cordas afinadas.*
> (Harris, "Uma nota com
> O Viajante Silencioso", não publicado)

Em psicanálise, pode demorar até que a relação entre duas mentes possa ser experimentada como algo parecido a uma "*friendship*" [amizade]; no entanto, os dois parceiros sabem que

264 A PSICANÁLISE COMO UMA FORMA DE ARTE

estão buscando esse objetivo, traçado por um *"stranger"* [estranho]
além deles mesmos: é a O-reverência, uma *"strange note"* [estranha
nota] que afina os vértices das duas mentes em direção ao conhecimento perdido do bem platônico.[14]

Nessa reciprocidade, ou *"consonance"* [consonância], encontram-se as condições para corrigir equívocos e erros que bloqueiam
os nossos olhos e ouvidos para essa música da humanidade. Bion
chama isso de entrar em contato com "esse outro *self* invisível" (1997,
pp. 121, 123) ou *"at-one-ment"* – "duas mentes se tornando uma" (p.
121). Essas mentes também podem ser aquelas do artista e do leitor de
arte, ou (no caso de artistas criativos) duas partes da mente, tal como
o *self* e o objeto interno que fala através de uma obra de arte – pois há
sempre um elemento de contratransferência nessa aparente unificação, a experiência de uma tensão recíproca, que tradicionalmente tem
sido mais frequentemente expressa no gênero da poesia de amor. No
famoso conceito metafísico de Donne (que em si não é original):

> *Our two souls therefore, which are one,*
> *Though I must go, endure not yet*
> *A breach, but an expansion,*
> *Like gold to airy thinness beat.*
>
> *If they be two, they are two so*
> *As stiff twin compasses are two,*
> *Thy soul the fixt foot, makes no show*
> *To move, but doth, if th'other do.*
> (Donne, "A Valediction: Forbidding Mourning")
>
> *As duas almas, que são uma só,*
> *Embora eu deva ir, não sofrerão*
> *Um rompimento, mas uma expansão,*
> *Como ouro reduzido a aéreo pó.*

Se são duas, o são similarmente
Às duas duras pernas do compasso:
Tua alma é a perna fixa, em aparente
Inércia, mas se move a cada passo
(Donne, "Em Despedida: Proibindo o Pranto".
Tradução de Augusto de Campos)

O caso de amor psicanalítico é com o método (Meltzer & Williams, 1988, p. 23), mas depende das duas pernas do compasso, e atinge a sua realização mais harmônica durante o processo de desmame, que é uma forma de luto mútuo, uma *"valediction"* [despedida].

Meltzer (1967) diz que, na "história natural" do processo psicanalítico, a busca por objetos em comum começa ao se perceber e descartar a "transferência pré-formada" do paciente, ou seja, as preconcepções do processo trazidas por ele, uma versão da "memória e desejo" de Bion ou da "fantasia" de Coleridge, enquanto distinta da "imaginação". Trata-se de um devaneio (às vezes, tirânico) que impede a autenticidade da comunicação transferencial e da imaginação verdadeira. Langer descreve como, no modo "devaneio" de ouvir música tranquilamente, o ouvinte é arrebatado pelo seu próprio *petit roman*, não deixando "nenhuma percepção musical, nenhum sentimento novo, e, de fato, nada escutado" (Langer, 1953, p. 167). Este não é um problema de compreensão, no sentido de conhecer-sobre, pois os elementos estritamente *musicais* são algo "que qualquer criança pode ouvir", e devem ser distinguidos da "análise lógica de pontos técnicos". Criança e adulto são igualmente capazes de devanear, ou de ter o tipo de escuta atenta que é "pensar a música" e que desenvolve a personalidade. A "atividade primária musical", diz Langer, é ouvir (ibid., p. 148); assim, a qualidade de ouvir é um indicativo da qualidade de aprender. "Pensar a música" significa que o compositor, o intérprete e o público, todos ouvem

266   A PSICANÁLISE COMO UMA FORMA DE ARTE

a uma ideia subjacente que está além deles mesmos, *"stirring in memory like tuned strings"* [remexendo na memória como cordas afinadas] (Harris). Aqui, *"memory"* [memória] sugere a distância psíquica que é alcançada como resultado do conflito estético ser "filtrado": assim, Langer diz, o público não experimenta "alegria ou tristeza, mas a pungência de cada um e dos dois" (Langer, 1942, pp. 222-223). Isso resulta em harmonia – o *"at-one-ment"* de Bion.

Os *insights* da psicanálise, diz Bion, ocorrem na "fala psicanalítica", não no "falar sobre psicanálise". Porém, muitas vezes, o verdadeiro conflito é "silencioso", como resultado do conhecimento excessivo (Bion, 1963, p. 55). A "fala psicanalítica" é a música psicanalítica. Ela baseia-se em um estado de mente "polivalente", ao invés de "monovalente" (Bion, 1977, p. 25), alcançando notas e acordes com os quais se liga e identifica. Nem Bion nem Meltzer declaram qualquer talento musical particular (na verdade, no sentido habitual do termo, ambos recusam qualquer um), embora os dois considerem a inspiradora música da transferência como tendo importância primordial, e estejam conscientes de que ainda há muito a ser investigado aqui, se tivermos as ferramentas para fazê-lo. Em seu artigo *"Temperature and distance"* (1976; 1994d), Meltzer enumera alguns dos fatores significativos empregados na voz da fala do analista para "modular" a emotividade – tais como tom, ritmo, chave, volume e timbre (p. 377). Em outro lugar, ele fala da "resposta harmônica" contratransferêncial (1983, p. 164), cuja "música" é "meramente o que o paciente ouve; o que ele ouve do significado através da interpretação é um tanto secundário" (em Oelsner & Oelsner, 2005, p. 458). O "dueto" empreendido com o paciente tem "seu próprio ritmo e cadência, como o cantor ou a gaita de foles" (Meltzer, 2005b, p. 181), enquanto Bion, na sua tentativa de tornar vívido o tipo de ignorância frutífera que novos conhecimentos podem penetrar, fornece uma memória musical própria:

O mais próximo que posso chegar dela é, provavelmente, o tipo de coisa que os músicos conhecem e têm desenvolvido de forma bem sucedida. Eu me lembro de ter visto alguma espécie de animal em um zoológico quando eu era muito pequeno: estava chacoalhando seus chifres nas barras da jaula. O curioso sobre essa criatura foi que ela continuou de forma completamente rítmica... (1997, p. 31)

O "adulto muito perspicaz" que lhe acompanhou nessa "peculiar" e pequena aventura concordou que ali havia "um ritmo estabelecido que poderia ser registrado". Os interstícios desse recipiente estão preenchidos por uma música primitiva. Eles são os furos no conhecimento existente através dos quais o espiritual pode encontrar uma via. Tem afinidades com a conhecida metáfora da alma-em-corpo, e também evoca a imagem de um bebê em um berço (recordemo-nos que Bion era fascinado pela capacidade de gritar da sua irmã mais nova). Assim como o ritmo e a métrica no verso, seria isso restrição ou aprisionamento? Pois, tal como Bion menciona em outros lugares, as "regras aceitas" para um poema podem tanto reprimir como proteger o "gérmen crescente" da sua vida interior (1985, p. 55). Aqui, Bion conclui suas lembranças ao notar: "ainda estou afetado por esses comunicados rítmicos". Talvez o "adulto altamente perspicaz" que o acompanhou ao "zoológico psicanalítico" (forma como ele o chama em *Memoir*) foi o primeiro analista interior de Bion – ou seja, um dos primeiros colaboradores para o seu objeto combinado. Como diz Meltzer, o sonhador é o pensador: o analista é meramente o compreendedor do seu pensamento.

Às vezes, a música do significado pode consistir simplesmente na sua "reiteração monótona" (Bion, 1980, p. 45). Nada poderia ser menos agradável ao ouvido externo, mesmo que o analista à procura do significado possa encontrá-lo aqui. A Ideia subjacente da

268 A PSICANÁLISE COMO UMA FORMA DE ARTE

comunicação pode consistir nessa mesma repetitividade – pode ser o som da sinceridade.[15] Bion queixou-se de que, nos seus próprios ensinamentos, sentia ter de compensar através da quantidade (repetindose) o que ele não podia transmitir através da qualidade poética. Mais uma vez, ele dá um exemplo de um gago desconexo que, como uma banda de um homem só, produziu um "padrão de som... a partir de diferentes partes da sua anatomia", cada uma com uma personalidade, como uma pessoa real, e todas... ambiciosas para fazer uso da sua fonação" (1977, p. 18). Nesse caso, a gramática profunda, ou o espírito poético subjacente, assumiu algo da qualidade de uma performance. Talvez seja um prelúdio para o que ele chama de a "balbúrdia"* do seu diálogo interior com o gago, em *Memoir*: o poeta lutando para escapar e atingir o "debate disciplinado". Na verdade, ele comparou o *Memoir* a uma composição musical escrita sem a armadura de clave (1991, p. ix). Toda uma orquestra de relações objetais internas subjaz à música do processo psicanalítico.

Onde há música, no entanto, há também "antimúsica", ou uma categoria do antipoético: como nos latidos de um Hitler, compostos por elementos-beta que se encontram "fora do espectro do pensamento" (1977, p. 23), ou "o clamor das guerras entre gangues" emitidos por grupos externos – o "clamor selvagem que abafou tanto a harpa quanto a voz" de Milton ("Paradise Lost", VII: 36). Assim como Bion indaga, no contexto de tentar dar sentido à morte da sua primeira mulher no parto: será que houve algum tipo de antimúsica nas invisíveis ondas de pressão que envolviam esse evento?

> *Como se sentiria um maestro sensível, se Deus, ou o Destino, ou o Diabo o condenassem a elicitar, eternamente,*

---

* No original "Bedlam", que foi um hospital psiquiátrico em Londres. A palavra remete à loucura e ao caos. [N.T.]

uma resposta harmoniosa de uma orquestra de tom surdo,
maliciosa, instrumentalmente armada? (Bion, 1985, p. 62)

Esse tipo de antimúsica, representada por poetas como o "assassino-de-poesia" (ver Williams, 1982), em que os instrumentos musicais tornaram-se um arsenal de armas, distingue-se da significativa repetitividade descrita acima. É diferente, também, da falha de ajuste que Bion descreveu ao refletir sobre seu tempo com a Sra. Klein. Um paciente pode trazer um instrumento musical em vez de uma arma, tal como um "grito" (1977, p. 44); ou, de uma forma mais sofisticada, usar o poder do seu instrumento para tentar subverter o processo psicanalítico, como o pianista que não podia respeitar a "disciplina" das mínimas condições do analista (1997, p. 45). Estas, literalmente, não incluem ouvir música de piano; isso constituiria somente uma fuga do meio verbal adequado que, tal como diz Meltzer, atua como uma "estufa" – no sentido da horticultura – para o crescimento de símbolos (1986, p. 81). Até mesmo um músico consagrado pode usar seu talento para bloquear seus ouvidos para a distinta música do processo psicanalítico, que, como diria Keats, é certamente uma *"ditty of no tone"* [música sem tom], ou Harris, *"a sound half-herd / Only within your brain"* [um som ouvido pela metade / Apenas dentro seu cérebro]. Em termos neoplatônicos, é a inaudível música das esferas. A música bem tocada ainda pode ser uma obscura ou "excrementosa cobertura" de mentiras, como disse Blake – uma projeção precisando ser expelida. O analista pode deixar-se levar por um erro de gênero ao emprestar a roupagem de outras formas de arte, a fim de evitar o estresse da arte da psicanálise; há muitas possibilidades de equívoco. Mas, uma vez que o clamor de antipoesia com suas projeções intrusivas tenha sido diminuído: "À medida que meus ouvidos acostumaram-se ao silêncio, pequenos sons tornaram-se mais fáceis de ouvir" (Bion, 1977, p. 22).

Uma nota sobre terminologia

Bion diz: "Um poeta de verdade é capaz de usar uma linguagem que é penetrante e duradoura. Eu gostaria de usar uma linguagem que fizesse a mesma coisa" (Bion, 1980, p. 60). Ele e Meltzer frequentemente lamentavam a inadequação da linguagem discursiva para transmitir a música psicanalítica – em trabalhos clínicos, pelo menos. Mas, na clínica particular, como poderia uma linguagem evoluir de uma forma suficientemente sugestiva para alcançar além do que o analista já sabe, de modo a unir-se aos poetas na obtenção de um valor cognitivo que "transcende a experiência passada dos intérpretes" (Langer, 1953, p. 390)?

Em alerta contratransferencial para com a presa, observando com "vigilância noturna", o telefone da noite toca:

Phone's bell showers ice cold drops over darkness.
Gasping from night's pool it shakes out night in our eyes.
Someone answers: like rain in gusts intelligence of pain spits, flits
across ether: is known.
So, in the night of day rarely, rarely, beauty startles and we obey
(Harris, "The Night Phone")

A campainha do telefone derrama gelo gotas frias sobre a escuridão.
Ofegante da noturna piscina treme noite em nosso olhar.
Alguém responde: como a chuva em rajadas a inteligência da dor
garoa, voa em rasante através do etéreo: está o sabido.
Então, na noite do dia raramente, raramente, a beleza assusta
e nós obedecemos
(Harris, "O Telefone Noturno")

Tal como a arte, a psicanálise começa identificando o ponto de dor, a turbulência. A beleza – assim como a dor – *"startles"* [assusta] com sua *"intelligence"* [inteligência], voando rasante através do etéreo para dentro do domínio da sensação, como no "maravilhamento" *(amazement)*[16] ou na intersecção bioniana entre fenômeno e número. Ela ressoa como os zumbidos dissonantes e fragmentados de uma campainha em um hospital de guerra.[17] Uma vez que tenha penetrado a consciência (a *"night of day"* [noite do dia]), a nossa resposta tem a inevitabilidade de uma cadência perfeita: *"and we obey"* [e nós obedecemos]. A ideia foi *tida*. Contudo, "ao transformarmo-nos em receptores", diz Bion, "estamos assumindo um grande risco":

> *Pelo que sabemos do universo em que vivemos, parte da informação pode ser extremamente indesejável; o som ou sinal que recebemos pode não ser do tipo que queremos interpretar, diagnosticar, ou experimentar penetrar essa "coisa" (1980, p. 60).*

É por esse motivo que a psicanálise precisa adquirir um equivalente poético da maneira com que Shakespeare, por exemplo, "amarra junto palavras comuns, de uma forma que faz as coisas vibrarem dentro de incontáveis gerações de pessoas. Por quê? Como isso é feito?" (ibid.). Essa é a linguagem de consecução, penetrante e duradoura.

Bion não quer dizer que os analistas precisam, literalmente, falar ou escrever poesia, mas que precisam seguir ouvindo a música ou a poesia psicanalítica, a sua forma dominante ou ideia subjacente; é a qualidade dessa experiência que os poetas ajudam a definir. O primeiro passo para uma linguagem de consecução é *prestar atenção* à maneira como nós usa mos as palavras. Bion, repetidamente, adverte-nos de que não devemos usá-las como se fossem as "coisas-em-si" que elas meramente denotam, e de que

272 A PSICANÁLISE COMO UMA FORMA DE ARTE

precisamos encontrar formas de restaurar significado às palavras desgastadas, tais como "básica" e "fundamental" – como em "realidade fundamental". Precisamos perguntar: será que essa forma de usar as palavras "assemelha-se a vida", assim como a pequena rua de Vermeer? Na visão estética da psicanálise, o analista "constrói uma história" (Bion, 1973-1974, vol. I, p. 32) por meio do seu sonho contratransferencial, de tal forma que, para além disto, está vislumbrada a evolução do método psicanalítico enquanto objeto estético.[18]

Muitas palavras-chave perderam valor devido ao uso: fé, crença, imaginação, inspiração, transcendência, amor, ódio, pensamento, sentimento, significado, realidade – tudo pode ser desvalorizado tanto pelo excesso do uso casual quanto pelo excesso de dissecação, numa preocupação mortífera. Porém, simplesmente substituir uma palavra por outra não torna uma formulação mais precisa, raramente é esclarecedor atacar uma palavra a fim de obter mais significado dela, ou nela. Até certo ponto, é possível usar as palavras tanto com um significado ordinário quanto com um significado especial e profundo, de acordo com o contexto da ocasião – tal como na significativa expressão de Bion, "aprendendo da experiência". Aceitamos isso naturalmente no discurso, o que, por si só, não configura um problema. Na verdade, segundo o autor, culpar a dificuldade de colocar os sentimentos em palavras pode ser uma fuga das mínimas condições necessárias de funcionamento. Isso depende, como sempre, da intencionalidade interior e do grau em que as palavras estão funcionando simbolicamente, ou se estão apenas operando como sistemas de signos. Pois, em princípio, "Qualquer coisa que pode ser dita, pode ser dita claramente, poeticamente" (Meltzer, 2005a, p. 422).

Uma das tentativas de Bion para resolver o problema da "banalidade" (como ele dizia) era o uso que fazia dos símbolos matemáticos e dessaturados em vez de palavras saturadas e desvanecidas.

MEG HARRIS WILLIAMS 273

Mas isso apresentou desvantagens, talvez de forma mais notável na estimulação de uma mentalidade enigmática nos seus espectadores; ela visava encorajar a perspectiva de que o objeto estético era um segredo a ser decodificado, e não o "coração do mistério" de Hamlet. Outra solução é inventar neologismos unindo sílabas, trocadilhos e pedaços de palavras. E alguns neologismos, obviamente, foram adquirindo "durabilidade", um termo que Bion associa à validação estética. Termos como "estética" e "símbolo", nos tempos dele, eram neologismos, e as suas raízes clássicas deram-lhes elegância. Bion cita Klein, concordando quando ela diz que "psicanálise" era uma palavra feia, "mas disponível" (1980, p. 59).[19] A mesma coisa se aplica a termos feios de Klein, tais como "posição depressiva", "esquizoparanoide" e "objeto", que poderiam muito bem ter sido substituídos por "humildade", "arrogância" e "divindade"; estes ainda não foram saturados ao ponto de ninguém dar-lhes atenção em seu novo contexto psicanalítico. No entanto, eles também adquiriram durabilidade como resultado de sua utilidade, e como diz Borges, temos que usar a mitologia feia dos nossos tempos – palavras como "subliminar" e "subconsciente" em vez de "musas ou o Espírito Santo" (Borges, 1969, p. 10). Ou, como Bion diz, "eu deveria estar lidando com a psique. Não a alma exatamente – que era o trabalho do Setor do Capelão – apenas a psique, se é que você entende o que quero dizer (porque eu não)" (1985, p. 47).

A outra solução, no entanto, para o problema de terminologia, proporcionada por Bion e Meltzer (ver 1983, p. 102), não era inventar neologismos, mas tentar restaurar sentido às nossas belas palavras já existentes, usá-las de uma forma significativa. Certamente, Bion restaurou uma aura socrática à palavra "ignorância", como o ponto de partida para qualquer jornada rumo ao conhecimento que seja baseada nos "fatos de sentimento". Temos sorte de ter uma longa tradição de pessoas que sabiam como usar as palavras de tal forma que o significado emanava delas. Nós não precisamos ser

274 A PSICANÁLISE COMO UMA FORMA DE ARTE

capazes de escrever poesia, apenas de lê-las. A leitura é a atividade primária na poesia, assim como escuta é a atividade primária na música, e o olhar é a atividade primária na arte. O problema é o de redirecionar a atenção de volta para "*where all the ladders start / In the foul rag and bone shop of the heart*" [onde toda escadaria começa / na loja de osso e trapo de emoção]* (Yeats, "*The Circus Animals' Desertion*"), e então aprender a "dizer o que sentimos, não o que devemos dizer" (Shakespeare, *Rei Lear* V.iii.: 324). Se bebemos da fonte dos poetas podemos melhorar a nossa recepção da autêntica música psicanalítica. E então, a conversa entre objetos produzirá o símbolo onírico.

Considerando a diferença entre poesia e filosofia, Keats dizia que, embora o poeta tivesse "olhos de águia", "uma águia não é uma coisa tão boa quanto uma verdade". Mas também dizia que não podemos "atingir uma verdade tentando fazer isso".[20] A característica da mente relativa a águia é o que Bion chama de "atenção". É o que Langer chama de "lucidez", ou Coleridge de "translucidez" ("o brilho eterno através do temporal"), uma forma de falar que evoca uma aura de um significado para além da sua superfície, no sentido literal. O rouxinol canta na próxima clareira do vale, sem ser ouvido, mas compreendido e repleto de potencial para o futuro. Se podemos aprender a prestar atenção às qualidades poéticas da língua, nossa própria expressividade poética será reciprocamente reforçada e existe a possibilidade de uma intersecção entre a águia e O.

Uma das imagens de Bion para essa intersecção foi a do cortador de diamante. Meltzer a cita no contexto de uma comunicação pessoal com Bion:

---

* Tradução de Edson Manzan Corsi.

Bion escreveu-me uma gentil e interessante nota quando mandei-lhe o artigo ["Reversal of alpha-function"], referindo-se a minha frase, "caminho estético (belo?)": "Neste ponto eu usaria um modelo, relativo ao método do cortador de diamantes para cortar uma pedra, que é tão preciso que quando um raio de luz entra na pedra é refletido de volta pelo mesmo caminho de uma tal maneira que a luz é ampliada – a mesma 'associação livre' é refletida de volta pelo mesmo caminho, mas com o 'brilho' ampliado. Assim, o paciente é capaz de ver o seu 'reflexo', só que de uma forma mais clara do que a que ele consegue quando a expressa somente por si (isto é, sem um analista)". (Meltzer, 1986, p. 121)

Na verdade, Meltzer já havia usado anteriormente a metáfora do corte de diamantes, de forma um tanto independente de Bion, em relação às crianças autistas e ao que ele aprendeu com elas no que se refere às origens da mentalidade artístico-científica. Ele percebeu-se "muito impressionado" com o uso das "linhas naturais de clivagem", e viu nelas "o segredo da resiliência do ego" (Meltzer, 1975, pp. 241-242). Através dos seus estudos sobre autismo, descobriu que determinados mecanismos de defesa também podem ser utilizados como mecanismos de crescimento. É o vértice religioso que descreve em palavras a qualidade da injúria – a nova Ideia "rastreando" seu caminho através do corpo de conhecimento existente (Bion). No entanto, Bion enfatiza que os raros "momentos de iluminação" precisam estar fundados sobre essa base de conhecimento adquirida laboriosamente: "A pessoa deve ter sido submetida à disciplina necessária para a aquisição de conhecimento; depois disso, existe a possibilidade da sabedoria" (Bion, 2005b, p. 34). Outra de suas ilustrações para esse "rastrear" de ideias

276 A PSICANÁLISE COMO UMA FORMA DE ARTE

através de um indivíduo ou de uma comunidade é emprestada de *Lycidas*, de Milton, em que o desaparecer e o reaparecer do curso do clássico rio Alfeu é usado como uma metáfora para a inspiração poética: "Retornando ao problema de como as ideias fazem para trilhar o seu caminho, como Alfeu, sem serem vistas, ouvidas ou observadas: estaríamos nós suficientemente treinados?" (ibid., p. 36).

Pois precisamos usar palavras cortantes como os poetas e não oleaginosas como os políticos, palavras que, em sua capacidade de evocar reciprocidade estética, vão direto ao caminho da Ideia preexistente. Não conseguimos fazer isso, é claro. Mas é possível que tenhamos a expectativa de que, se conseguirmos localizar o ponto da dor mental e tocá-la levemente, as palavras irão rastrear seus próprios caminhos junto aos grãos:

There is
an active Principle
in them; Which is
not giving,
Is not receiving;
Is not the forcive
Nor the passive lust;
Which forgives tolerance
And indignation;
Is river and bed:
It is the needle
Point and thread, piercing
All receiving all;
Is identical Imagination.
(Harris, prologue to *Sonnetinas*, unpublished)

Há um princípio
Ativo nelas;
Que não é doar,
Não é receber;
Não é a luxúria forçada
Nem a passiva;
Que absolve a tolerância
E a indignação;
É rio e cama:
É a agulha
Ponto e linha, perfurando
Todos recebendo a todos;
É imaginação Idêntica.

(Harris, prólogo de *Sonnetinas*, não publicado)

Tais palavras têm um "*active principle in them*" [princípio ativo nelas], um ponto de agulha que divide e une. "*Identical*" [Idêntica] é respondida por "*Imagination*" [Imaginação], movendo-se além da analogia, para o drama da identificação. O telefone toca e é atendido; a beleza assusta e nós obedecemos. A chave para a durabilidade é a reciprocidade. A fim de alcançar uma linguagem que expresse a música da conversa psicanalítica, é necessário procurar uma resposta harmônica entre objetos internos, uma identidade de imaginação – o "amor apaixonado" que Bion equipara ao alinhamento com O. Caso contrário, a análise não será duradoura; ela vai erodir com as tempestades emocionais que estiverem por vir.

Notas

1. Em uma tentativa de remediar essa situação, Meltzer acreditou durante um período que, talvez, a função social primária da psicanálise fosse, literalmente, analisar o artista para que sua arte pudesse ajudar a reparar não apenas o seu próprio mundo

278   A PSICANÁLISE COMO UMA FORMA DE ARTE

interno, mas também o da sociedade externa (1973, p. 96). Esse objetivo, no entanto, foi modificado à medida que foi crescendo a sua confiança na natureza da psicanálise enquanto uma forma de arte em si mesma (ibid., p. 149).

2. Refere-se ao soneto de Keats, sobre Homero de Chapman (Bion, 1997, p. 29). Os elementos-beta são (se percebidos e trabalhados pela função-alfa) potenciais precursores aos elementos-alfa, que são os blocos de construção da formação de símbolos.

3. Formulado por Meltzer em resposta a uma apresentação clínica de Maria Rhode.

4. Ver "A model of the child in the family in the community" (Meltzer & Harris, 1994), que expõe seis tipos de aprendizagens "autônomas": através da identificação introjetiva, identificação projetiva, identificação adesiva, aprendizagem por vasculhação, e aprendizagem delirante, todas essas contrastam com a aprendizagem sobre o mundo, que tem a sua origem nos motivos do professor (pp. 393-394).

5. Meltzer extrapola a partir de uma percepção original de Freud.

6. Romana Negri cita a partir de uma entrevista conduzida por R. Parlani: "[Martha Harris] acreditava que a ideia kleiniana de interpretação 'correta' tinha certo conteúdo onipotente, como se o paciente fosse receber um 'carimbo' de interpretação certa. Em vez disso, ela 'procurou... pela interpretação possibilitadora'. Por 'possibilitadora' ela referiu-se àquilo que ajuda o paciente a expressar mais claramente o seu estado emocional, de uma maneira que deixa espaço aberto para outras experiências. A interpretação 'certa' fecha a experiência".

7. Bion e Meltzer divergem em relação às possibilidades da função--alfa e da contratransferência (ambas operações inconscientes) serem observadas; ver Bion, 1973-1974, vol. II, p. 88, e Meltzer, 1995b, onde ele escreve: "Bion acreditava que a função-alfa não era observável. A sua existência poderia ser construída a partir de

suas consequências, mas o seu funcionamento não era observável. Eu não acho que isso estava necessariamente correto, e acredito que as formações de mitos fazem parte do método pelo qual a função-alfa opera." Existem meios inconscientes de observar funções inconscientes.

8. Bion também acreditava que o termo tinha sofrido gradualmente uma mudança de significado, com o passar do tempo.

9. Aqui, Coleridge estava adaptando *A Filosofia Transcendental* de Schelling, que dizia que o conhecimento da Realidade só pode ser alcançado quando o subjetivo e o objetivo, o consciente e o inconsciente, o interno e o externo unem-se reciprocamente.

10. Isso está em sintonia com o pensamento crítico de I. A. Richards na primeira parte do século XX, e com a "Neocrítica" Americana da década de 1960, trabalhando na tradição coleridgeana de "Tal como é a vida, é a forma". Posteriormente, essa tradição foi negligenciada por várias décadas, em favor de uma tendência para a linguística behaviorista e para formas mecânicas de interpretação sobreposta, que também tomou conta do movimento paralelo do século XX – a "estética da recepção" (*reader-response*). Contudo, em parte devido às novas obrigações da formação com a prática psicanalítica (e não apenas com a teoria psicanalítica), pode-se dizer que o método de Richardson com foco na dicção poética da obra, e a necessidade complementar de focar na autoconscientização do leitor não são divergentes, mas, na verdade, entrelaçam-se de forma construtiva.

11. Sapen considera a sugestão de Rycroft, dentre outras, para um modelo auditivo da psique, e cita Knoblauch sobre a "mente ressoante" (*resonant minding*) na situação analítica.

12. Existem ecos no trocadilho de Bion com "*abandon*" [abandonar] da sua perplexidade, enquanto criança, referente à expressão "*an abandoned woman*" [uma mulher abandonada], que fazia refe-

280 A PSICANÁLISE COMO UMA FORMA DE ARTE

rência ao chapéu de sua mãe coberto de frutas e, consequentemente, à fertilidade (ver Bion, p. 1982).

13. Grotstein enfatiza as contínuas exortações de Bion para "sonhar
a sessão". Isso, talvez, tenha sido verbalizado teoricamente pela
primeira vez em *Attention and Interpretation*, com a observação
mais tímida de Bion em que "o sonho e o material de trabalho
do psicanalista compartilham igualmente a qualidade onírica"
(1970, p. 71).

14. O *"stranger"* [estranho] sugere ambas, uma divindade interna ou
uma musa, *"strange"* [estranha] ao *self* do dia a dia, e o sentido
em que Coleridge usa o termo no seu poema *"Frost at Midnight"*,
onde o *"fluttering stranger"* [estranho esvoaçante] refere-se aos
últimos lampejos de um fogo na grelha, tal *"stranger"* [estranho]
geralmente prenuncia a chegada de um amigo ausente, e Coleridge medita sobre como isso *"makes a toy of Thought"* [faz um
brinquedo de Pensamento] (ll. 23-26). O poema de Coleridge
transforma-se em uma reflexão sobre o futuro de seu filho – o
bebê *"cradled by my side"* [embalado ao meu lado] – e espera que
ele vai descobrir *"The lovely shapes and sounds intelligible / Of that
eternal language of God-in-Nature"* [As formas encantadoras e
sons inteligíveis / dessa língua eterna de Deus-na-Natureza].

15. Em relação à repetividade da latência infantil, Martha Harris
escreve que cultivar a "suspensão voluntária da descrença" de
Coleridge pode ajudar a capacidade do analista para a observação
de sinais de vida que podem estar subjacentes às "sessões aparentemente intermináveis e imutáveis... desenhando padrões geomé-
tricos semelhantes" (Harris, 1987b, p. 332).

16. "A poesia... não assusta ou impressiona por ela mesma, mas pelo
seu conteúdo" (Keats, carta de Reynolds, 3 de fevereiro de 1818;
1970a, p. 61).

17. Apesar da qualidade dolorosa do som, é essencialmente igual à música pulsante do Rouxinol de Keats que *"pains the sense"* [fere o sentido].

18. Assim como a descoberta de Freud da transferência inicialmente pareceu-lhe um obstáculo suscetível a comprometer todo o processo psicanalítico, ainda que mais tarde tenha se tornado seu elemento fundamental, a sua ansiedade referente à forma como as histórias dos seus casos eram sempre lidas como estórias sem "o selo da ciência" também passou a ser vista sob uma ótica diferente. Contar histórias viabiliza a veracidade e é, portanto, mais científico, não menos.

19. Uma palavra inventada, de fato, por Coleridge em 1805 ("psico--analítico").

20. Keats, carta de G. e G. Keats, de fevereiro-maio de 1819 e 17-27 de setembro de 1819 (1970a, pp. 230, 236).

Posfácio
Meus antepassados kleinianos

> Tal como disse Horácio, *Vixere Victoria ante*
> *Agamemnona multi*, e mesmo assim o poeta não
> apareceu; então, a fita do gravador estava em branco!
> Eles desapareceram em meio às sombras – sem serem
> velados! Pela falta de um poeta. Que piada!
> (Bion, 1991, p. 120)

Ao dedicar este livro aos "meus antepassados", refiro-me principalmente aos poetas e outros professores, ou figuras parentais, que foram incorporados aos meus próprios objetos internos. Este é o sentido que Bion quis transmitir quando usa o refrão *"ante Agamemnona multi".*[1] Tais figuras são rememoradas por meio de transformações internas, através da faculdade poética do indivíduo, de modo que o poeta tem que "aparecer". Ao mesmo tempo, porém, deve haver certo interesse e relevância em dizer algo para quem já chegou até aqui no livro (incluindo a mim mesma), que seja mais específico sobre minha dívida para com algumas dessas pessoas – em especial, a minha família – que têm hoje uma vivência histórica no campo da psicanálise kleiniana, e com quem aprendi tudo o que sei sobre ele. Desnecessário dizer que há uma sobreposição significativa entre os dois tipos de antepassados, mas eles podem ser observados a partir de diferentes vértices.

Para escrever sobre a psicanálise de forma autêntica, é necessário haver experimentado uma análise de verdade, do tipo que (como disse Bion) pode ser medida pela sua "durabilidade", ao invés de sua duração; para escrever autenticamente sobre poesia ou arte, é necessário ter tido a experiência emocional – que Bion chama de "ler com reverência" – bem como dispor do ofício da sua leitura ou da prática dela. Este livro – como já terá ficado bastante evidente – não pretende sequer constituir um lampejo de um estudo da literatura e de uma pesquisa em todos os campos relacionados. Ele é idiossincrático e de alcance estreito. Não está escrito *tal como* uma autobiografia, mas, mesmo assim, tem algo dessa qualidade, e segue o caminho dos meus livros anteriores na tentativa de descrever e localizar o espírito poético que fundamenta o seu objeto: a natureza da relação do *self* com seus objetos inspiradores. Eu sempre me interessei pela ascendência interna, buscando registrar algo que é essencialmente inefável: o espírito da evolução que encontra o seu caminho através de "mediadores" no *Vale de Criação de Almas*. Tal como Virginia Woolf escreveu em seu autobiográfico *Sketch of the Past*:

> *Virginia Stephen não nasceu no dia 25 de janeiro de 1882, mas milhares de anos atrás; e desde o primeiro momento deparou-se com instintos já adquiridos pelas milhares de ancestrais do passado. (Woolf, 2002, p. 82)*

O processo duradouro de autoanálise é aquele que estabelece uma conexão com relações internas e inatas, que estão no âmago da formação de símbolos e que, tal como disse Meltzer, remetem, pelo menos, ao último período glacial e a "quando o homem enxergou o mundo como belo, pela primeira vez".

Citei passagens dos escritos de Bion e Meltzer que ilustram e iluminam minha experiência pessoal em fazer parte da forma de arte que é o processo psicanalítico, e do sonho contratransferencial em ler literatura. Meltzer (que depois veio a ser meu padrasto) foi meu próprio analista dos sete até aos 18 anos; Bion foi o de meu pai, durante os dois últimos anos de sua vida. Roland (R. J.) Harris (1919-1969) era um poeta e professor, que deu início ao curso de consultoria pedagógica na Clínica Tavistock, juntamente com sua esposa Martha (Mattie) Harris, uma psicanalista e também diretora da formação em psicoterapia infantil na Tavistock. Ao longo dos seus anos enquanto professor do ensino médio, Harris escreveu muitos livros para escolas: peças, histórias para leitores lentos, livros didáticos, incluindo um sobre a leitura e a escrita de poesia (1986).[2] Sua tese de doutorado, ainda amplamente utilizada por educadores, consistiu em uma pesquisa prática sobre os benefícios – ou não – do ensino da gramática formal. Ele trabalhou para o Conselho Escolar, e foi determinante na conquista de elevar a idade da escolaridade obrigatória para 16 anos. Posteriormente, ele deixou o ensino em escolas e juntou-se a um departamento universitário (Brunel) para ensinar psicolinguística. Após sua morte prematura, em 1969, foi criado o Fundo Educacional Roland Harris, que publicou como *Clunie Press* (agora o Fundo Harris Meltzer). Meu pai tornou-se um analisando de Bion – segundo a minha mãe – não por razões terapêuticas, mas filosóficas. Provavelmente foi ela quem articulou esse encontro; ela própria era uma supervisionanda devota de Bion e, no final dos anos 1970, quando este ainda morava na Califórnia, convidou-lhe para dar algumas palestras na Tavistock. Ela e Meltzer (ambos trabalhando parcialmente em Oxford naquela época) ficaram profundamente desapontados quando as esperanças de trabalhar com ele novamente, por ter voltado a morar perto de Oxford, foram abandonas por causa de sua morte repentina, em 1980 (ver F. Bion, 1995). A *Clunie Press* publicou um livro das palestras de Bion em Nova York e São Paulo (1980), o terceiro volume de seu livro *Memoir of the Future (The Dawn of Oblivion)* e sua *Key*.

Minha mãe acreditava que meu pai havia tido uma participação na mudança de Bion para modos ficcionais de expressão, em seus últimos anos. Quando mostrei a ela o primeiro rascunho da minha dissertação sobre o *Memoir of the Future*, ela comentou que "Roland devia ter tido uma grande influência sobre ele".[3] Certamente, assim como Bion (e Valéry, que este menciona), ele entendeu a matemática e a poesia como disciplinas, de alguma forma, complementares, vértices epistemológicos alternativos esforçando-se para proporcionar uma notação para o inefável. Meu pai também lecionou sobre o poder terapêutico e de busca pela verdade da contação de histórias para todas as idades. Se ele tivesse vivido para ler *Memoir*, provavelmente estaria entre os poucos que admiraram a coragem, a perspicácia e o humor de Bion em sua última aventura, em vez de entre os muitos que entenderam o livro como uma evidência de senilidade. Os próprios escritos autoanalíticos do meu pai, pelo contrário, resultam da sua juventude e consistem em um grande conjunto de poemas que ele escreveu na casa dos seus 20 anos,[4] quando não havia tido nenhuma experiência em psicanálise e apenas uma breve convivência com psicanalistas. No entanto, como acontece com muitos – provavelmente todos – poetas, a própria "intensidade de trabalhar conceitos"[5] conduz, através da inevitabilidade musical, à expressão de uma perspectiva que está, em certo sentido, além da experiência de vida do indivíduo, e que, depois disso, jamais muda, apenas faz uma reabordagem da mesma perspectiva a partir de outra trajetória. Sendo assim, ainda que morram jovens aqueles a quem os deuses amam, eles podem ter deixado suas marcas. Esta é, essencialmente, aquela perspectiva de Keats em que "a beleza é a verdade, a verdade a beleza", com sua complexa emotividade de luto, alegria e dor, e sua penumbra filosófica do existencialismo – "o que é ser?" (Byron). A mentalidade poética coloca-nos em contato com os nossos antepassados no duplo sentido de ancestral, realidades somáticas e de objetos internos cuja sabedoria é fundada sobre a sua integração na personalidade.

Depois de Klein e Bion, as principais influências psicanalíticas pessoais da minha mãe e do meu padrasto foram Esther Bick e Roger Money-Kyrle. Esther (Nusia) Bick, famosa por seus artigos sobre as ligações de "segunda pele", especializada em psicanálise de crianças, deu início ao curso de observação de bebês na Tavistock, mais tarde assumido e desenvolvido pela minha mãe.[6] Ela era uma amiga da família. Também foi, coincidentemente, supervisora de Meltzer no início da minha própria análise quando eu era criança. Bick e Meltzer, juntos, deram início ao Grupo de Estudo de Klein depois da morte dela. Esther herdou o divã e a poltrona do consultório da Sra. Klein, que depois passou a pertencer a nossa família.

Roger Money-Kyrle era o único homem que eu conhecia, além do meu pai, a quem Meltzer referia-se como "sábio", pois

> *como Sócrates que sabia do pouco que sabia, nenhum homem é mais sábio do que ele. O prazer de trabalhar perto dele... trouxe um pouco dessa sabedoria para meu trabalho, porque o lugar em que aprendi a teoria e prática psicanalítica foi com outros, mas com ele aprendi o significado da psicanálise como uma coisa-no-mundo. (Meltzer, 1978b, p. ix)*

sabedoria de Money-Kyrle é notavelmente descrita em termos platônico-bionianos da Ideia subjacente da psicanálise e é diferenciada da aprendizagem da psicanálise via teoria e prática. Sobre a sua própria análise com a Sra. Klein, Meltzer escreveu:

> *Isso me faz pensar sobre a minha própria experiência de vida e no que está por trás do talento que eu descobri em mim mesmo, que é a capacidade de ler os sonhos, e como isso surgiu como o resultado do apaixonamento por Melanie Klein e da nossa aproximação feito arco e flecha, eu estava determinado a fazer análise com ela. Não era uma questão de desejo – era uma questão de vida e morte...*

Comigo, um paciente, ela era muito formal, mas não fria, era atenta, observadora e conversava bastante, ia sempre ao ponto e repleta de considerações. Em tempos de colapso, catástrofe ou desgraça, ela parecia muito forte e destemida. Eu sabia, considerando situações sociais, que ela podia ser agressiva e desrespeitosa, mas comigo não era dessa forma nas sessões. Ela parecia imune à sedução ou bajulação, mas podia ser muito ambígua em relação ao sentimento pessoal para com o analisando. O resultado foi que, ao longo de anos de análise, eu nunca realmente senti que ela gostava de mim, tampouco que deveria... Sua memória pareceu-me notável até o fim.[7]

O relacionamento da minha mãe com a Sra. Klein foi diferente; ela era uma supervisionanda, não um analisanda. Quando criança, às vezes me levavam para essas supervisões e me colocavam para brincar no fundo. Lembro-me da atmosfera de interesse, calma e carinho que emanava dessas reuniões, em contraposição à reputação de Klein de que era uma terrível adversária nos embates públicos. Ambos, Harris e Meltzer, recusaram-se a contribuir com suas reminiscências para a biografia de Klein, escrita por Phyllis Grosskurth (1986 – Bick já havia falecido), uma vez que não gostavam da maneira como a história estava sendo manipulada, e além disso sentiam que era improvável que o autêntico espírito de Klein pudesse ser representado.

Meltzer ressalta que a minha mãe "lia volumosamente; mas tratando-se de literatura psicanalítica, apenas muito a contragosto" (Meltzer, 1987, p. viii). Como uma leitora de literatura imaginativa por toda sua vida – fato ilustrado pela sua lembrança de ler *O Morro dos Ventos Uivantes* quando tinha oito anos, enquanto mexia o mingau durante os cafés da manhã da família, por muitos dias – ela achava a literatura psicanalítica entediante.[8] Em geral, também achava os grupos psicanalíticos e políticos tediosos, apesar dela mesma ser uma talentosa política e de articular para reprimir os episódios de tirania infantil na Tavistock, tal como administrava as ervas daninhas no seu jardim ou as várias equipes esportivas e grupos que ela liderou nos seus tempos de escola, enquanto representante de classe. A ostentação não podia prosperar na atmosfera que ela criava, e murchava até a inexistência. "O tom aveludado da sua suave voz escocesa moderava sua veemência nos debates e sua risada ressoava da mais contagiante forma" (Meltzer, 1987, p. vii). Ela morreu em 1986, depois de um acidente de carro dois anos antes. Meltzer dizia que tinham sido os quinze anos mais felizes da vida dele e que "nunca houve ninguém mais amado do que ela". Ele descreveu os métodos educacionais e a inspiração dela da seguinte forma:

> *Tanto pelo seu conhecimento quanto pela sua inclinação, Mattie era uma estudiosa da literatura inglesa e professora. Nada era mais estranho a sua natureza do que as*

tarefas administrativas que, eventualmente, eram-lhe atribuídas na Tavistock. Se algum dia a "grandeza foi de encontro a alguém",* foi à relutante Mattie, na época em que a Sra. Bick deixou a Clínica e que ou Mattie assumia, ou deixava o curso de psicoterapia de crianças extinguir-se.

A maneira como ela resolveu essa situação em sua vida – e aqui o encorajamento e a ajuda de Roland foram essenciais – foi através da elaboração de uma metodologia pedagógica radical. Muitas das ideias centrais vieram dele, que naquela época era vice-diretor de uma grande escola compreensiva em Londres, antes de sua ida para o Ministério da Educação e, posteriormente, para a Universidade de Brunel. A ideia central, mais tarde consagrada nos conceitos bionianos de "aprendendo da experiência", foi a de que o tipo de aprendizagem que transformava uma pessoa em um trabalhador profissional tinha que ser alicerçada em relações íntimas com professores iluminados, vivos e mortos, em presença ou em livros. O próprio Roland, enquanto poeta e estudioso, foi um professor iluminado e muitos dos livros que ele escreveu focalizaram-se no desenvolvimento da capacidade do aluno ler em ambas as formas, a compreensiva e a penetrante.

A segunda temática central dizia respeito ao fato de a aprendizagem ocorrer em um contexto grupal, e que a gestão do ambiente era uma tarefa essencial dos professores. A prevenção do elitismo, a evitação da

---

* *"Greatness thrust upon them"* (Sheakespeare, Twelfth Night, ato II, cena 5). [N.T.]

MEG HARRIS WILLIAMS 291

competitividade, bem como a substituição da seleção pela autosseleção através de tarefas laboriosas, foram os componentes essenciais dessa tarefa. Mas a experiência de Mattie enquanto professora, durante o período de guerras e depois dele, antes da sua formação como psicoterapeuta infantil e psicanalista, ensinara-lhe sobre a importância de cumprir os requisitos formais do Establishement caso fosse ser estabelecida uma profissão de Psicoterapia Infantil com postos em clínicas e escolas para os egressos do Curso. Aqui, novamente, o amplo conhecimento administrativo de Roland foi uma ajuda inestimável para Mattie, que não tinha natureza de receber ordens, muito menos de dá-las. Eventualmente, ela tornou-se uma notável negociadora e, segundo a afirmação de alguns, até mesmo política, pelos interesses do Curso e da Associação, que mais tarde foi criada em conjunto com a Clínica Hampstead e o Grupo Margaret Lowenfelt.

Aqui, mais uma vez, os ensinamentos de Bion sobre grupos e, posteriormente, sobre a estrutura da personalidade, com sua estrutura endosquelética e carapaça exoesquelética social, desempenharam um papel primordial no seu pensamento. Em conformidade com a diferenciação entre Cristo e César, Mattie desenvolveu seu método para satisfazer as exigências do Establishment, sem sacrificar o ethos do grupo de trabalho de aprendizagem. Mas isso custou-lhe caro, de modo que apenas o apoio de Roland permitiu-lhe sustentar essa situação. Quando ele morreu subitamente em 1969, pelo rompimento de um aneurisma cerebral, ela desenvolveu uma

292 MEUS ANTEPASSADOS KLEINIANOS

anemia aplástica aguda, de cujas consequências fatais ela foi salva por conta de um diagnóstico acertado, da medicação com cortisona e graças a um sonho em que Roland disse-lhe que ela ainda tinha trabalho a fazer, para a família e para o curso. (Meltzer, 1989, pp. 10-11)

Minha mãe me contou, depois do seu casamento com o meu padrasto, que um colega havia lhe expressado lamentação, dizendo que ela era a única pessoa que poderia ter unido os kleinianos, mas que uma aliança com Meltzer – que havia se tornado uma figura controversa – impedira tais resoluções diplomáticas. Ela não precisava da minha validação, mas mesmo assim expressei a minha opinião de que ela tinha feito a coisa certa. Talvez ela também percebesse que, em todas as instituições psicanalíticas, havia um perigo de o tempo ser desvirtuado por aqueles cuja análise didática tinha resultado em pessoas que,

de forma bastante bem sucedida, tinham resistido a uma experiência real e à compreensão de suas partes mais desagradáveis (o O indesejado), talvez tendo aprendido sobre elas e tornando-se mais capazes de, consciente ou inconscientemente, disfarçá-las. Essas pessoas podem voltar repletas de entusiasmo em relação ao trabalho analítico e à formação, tendo estabelecido algum tipo de conluio de idealização mútua com seu analista – entusiasmo em relação à análise para os outros, não para si mesmos. (1978; Harris, 1987b, pp. 329-330)

A inspiração e o apoio que ela obteve para tentar transformar grupos de supostos básicos em situações nas quais fosse possível o ensino e a aprendizagem vieram menos de Meltzer, que era muito afrontoso, do que da internalização de Bion e de meu pai, que tinha vasta experiência em ensino e administração escolar (ela também havia começado sua carreira como professora de escola). Isso tudo foi reunido e sistematizado seis anos depois da morte de meu pai, como consequência de uma oportunidade oferecida pela Beri Hayward da ONU para escrever um tratado educacional chamado *"A psychoanalytic model of the child-in-the--family-in-the-community"*, que foi baseado nas ideias de Bion e na experiência dos meus pais em consultorias nas escolas (1976; Meltzer & Harris, 1994).[9]

Em um artigo que detalha os problemas ao lidar com o sujeito e o grupo na formação da Tavistock, minha mãe escreve:

> *Para relatar uma recordação pessoal do Dr. Bion, de quando ele foi confrontado com as angústias de um candidato em relação a um primeiro caso da formação: "O que devo fazer se o paciente me perguntar se sou um aluno?". "O que você é quando você deixa de ser um aluno de psicanálise?" Todo professor deve estar continuamente aprendendo, ou então ele não tem experiência imediata para compartilhar. Todo terapeuta deve estar aprendendo algo no calor de cada sessão ou ele não tem nada de interessante a dizer. (1978; Harris, 1987b, p. 327)*

Não obstante, ela reconheceu muito bem a tentação constante e recorrente, em qualquer grupo, de transformar os próprios ensinamentos de Bion em sua orientação, com propósito de criar novas ortodoxias e hierarquias; tal como ela dá continuidade nesse mesmo artigo:

294 MEUS ANTEPASSADOS KLEINIANOS

De acordo com as premissas de Bion, todos os grupos estão sujeitos à ação do pressuposto básico que interfere na capacidade dos membros para trabalhar individualmente e em conjunto. Devemos assumir que nenhum grupo de formação ou sociedade de trabalhadores psicanalíticos vai estar livre desses fenômenos... A estrutura do grupo de dependência, quase sempre, manifesta-se a partir da confiança em uma seleção cristalizada das teorias de Freud (o Messias original), às vezes colocada em confronto com uma inferência análoga de Melanie Klein (a santa dos últimos dias). É improvável que Bion escape do mesmo destino. As teorias desses autores, em tal clima de polarização, são devidamente selecionadas e apresentadas de forma a eliminar o questionamento essencial, as contradições e as progressões inerentes à formulação dos pioneiros que estiveram constantemente esforçando-se para conceituar as observações clínicas que estavam elaborando. A postulação de Bion sobre a impossibilidade de conhecer ou descrever a verdade, referente à existência de pensamentos que não precisam de um pensador (e da psicanálise enquanto um desses pensamentos), pode nos ajudar a tentar abandonar a ideia de que possuímos nosso próprio estigma particular da psico-análise. (p. 328)

Ela dizia que era necessária uma "vigilância constante" para evitar tornar-se passivamente pertencendo a qualquer que fosse o mais recente clube psicanalítico considerado como da moda – sem chegar ao ponto de realmente chamá-lo de *Claustrum*. O antídoto é direcionar atenção para a ideia subjacente da psicanálise como uma experiência real: a psicanálise (depois de Bion) sendo "um daqueles pensamentos que não precisam de um pensador" e que passa pelo nosso complexo aparelho digestivo mental com muitos questionamentos, contradições e progressões, em vez de ser propriedade de nosso próprio grupo, seja ele qual for. Pois, tal como ela conclui esse artigo, "Bion, em *Experiences in Groups*, sugere que, nesse campo, o rótulo da garrafa não pode ser garantia do conteúdo" (p. 338).

O que me leva ao rótulo "pós-kleiniano". O termo (agora um tanto difundido e típico de clubes, assim como a minha mãe havia previsto) surgiu na década de 1980, à luz da radical exegese de Meltzer relativa às ideias de Bion.[10] Meltzer aceitou o rótulo um pouco ironicamente, ao comentar em uma palestra de 1989:

> *Neste momento turbulento, qualquer narrativa conceitualmente "pós*-kleiniana" deve ser, inevitavelmente, subjetiva, tendo em vista que será baseada na aplicação pessoal das ideias ambiguamente propostas por Bion. (Williams & Waddell, 1991; Williams, 2005b, p. xvii)

Ele considerava o termo válido na medida em que ele localizava a ancestralidade das "novas" teorias na visão implícita da própria Sra. Klein e, ao mesmo tempo, em decorrência dele vincular o pensamento kleiniano aos seus antepassados filosóficos, artísticos e literários, no caminho defendido por Bion. Isso não sugere uma *interpretação* kleiniana da arte e da literatura, tal como Bion enfatizava, mas um encontro de mentes e uma tapeçaria de raízes, na linha de Keats e de sua teia de aranha. Isso significa evitar os vários escudos da ortodoxia em favor do que Bion chama de "crescente gérmen do pensamento" (1985, p. 55) e empenhar-se na direção de uma mentalidade mais poética na situação da

296 MEUS ANTEPASSADOS KLEINIANOS

transferência-contratransferência. Isso significa (diz Bion) reacender a "faísca de sinceridade" que alimentou os pioneiros da psicanálise e que é direito inato de todo ser humano – o "arrastando nuvens de glória" de Wordsworth. Tal como a Bela Adormecida, está suscetível de ser obscurecida por "detritos" (*debris*), mas ainda repousa dormente, "uma faísca no meio das cinzas" à espera de ser "ateada em chamas" (Bion, 1985, p. 31).

A mentalidade poética arquetípica é, muito claramente, modelada por Keats: não só porque ele, dentre todos os grandes poetas, era o mais consciente de sua significância e menos consternado pela crítica (*na passada* de Byron e Shelley), mas também porque sua visão estava menos contaminada por projeções da individualidade. A característica principal dela é a *conexão* entre dor, beleza e conhecimento: tal como Bion sempre insistiu, temos de nos concentrar na tensão criada *entre* os vértices. Meltzer, antes do seu contato emocional particular com a poesia ter de fato criado raízes, considerava que esse ideal era formulado em relação ao artista visual. Em um diálogo com Adrian Stokes, publicado pela primeira vez em 1963 (ver Meltzer & Stokes, 1988), ele descreveu a inserção psicológica do artista dentro do grupo social, tal como a situação do "novo bebê", despertando esperança e inveja entre seus colegas. Em relação ao artista, o "impulso de pregar" aos irmãos é diferente da moralização, na medida em que tenta projetar não apenas o objeto bom parental como uma entidade psíquica, mas também a capacidade de suportar a dor depressiva (Money-Kyrle, 1961). O artista (tal como Keats disse sobre o poeta) é aquele para quem "*the miseries of the world / Are misery, and will not let them rest*" [as misérias do mundo / São miseráveis, e não vão deixá-lo descansar], esforçando-se para ser "*a sage, / A humanist, physician to all men*" [um sábio, / um humanista, doutor de toda a humanidade] (*The Fall of Hyperion*, I: 148, 190).[11] A mentalidade poética não é orientada pela culpa e reparação pessoal, mas pela "*preocupação* com o presente e o futuro do mundo", cuja beleza é diariamente devastada, de tal forma que:

> *Cada ato de violência que ele vê ficar impune e, sobretudo presunçosamente sem arrependimento, cada golpe cruel do destino no mundo externo, ameaça a sua harmonia interna por causa da dor e fúria comovidas. (1963; Meltzer & Stokes, 1988, p. 222)*

Essa descrição de uma "madura" e sofisticada luta interna do artista difere da perspectiva humanista frouxa (*softhumanist*) da criatividade-enquanto-culpa-e-reparação. No diálogo de 1963, Meltzer estava desenvolvendo, através da admiração pelas artes visuais ao longo da sua vida, as qualidades "do artista" em um sentido mais amplo: equivalente ao ideal do filósofo, para Platão, ou do poeta, para Keats ou Milton. Ele manteve o princípio primordial, mas o contato com os poetas refinou a linguagem e esclareceu as implicações. Quando o diálogo foi reimpresso, 25 anos depois, o "objeto bom" havia se tornado o "objeto estético", e a "dor depressiva", a dor do Conflito Estético.

A situação do novo bebê, simbolizada pelo artista na sociedade, é a "levedura espiritual" que faz o "fermento da existência" (Keats), ou a ideia messiânica que estimula a mudança catastrófica. Essa mentalidade poética – em todos os campos – deriva do aspecto altruísta, e não narcisista, do artista-enquanto-uma-pessoa, uma parte que é mais sensível às comunicações dos objetos internos e está mais em contato com a apreensão da beleza então despertada. Esse é o significado de "a beleza é a verdade, a verdade a beleza". A preocupação com o mundo e a capacidade negativa em relação ao conhecimento fundem-se ao seguir "o princípio da beleza em todas as coisas". Mesmo que o próprio mundo sempre tenha tido dificuldade em tolerar essa mentalidade complexa; no contexto da dor ou da tragédia há quase um recuo supersticioso, uma vez que o atributo da "beleza que deve morrer" (*"Ode on Melancholy"*) que é sempre inerente a ele, aqui, torna-se acentuado. Exige-se uma resposta de desenvolvimento – a mudança catastrófica interna. O recuo é, por si só, uma falha a sofrer conflito estético (esperança e inveja) em relação ao objeto estético: o novo poeta, bebê, ideia. Assim como, celebremente, disse Eliot: "A raça humana não pode suportar muito da realidade" ("Burnt Norton", 1944).

Meltzer escreveu em *The Claustrum*: "Fora o companheirismo literário... a concepção de conflito estético surgiu para alterar, consideravelmente, a minha visão do desenvolvimento da personalidade e da condição humana" (1991, p. 61). Em 1970, ele escreveu que estava "começando [sua] educação literária" (comunicação pessoal) e ficou inspirado pelas potencialidades da nova direção que ele esperava que a psicanálise, bem como ele mesmo, pudesse tomar. Essa direção implicou, essencialmente, um foco na primazia dos problemas causados pela equivalência beleza-verdade e as tentativas de desenvolvimento normal diante da ambiguidade do objeto estético (o vértice religioso). O objeto estético está igualmente dentro e fora, e nosso esforço é de criar um correspondente mais adequado: "Na natureza, podemos encontrar refletida a beleza que já contemos. Mas a arte nos ajuda a recuperar o que perdemos" (Meltzer & Williams, 1988, p. 225).

Cada um dos meus três pais tinha seu próprio cenário projetivo para o conflito estético, no mundo natural. Para o meu pai era um barco à vela branco em um mar cinza ou estuário oriental, como capturado perfeitamente nas palavras de Bion através da fala do seu Roland de *Memoir*: "Ah, o mar, finalmente. As marmotas e os pequerruchos chamando e as grandes nuvens se agigantando a passar lá em cima. Será que a guerra acabou?... Puxa, papai – me faz um carinho, papai!" (Bion, 1991, p. 75). Para o meu padrasto, o cenário estético era um castanheiro-da-índia em um campo ou, de preferência, uma antiga floresta de sequoias; para minha mãe, era um jardim multiflorido onde ela poderia *"wreathe the trellis of a working brain"* [engrinaldar a treliça de um ativo cérebro] em uma versão minúscula das mantas das colinas escocesas da sua infância.

Diferente de Bion, Meltzer não era um leitor de poesia, mas a convivência na família Harris deu luz à oportunidade, que a poesia propiciava, para autorizar a poesia inata do próprio modelo da Sra. Klein: algo que ele acreditava não estar completamente evidenciado nas linhas das teorias dela, mas que, todavia, subjazia à sua prática e aos seus métodos de trabalho. Em *The Apprehension of Beauty*, ele escreveu:

> *Essa dimensão tem crescido ao longo dos anos, quase que como um projeto de família de Martha Harris, suas duas filhas Meg e Morag, e seu marido Donald Meltzer. Ela tem, portanto, as suas raízes na literatura inglesa e suas ramificações acenando freneticamente sobre a psicanálise. Esperase, sinceramente, que ela revele mais problemas do que os resolva. Suas raízes na literatura inglesa de Shakespeare, Milton, Wordsworth, Keats, Coleridge e Blake – são tão fortes quanto as ramificações psicanalíticas de Freud, Klein e Bion. Seu solo filosófico é, certamente, Platão, Russell, Whitehead, Wittgenstein, Langer, Cassirer e, em estética, Adrian Stokes. (Meltzer & Williams, 1988, book jacket)*

"O conflito estético", o conceito central deste livro, abre o caminho para a reparação do que Bion chamou de "vitimização"

300 MEUS ANTEPASSADOS KLEINIANOS

da literatura pelos intérpretes psicanalíticos. Sempre fiquei perturbada pela natureza reducionista, de todos os tipos, da crítica literária psicanalítica[12] e, como contraponto, procurei caminhos para desenvolver uma "congruência simbólica" com as ideias subjacentes na literatura: um deles, o fazer uso da capacidade da crítica literária para ler a gramática profunda (para além de um intencionalismo) a fim de tentar investigar as origens literárias do modelo psicanalítico da mente.[13] Outro caminho foi o de observar a arte da crítica literária em termos de um sonho contratranferencial ou da conversa entre objetos internos: em outras palavras, tal como a autoanálise em resposta ao objeto estético, a observação sendo "da essência" (tal como Bion sempre enfatizou), nas duas direções (Bion, 2005b, p. 13). Depois disso, ficou mais fácil enxergar a imagem complementar – o sentido no qual a psicanálise é uma forma de arte.

A consciência do potencial de entrelaçamento da psicanálise com a poesia ajuda a recuperar essa fonte de inspiração perdida e, ao mesmo tempo, a superar a timidez de enfrentar e metabolizar a dor que está intimamente vinculada à mentalidade poética. Talvez a psicanálise esteja, gradualmente, movendo-se em direção a uma posição onde ela pode começar a pagar as suas dívidas com seus antepassados e, assim, dar um salto exponencial adiante. A sanidade, tal como Stokes sugeriu, pode vir a ser considerada uma conquista estética. Pois o desenvolvimento pós-kleiniano, tal como foi inicialmente identificado, e o desenvolvimento estético no pensamento psicanalítico, são a mesma coisa. E a "nova dimensão estética", na visão de Meltzer (2005c, p. xii), dá à própria Sra. Klein o lugar de "a primeira 'pós-kleiniana'".

Notas

1. Bion aproveita a oportunidade que *Memoir* lhe oferece para falar do que ele realmente quer dizer, "louvar os homens que deveriam

MEG HARRIS WILLIAMS 301

ter sido famosos", seus verdadeiros professores internos (1991, p. 560, também p. 396).

2. *Poetry for You* foi publicado postumamente em uma versão bem mais abreviada do manuscrito original, que havia sido intitulada, de forma mais apropriada, de *The Craft of Verse*.

3. Um personagem chamado Roland (embora não seja uma representação de meu pai) desempenha um papel significativo em *Memoir*. Em busca de libertar seu próprio pensamento, Bion foge do "tanque" da Sociedade Psicanalítica Britânica para a Califórnia, em 1968, fato que pode ter incorrido sentimentos de culpa para com aqueles que estavam em uma relação transferencial e que ele havia deixado em Londres. Em suas autobiografias, ele descreve como era assombrado por Sweeting e outros, cujas mortes ele não pôde evitar; incluindo a da sua primeira esposa, que ficou associada, em memória onírica, a "algo falso [nas] ondas de pressão psiquiátrica" (Bion, 1985, p. 62).

4. Ele estava no processo de reuni-los e organizá-los; sua intenção era começar a escrever poesia novamente, depois que seus filhos estivessem crescidos. Uma seleção foi publicada em 1970, para inaugurar a *Clunie Press*.

5. Keats escrevendo sobre Shakespeare, em uma carta a Reynolds em 22 de novembro de 1817; 1970a, p. 40.

6. Veja Williams (1987b) tanto para os artigos de Bick, como de Harris.

7. Essa passagem reúne duas fontes: uma transcrição de palestra sobre "*Weltanschauung*" e uma carta (ver *www.harris-meltzer-trust.org.uk/* sobre Donald Meltzer).

8. Para uma breve biografia dos primeiros anos de Martha Harris, ver *www.harrismeltzer-trust.org.uk/Martha Harris*.

9. Veja também "*Consultation project in a comprehensive school*" e "*Teacher, counsellor, therapist: towards a definition of the roles*", em Williams (1987b, pp. 283-310).

10. Michael Rustin cunhou o termo em um contexto sociopolítico (desenvolvido em Rustin, 1991).

11. Essas passagens são complicadas pela distinção desesperada que Keats faz (em vista de sua própria doença) entre o verdadeiro poeta e o "sonhador", que *"venoms all his days / Bearing more woe than all his sins deserve"* (*The Fall of Hyperion, I: 175-176*)" [envenena todos os seus dias / trazendo-lhe mais infortúnios do que mereceria por todos seus pecados]. Isso não quer dizer que a destrutividade infantil não *exista* no artista criativo, mas que não se trata do aspecto responsável por sua criatividade.

12. Primeiro estabelecido no artigo *"Knowing the mystery: against reductionism"* (Williams, 1986).

13. A filosofia da crítica anti-intencionalista foi formulada pela primeira vez pela Neocrítica Americana: ver Beardsley e Wimsatt (1946). Posteriormente, ambas as teorias da crítica, a psicanalítica e a pós-moderna, distorceram a ideia de Shelley sobre a visão profética dos poetas em uma suposição parasitária em que o leitor "entende" melhor do que o poeta.

Referências

Aristotle (1996). *Poetics* (c. 330 BC). M. Heath (Trans.). London: Penguin. Bacon, F. (1985). *Essays* (1625), J. Pitcher (Ed.). London: Penguin.

Bal, M. (2006). Dreaming art. In: G. Pollock (Ed.), *Psychoanalysis and the Image*. Oxford: Blackwell.

Beardsley, M., & Wimsatt, W. K. (1946). The intentional fallacy. Revised in *The Verbal Icon: Studies in the Meaning of Poetry* (pp. 3–18). Kentucky: University of Kentucky Press, 1954.

Bernstein, L. (1969). *The Joy of Music*. London: Panther.

Bion, F. (Ed.) (1985). Envoi. In: W. R. Bion, *All My Sins Remembered*. Abingdon: Fleetwood Press.

Bion, F. (1995). The days of our years. *Journal of Melanie Klein and Object Relations*, *13*(1). Weblink: http://www.psychoanalysis. org.uk/ days.htm.

Bion, W. R. (1961). *Experiences in Groups*. London: Tavistock. Bion, W. R. (1962). *Learning from Experience*. London: Heinemann.

304 REFERÊNCIAS

Bion, W. R. (1963). *Elements of Psycho-analysis*. London: Heinemann. Bion, W. R. (1965). *Transformations*. London: Heinemann.

Bion, W. R. (1967). *Second Thoughts*. London: Heinemann.

Bion, W. R. (1970). *Attention and Interpretation*. London: Tavistock. Bion, W. R. (1973–1974). *Brazilian Lectures*, 2 vols. Rio de Janeiro: Imago.

Bion, W. R. (1977). *Two Papers: The Grid and Caesura*, J. Salomao (Ed.). São Paulo: Imago.

Bion, W. R. (1980). *Bion in New York and São Paolo*. Strath Tay, Perth- shire: Clunie Press.

Bion, W. R. (1982). *The Long Week-End*. Abingdon: Fleetwood Press. Bion, W. R. (1985). *All My Sins Remembered*, F. Bion (Ed.). Abingdon: Fleetwood Press.

Bion, W. R. (1991). *A Memoir of the Future* (3 Vols. 1975, 1977, 1979). London: Karnac.

Bion, W. R. (1992). *Cogitations*, F. Bion (Ed.). London: Karnac.

Bion, W. R. (1997). *Taming Wild Thoughts*, F. Bion (Ed.). London: Karnac. Bion, W. R. (2005a). *Italian Seminars*, P. Slotkin (Trans.). London: Karnac.

Bion, W. R. (2005b). *The Tavistock Seminars*. London: Karnac.

Bishop, P. (2008). *Analytical Psychology and German Classical Aesthetics*. London: Routledge.

Blake, W. (1966). *Complete Writings*, G. Keynes (Ed.). Oxford: Oxford University Press.

Borges, J. L. (2000). *This Craft of Verse* (Charles Eliot Norton Lectures, 1969). Cambridge, MA: Harvard University Press.

Brontë, E. (1941). *Poems*, C. W. Hatfield (Ed.). New York: Columbia University Press.

Brontë, E. (1972). *Wuthering Heights* (1847), W. M. Sale (Ed.). New York: Norton.

Budd, M. (1998). Aesthetics. In: Craig (Ed.), *Routledge Encyclopaedia of Philosophy*. London: Routledge.

Byron, G. G. (1974–1980). *Letters and Journals*, L. Marchand (Ed.), 6 vols. London: Murray.

Byron, G. G.; Keats, J. (2009). *Entreversos*. São Paulo: Unicamp.

Caro, A. (2003). Art and the moral imperative. In: S. J. Newton & B. Taylor (Eds.), *Painting, Sculpture and the Spiritual Dimension* (pp. 203–206). London: Oneiros.

Cassirer, E. (1953). *Language and Myth* (1946). New York: Dover. Cassirer, E. (1961). *Rousseau, Kant, Goethe*. Hamden, CT: Archon. Catan, J. R. (1990). *A History of Ancient Philosophy: Plato and Aristotle*. New York: State University of New York Press.

Clark, K. (1956). *The Nude*. Harmondsworth: Penguin.

Coleridge. S. T. (1956). Letters (6 vols.), E. L Griggs (Ed.). Oxford: Clarendon Press.

Coleridge. S. T. (1957). Notebooks (3 vols.), K. Coburn (Ed.). London: Routledge.

Coleridge. S. T. (1969). *The Friend* (1818), B. E. Rooke (Ed.). London: Routledge.

Coleridge. S. T. (1972). *Lay Sermons* (1816), R. J. White (Ed.). London: Routledge.

Coleridge, S. T. (1981). *Logic* (*Collected Works*, Vol. 13), J. R. de J. Jackson (Ed.). London: Routledge.

306 REFERÊNCIAS

Coleridge. S. T. (1997). *Biographia Literaria* (1817), N. Leask (Ed.). London: Dent.

Dante (1971). *The Divine Comedy* (3 vols.), J. Sinclair (Trans.). Oxford: Oxford University Press.

Dickinson, E. (1955). *Complete Poems*, T. H. Johnson (Ed.). Boston: Little, Brown.

Donne, J. (1956, 28 de outubro). O Êxtase. *Jornal do Brasil.* (Tradução de Augusto de Campos.)

Donne, J. (1976). *The Complete English Poems*, A. J. Smith (Ed.). Har- mondsworth: Penguin.

Edwards, A. (2003). *Images of Eden: an Enquiry into the Psychology of Aesthetics*. Welwyn: Skylark Press.

Ehrenzweig, A. (1967). *The Hidden Order of Art*. University of California Press.

Eliot, T. S. (1935). *Murder in the Cathedral*, new edn, Faber, 1976. Eliot, T. S. (1944). *Four Quartets*. London: Faber.

Gaut, B. (2004). The ethical criticism of art. In: P. Lamarque & S. H. Olsen (Eds.), *Aesthetics and the Philosophy of Art: The Analytic Tradi- tion* (pp. 283–294). Oxford: Blackwell.

Glover, N. (2008). *Psychoanalytic Aesthetics: the British School*. London: Karnac.

Golding, W. (1955). *The Inheritors*. London: Faber.

Gosso, S. (2004). *Psychoanalysis and Art: Kleinian Perspectives*. London: Karnac.

Grosskurth, P. (1986). *Melanie Klein: Her World and Her Work*. London: Hodder & Stoughton.

Grotstein, J. (2007). *A Beam of Intense Darkness: Wilfred Bion's Legacy to Psychoanalysis*. London: Karnac.

Hahn, A. (Ed.) (1994). *Sincerity: Collected Papers of Donald Meltzer*. London: Karnac.

Harris, M. (1987a). Bion's conception of a psycho-analytical attitude (1980). Reprinted in: M. H. Williams (Ed.), *Collected Papers of Martha Harris and Esther Bick* (pp. 340–344). Strath Tay, Perthshire: Clunie Press.

Harris, M. (1987b). The individual in the group: on learning to work with the psychoanalytical method (1978). Reprinted in: M. H. Williams (Ed.), *Collected Papers of Martha Harris and Esther Bick* 1987b, (pp. 322–339). Strath Tay, Perthshire: Clunie Press.

Harris, M. (1987c). Towards learning from experience in infancy and childhood (1978). Reprinted in: M. H. Williams (Ed.), *Collected Papers of Martha Harris and Esther Bick* (pp. 164–178). Strath Tay, Perthshire: Clunie Press.

Harris, R. J. (*ca* 1938–1951). Poems, unpublished.

Harris, R. J. (1970). *Poems*. Strath Tay, Perthshire: Clunie Press, 1970. Harris, R. J. (1986). *Poetry for You*. London: Hutchinson.

Hazlitt, W. (2007). On the living poets (1818). Charleston, SC: Bibliobazaar.

Herbert, G. (1968). *The Temple: Sacred Poems* (1633). Menston: Scolar Press.

Hinshelwood, R. (1988). *A Dictionary of Kleinian Thought*. London: Free Association Books.

Hobbes, T. (1908–1909). Answer to Davenant (1650). In: J. E. Spingarn (Ed.), *Critical Essays of the Seventeenth Century*, Vol. II (pp. 54–66). Oxford: Clarendon Press.

Holmes, R. (1982). *Past Masters: Coleridge*. Harmondsworth: Penguin.

Hulks, D. (2001). Painting, atom bombs and nudes: symbolism in the later psychoanalytic writings of Adrian Stokes. *Psychoanalytic Studies*, 3(1): 95–109.

Jain, N. (1991). *The Mind's Extensive View: Johnson and the Origins of Language*. Strath Tay, Perthshire: Clunie Press.

Keats, J. (1970a). *Selected Letters*, R. Gittings (Ed.). Oxford: Oxford University Press.

Keats, J. (1970b). *Poems*, M. Allott (Ed.). London: Longman. Kierkegaard, S. (1940). Guilty? Not guilty? A passion narrative. In: *Stages on Life's Way* (pp. 179–446) (1845), W. Lowrie (Trans.). Princeton, NJ: Princeton University Press.

Keats, J. (1987). *Ode a um rouxinol*. São Paulo: Companhia das Letras.

Keats, J. (2001). *Nas invisíveis asas da poesia* (2a. ed.). São Paulo: Iluminuras.

Keats, J. (2010). *Ode sobre a melancolia e outros poemas*. São Paulo: Hedra.

Kierkegaard, S. (1985). *Fear and Trembling*, A. Hannay (Ed.). Harmonds- worth: Penguin.

Klein, M. (1930). The importance of symbol-formation in the development of the ego. *International Journal of Psycho-Analysis*, *11*: 24–39.

Lamarque, P. (2004). How can we fear and pity fictions. In: P. Lamarque & S. H. Olsen (Eds.), *Aesthetics and the Philosophy of Art: the Analytic Tradition* (pp. 328–336). Oxford: Blackwell.

Lamarque, P., & Olsen, S. H. (2004). The philosophy of literature: pleasure restored. In: P. Kivey (Ed.), *The Blackwell Guide to Aesthetics* (pp. 195–214). Oxford: Blackwell.

Langer, S. (1942). *Philosophy in a New Key*. Cambridge, MA: Harvard University Press.

Langer, S. (1953). *Feeling and Form*. London: Routledge.

Langer, S. (1957). *Problems of Art*. New York: Scribner.

Longinus (1965). *On the Sublime (ca 50BC)*. In: *Classical Literary Criticism*, T. S. Dorsch (Trans.). Harmondsworth: Penguin.

Maclagan, D. (2001). *Psychological Aesthetics*. London: Jessica Kingsley. MacLeish, A. (1960). *Poetry and Experience*. London: Bodley Head.

Margolis, J. (1962). *Philosophy Looks at the Arts*. New York: Scribner. Marvell, A. (1952) [1681]. *Poems*, H. MacDonald (Ed.). London: Routledge.

Meltzer, D. (1967). *The Psychoanalytical Process*. Strath Tay, Perthshire: Clunie Press.

Meltzer, D. (1973). *Sexual States of Mind*. Strath Tay, Perthshire: Clunie Press.

Meltzer, D. (1975). *Explorations in Autism*. Perthshire: Clunie Press. Meltzer, D. (1978a). *The Kleinian Development*, 3 Vols. Strath Tay, Perthshire: Clunie Press.

Meltzer, D. (1978b). Introduction. In: D. Meltzer & E. O'Shaughnessy (Eds.), *Collected Papers of Roger Money-Kyrle*. Strath Tay, Perthshire: Clunie Press.

Meltzer, D. (1983). *Dream Life*. Strath Tay, Perthshire: Clunie Press. Meltzer, D. (1986). *Studies in Extended Metapsychology: Clinical Applica-tions of Bion's Ideas*. Strath Tay, Perthshire: Clunie Press.

310 REFERÊNCIAS

Meltzer, D. (1987). Portrait. In: M. H. Williams (Ed.), *The Collected Papers of Martha Harris and Esther Bick*.

Meltzer, D. (1989). Mattie as an educator. *Quaderni di Psicoterapia Infantile No. 18* (pp. 10–11). Rome: Borla.

Meltzer, D. (1992). *The Claustrum*. Strath Tay, Perthshire: Clunie Press.

Meltzer, D. (1994a). Three lectures on W. R. Bion's *A Memoir of the Future* (1985). In: A. Hahn (Ed.), *Sincerity: Collected Papers of Donald Meltzer* (pp. 520–550). London: Karnac.

Meltzer, D. (1994b). 'The diameter of the circle' in Bion's work (1980). Reprinted in: A. Hahn (Ed.), *Sincerity: Collected Papers of Donald Meltzer* (pp. 469–474). London: Karnac.

Meltzer, D. (1994c). Does Money-Kyrle's concept of "misconception" have any unique descriptive power? (1981). Reprinted in: A. Hahn (Ed.), *Sincerity: Collected Papers of Donald Meltzer* (pp. 496–513). London: Karnac.

Meltzer, D. (1994d). Temperature and distance as technical dimensions of interpretation (1976). In: A. Hahn (Ed.), *Sincerity: Collected Papers of Donald Meltzer* (pp. 374–386). London: Karnac

Meltzer, D. (1994e). Routine and inspired interpretations (1973). Reprinted in: A. Hahn (Ed.), *Sincerity: Collected Papers of Donald Meltzer* (pp. 290–306). London: Karnac.

Meltzer, D. (1995a). Thought disorders. Unpublished lecture.

Meltzer, D. (1995b). Talk on Bion's grid. In: C. Mawson (Ed.), *Bion Today*. Routledge (in press).

Meltzer, D. (1997a). Concerning signs and symbols. *British Journal of Psychotherapy, 14*(2): 175–181.

Meltzer, D. (1997b). The evolution of object relations. *British Journal of Psychotherapy*, *14*(1): 60–66.

Meltzer, D. (2003). Good luck. In: D. Meltzer, with R. Castellà, C. Tabbia, & L. Farré, *Supervisions with Donald Meltzer* (pp. 315–324). London: Karnac.

Meltzer, D. (2005a). Thought disorder: a distinct phenomenological category? *British Journal of Psychotherapy*, *21*(3): 417–428.

Meltzer, D. (2005b). Creativity and the countertransference. In: M. H. Williams (Ed.), *The Vale of Soulmaking* (pp. 175–182). London: Karnac.

Meltzer, D. (2005c). Foreword: Psychoanalysis acknowledges its poetic forebears and joins the artistic family (1991). Reprinted in: M. H. Williams, *The Vale of Soulmaking* (pp. xi–xix). London: Karnac.

Meltzer, D., & Harris, M. (1994). A psychoanalytical model of the child- in-the-family-in-the-community (1976). Reprinted in: A. Hahn (Ed.), *Sincerity: Collected Papers of Donald Meltzer* (pp. 387–354). London: Karnac.

Meltzer, D., & Stokes, A. (1988). Concerning the social basis of art (1963). Reprinted in: Meltzer & Williams, 1988, pp. 206–226.

Meltzer, D., & Williams, M. H. (1988). *The Apprehension of Beauty: The Role of Aesthetic Conflict in Development, Art and Violence.* Strath Tay, Perthshire: Clunie Press.

Milton, J. (1966). *Poetical Works*, D. Bush (Ed.). London: Oxford University Press.

Milton, J. (1974). *Selected Prose*, C. A. Patrides (Ed.). Harmondsworth: Penguin.

312 REFERÊNCIAS

Mithen, S. (1996). *The Prehistory of the Mind: A Search for the Origins of Art, Religion and Science*. London: Phoenix.

Money-Kyrle, R. (1961). *Man's Picture of his World*. London: Duckworth.

Money-Kyrle, R. (1978). Cognitive development. In: D. Meltzer & E. O'Shaughnessy (Eds.), *Collected Papers of Roger Money-Kyrle* (pp. 416–433). Strath Tay, Perthshire: Clunie Press.

Negri, R. (1994). *The Newborn in the Intensive Care Unit*. Strath Tay, Perthshire: Clunie Press.

Negri, R., & Harris, M. (2007). *The Story of Infant Development*. London: Karnac.

Nordheim, A. (2006). CD cover notes to *The Tempest Suite*.

Oelsner, R., & Oelsner, M. (2005). About supervision: an interview with Donald Meltzer. *British Journal of Psychotherapy*, 21(3): 455–461.

Pater, W. (2005). *The Renaissance: Studies in Art and Poetry* (1893). London: Dover.

Plato (1955). *The Republic*, H. D. P. Lee (Trans.). Harmondsworth: Penguin.

Plato (1956). *Protagoras and Meno*, W. Guthrie (Trans.). Harmondsworth: Penguin.

Plato (1975). *Phaedrus* (c. 370 BC), W. Hamilton (Trans.). Harmonds worth: Penguin.

Plato (1987). *Theaetetus*, R. Waterfield (Trans.). Harmondsworth: Penguin.

Podro, M. (2003). Kant and the aesthetic imagination. In: D. Arnold & M. Iversen (Eds.), *Art and Thought* (pp. 51–70). Oxford: Blackwell. Pollock, G. (Ed.) (2006). *Psychoanalysis and the Image.*

Rhode, E. (1994). *The Image in Form*, retrieved from www.pstokes. demon.co.uk.

Rhode, E. (1997). *On Hallucination, Intuition and the Becoming of "O".* New York: ESF.

Rhode, E. (1998). The enigmatic object: the relation of understanding to being and becoming. *Journal of Melanie Klein and Object Relations, 16*(2): 257–272.

Richards, I. A. (1989). *Principles of Literary Criticism.* London: Routledge & Kegan Paul.

Ricoeur, P. (1977). *The Rule of Metaphor: The Creation of Meaning in Language.* Toronto: University of Toronto Press.

Ricoeur, P. (2004). *Memory, History, Forgetting.* Chicago: University of Chicago Press.

Rimbaud, A. (1871). Letter to Georges Izambard, 13 May. Accessed at: Letters known as "Of the Visionary", www.mag4.net/Rimbaud/ DocumentsE1.html.

Rustin, M. (1991). *The Good Society and the Inner World.* London: Verso.

Rycroft, C. (1968). *Imagination and Reality.* London: Hogarth Press. Sanders, K. (2006). Meltzer and the influence of Bion. *British Journal of Psychotherapy, 22*(3): 347–362.

Sandler, P. C. (2005). *The Language of Bion: a Dictionary.* London: Karnac. Sapen, D. (2008). *Freud's Lost Chord* (dissertation, Adelphi University, USA; in press).

314 REFERÊNCIAS

Segal, H. (1957). Notes on symbol formation. *International Journal of Psychoanalysis, 38*: 391–397. Reprinted in: *The Work of Hanna Segal*, New York: Aronson, 1981.

Shakespeare, W. (1964). *The Tempest*, F. Kermode (Ed.). London: Methuen.

Shakespeare, W. (1982). *Hamlet*, H. Jenkins, (Ed.) London: Methuen. Shelley, P. B. (1977). A defence of poetry (1840). In: D. H. Reiman & S. B. Powers (Eds.), *Poetry and Prose*. New York: Norton.

Sidney, P. (2004). The defence of Poesy (1580). In: G. Alexander (Ed.), *Sidney's "The Defence of Poesy" and Selected Renaissance Literary Criticism*. London: Penguin.

Sparshott, F. (2004). Dance: bodies in motion, bodies at rest. In: P. Kivy (Ed.), *The Blackwell Guide to Aesthetics* (pp. 276–290). Oxford: Blackwell.

Spitz, E. (1985). *Art and Psyche: a Study in Psychoanalysis and Aesthetics*. New Haven, CT: Yale University Press.

Stephenson, R. H. (1995). *Goethe's Conception of Knowledge and Science*. Edinburgh University Press.

Stokes, A. (1951). *Smooth and Rough*. London: Faber.

Stokes, A. (1961). *Three Essays on the Painting of our Time*. London: Tavistock.

Stokes, A. (1963). *Painting and the Inner World*. London: Tavistock. Stokes, A. (1965). *The Invitation in Art*. London: Tavistock.

Stone, M. (2006). The analyst's body as tuning fork: embodied resonance in countertransference. *Journal of Analytical Psychology, 51*(1): 109–124.

Tolstoy, L. (1982). *War and Peace*, R. Edmonds (Trans.), 2 Vols. London: Penguin.

Upanishads (1879). M. Muller (Trans.), 2 Volumes. Richmond: Curzon Press. Reprinted 2001.

Williams, M. H. (1982). *Inspiration in Milton and Keats*. London: Macmillan.

Williams, M. H. (1986). "Knowing" the mystery: against reductionism. *Encounter*, *67*: 48–53.

Williams, M. H. (Ed.) (1987b). *Collected Papers of Martha Harris and Esther Bick*. Strath Tay, Perthshire: Clunie Press.

Williams, M. H. (1987c). *A Strange Way of Killing: the Poetic Structure of* Wuthering Heights. Strath Tay, Perthshire: Clunie Press.

Williams, M. H. (1988a). The undiscovered country. In: D. Meltzer & M. H. Williams, *The Apprehension of Beauty: The Role of Aesthetic Conflict in Development, Art and Violence* (pp. 84–133). Strath Tay, Perthshire: Clunie Press.

Williams, M. H. (1988b). Holding the dream. In: D. Meltzer & M. H. Williams (Eds.), *The Apprehension of Beauty* (pp. 178–199). Strathtay, Perthshire: Clunie Press.

Williams, M. H. (1990). Looking with the mind: psychoanalysis and literature. *Encounter*, *74* (May): 33–38.

Williams, M. H. (1994). A man of achievement—Sophocles' Oedipus. *British Journal of Psychotherapy*, *11*(2): 232–241.

Williams, M. H. (1997). Inspiration: a psychoanalytic and aesthetic concept. *British Journal of Psychotherapy*, *14*(1): 33–43.

316 REFERÊNCIAS

Williams, M. H. (1998). The aesthetic perspective in the work of Donald Meltzer. *Journal of Melanie Klein and Object Relations*, 16(2): 209– 218.

Williams, M. H. (1999). Psychoanalysis: an art or a science? *British Journal of Psychotherapy*, 16(2): 127–135.

Williams, M. H. (2005a). The three vertices: science, art, religion. *British Journal of Psychotherapy*, 21(3): 429–441.

Williams, M. H. (2005b). *The Vale of Soulmaking: The Post-Kleinian Model of the Mind*. London: Karnac.

Williams, M. H. (2008a). The hieroglyphics of Catherine: Emily Brontë and the musical matrix. In: S. Hagan & J. Wells (Eds.), *The Brontës in the World of the Arts* (pp. 81–99). Aldershot: Ashgate.

Williams, M. H. (2008b). The role of incantation: life drawing as an analogue to psychoanalytic process. *The Psychoanalytic Review*, 95(3): 463–472.

Williams, M. H. (2008c) A post-Kleinian model for aesthetic criticism. *PsyArt Online Journal*. http://www.clas.ufl.edu/ipsa/ journal/ 2008_williams01.shtml

Williams, M. H. (2009). Psychoanalysis as an art form. *British Journal of Psychotherapy*, 25(3): 381–392.

Williams, M. H., & Waddell, M. (1991). *The Chamber of Maiden Thought*. London: Routledge.

Winnicott, D. (1971). *Playing and Reality*. London: Tavistock.

Woodhouse, C. M. (1982). How Plato won the west. In: M. Holroyd (Ed.), *Essays by Divers Hands: Transactions of the Royal Society of Literature* XLII. Woodbridge, Suffolk: Boydell Press.

Woolf, V. (2002). *Moments of Being; Autobiographical Writings.* London: Pimlico.

Wordsworth, W. (1979). *The Prelude: 1799, 1805, 1850.* J. Wordsworth, M. H. Abrams & S. Gill (Eds.). New York: Norton.

Yeats, W. B. (1982) [1933]. *Collected Poems.* London: Macmillan.

Índice

alegoria, 112, 113, 161

alfa

    elementos, 237, 278

    função, 45, 57, 144, 166, 177, 184, 278, 279

ansiedade, 54, 127, 216, 221, 281

Aristóteles, 27, 32, 33, 36, 94, 95, 100, 187

auto

    análise, 51, 89, 103, 121, 284, 300

    conhecimento, 14, 45, 49, 79, 116, 141, 188, 192, 227

Bacon, F., 53, 116, 303

Baumgarten, A. G., 19

Beardsley, M., 302, 303

Bela Adormecida, 9, 13, 24, 25, 107, 117, 121, 149, 165, 167, 178, 179, 189, 205, 212, 226, 243, 251, 256, 261, 262, 296

Bernstein, L., 246, 303

Bick, E., 67, 245, 287, 289, 290, 301, 307, 310, 315

Bion, F., 303

Bion, W. R., 3, 4, 9, 13-18, 20-29, 31-33, 35-50, 52-63, 65, 66, 70, 72-74, 78-83, 85-88, 90-105, 107-111, 113-115, 117-123, 125, 128, 130, 135, 140, 142, 143, 144, 146-157, 161-163, 165-168, 173, 176, 178, 179, 184, 189, 190, 192, 198, 199, 209-212, 217, 224-229, 232-235, 237-239, 243-245, 247-252, 256-275, 277-280, 283-287, 291, 293-296, 298-301, 303, 304, 307, 309, 310, 313

Blake, W., 19, 39, 41, 42, 58, 59, 81-86, 88, 95, 104, 112, 124, 130, 133, 146, 214, 231, 269, 299, 304

Borges, J. L., 208, 231, 256, 273, 304

Brontë, E., 96, 98, 99, 136-139, 155, 156, 162, 233, 246, 305, 316

    O Morro dos Ventos Uivantes, 98, 289

Byron, G. G., 116, 232-245, 287, 296, 305

capacidade negativa, 80, 297

Caro, A., 232

Cassirer, E., 17, 20, 299, 305

320 ÍNDICE

Catan, J. R., 161, 305
cesura, 27, 47, 97, 98, 119, 122, 123, 125, 127, 128, 168, 215, 237, 261
ciência prometeica, 36, 37, 74
Clark, K., 218-220, 305
Claustrum, 65, 67, 83, 84, 130, 138, 294, 298, 310
Cleópatra, 59
Clínica Tavistock, 105, 285
Coleridge, S. T., 20, 38, 41, 52, 58, 60, 79, 81, 83, 110-113, 115, 116, 128, 143, 161, 163, 231, 246, 255, 256, 262, 265, 274, 279-281, 299, 305, 306, 308
Collins, C., 213
consciência, 13, 14, 43, 51, 52, 94, 115, 116, 141, 143, 157, 182, 184, 186, 203, 233, 235, 238, 253, 257, 271, 300
    Ver também: inconsciência
contenção, 146, 254
contratransferência, 22, 34, 122, 151, 162, 163, 210, 220, 223, 225, 226, 228, 248-250, 254, 256, 259, 263, 264, 278, 296
    Ver também: transferência
Cristianismo
    Ver: Deus
Croce, B., 21, 229
crueldade, 146, 147, 151-156, 192

da Vinci, L, 78, 211
Dante, 130-133
Davy, H., 41
depressiva, 66, 71, 74, 104, 121, 135, 156, 159, 204, 247, 273, 296, 297
    dor, 47, 48, 55, 66, 73, 78, 79, 96, 114, 123, 127, 148, 158, 168, 170-172, 174, 175, 177, 178, 189, 196, 197, 204, 242, 244, 270, 276, 287, 296-298, 300

posição, 66, 71, 74, 98, 104, 135, 156-159, 201, 222, 247, 248, 260, 273, 300
desenho de modelo vivo, 7, 15, 210, 212, 213, 216, 219, 220, 222, 223, 225
Deus, 17, 39, 59, 70, 85, 86, 120, 155, 206, 224, 260, 268, 280
Dickinson, E., 234, 235, 306
Diderot, D., 19
Donne, J., 45, 46, 154, 259, 260, 264, 265, 306

Édipo, 59, 73, 100-102
elemento(s)-beta, 40
Eliot, T. S., 50, 182, 215, 298, 304, 306
esquizoparanoide, 71, 98, 216, 273
estética, 11, 13-17, 19-24, 27, 34, 36, 42, 45, 48, 55, 57, 62, 63, 65-67, 69, 80, 81, 85, 93, 95, 96, 100, 103, 104, 107, 108, 115, 122, 128, 132, 139, 140, 141, 146, 149, 152, 169, 179, 208, 210, 214, 218, 220, 226, 231, 238, 239, 249, 252, 255-257, 272, 273, 276, 279, 299, 300
    conquista, 11, 13-17, 19, 20-24, 27, 34, 36, 42, 45, 48, 55, 57, 62, 63, 65-67, 69, 80, 81, 85, 93, 95, 96, 100, 103, 104, 107, 108, 115, 122, 128, 132, 139, 140, 141, 146, 149, 152, 169, 179, 208, 210, 214, 218, 220, 226, 231, 238, 239, 249, 252, 255-257, 272, 273, 276, 279, 299, 300
    conceito, 11, 231, 300
    conflito, 16, 48, 57, 252, 257
    crítica, 14, 42, 210, 300
    desenvolvimento, 22, 45, 69, 238
    dimensão, 14, 42, 210, 300
    experiência, 22, 45, 69, 238
    objeto, 55, 85, 140
    organização, 55, 85, 140

MEG HARRIS WILLIAMS 321

reciprocidade, 17, 103, 128, 276

fantasia, 103, 113, 136, 137, 170, 175, 222, 237, 257, 265

filhas de Beulah, 88, 231

Flaubert, G., 118

Forster, E. M., 98

Freud, S., 22-25, 34, 65, 93, 100, 113, 153, 163, 168, 209, 233, 235, 244, 278, 281, 294, 299, 313

Galileu, 40, 41, 42, 45, 321

Gaut, B., 26, 306

Goethe, J. W., 20, 305, 314

Golding, W., 103, 306

Grade de Bion, 24, 28, 81

    G, 57, 63, 199, 281, 303-305, 307, 313, 314

    H, 72, 96

    -H, 79

    K, 72, 96

    -K, 79, 81

    L, 72, 96

    -L, 79

    O, 23, 27, 46, 71, 79, 87, 89, 91, 93, 118-120, 124, 135, 149, 198, 229, 239, 255, 259, 260, 262, 264, 274, 277, 292

Grapelli, S., 246

Grosskurth, P., 289, 306

Grotstein, J., 28, 280, 307

Harris, M., 3, 4, 11, 16, 20, 27, 56, 61, 67, 70-72, 76, 77, 89-91, 96, 97, 104, 105, 121, 125-128, 143, 145, 148-150, 160, 161, 165, 166, 211, 235, 236, 240, 241, 243, 247, 248, 263, 266, 269, 270, 276-278, 280, 285, 289, 292, 293, 299, 301, 307, 310-312, 315

Harris, R. J., 11, 16, 27, 71, 72, 76, 96, 125, 143, 145, 149, 211, 235, 240, 285

Hazlitt, W., 58, 129, 175, 307

Herbert, G., 87, 100, 104, 307

Hoare, M., 213

Hobbes, T., 132, 307

Holmes, R., 20, 308

Homero, 39, 40, 260, 278

homo sapiens, 69

Hulks, D., 212, 308

Ideia, 24, 84, 118, 119, 167, 210, 214, 215, 218, 231, 251, 267, 275, 276, 288

inconsciência, 238

inspiração, 17-19, 31, 33, 39, 51, 56, 87, 91, 108, 117, 120, 123, 128-135, 137-142, 169, 184, 190, 191, 206, 207, 218, 272, 276, 289, 292, 300

    poética, 276

interpretação, 14, 19, 36, 37, 55, 57, 72, 93, 103, 114, 119, 152, 232, 242, 245, 247, 248, 250, 258, 261, 266, 278, 279, 295

introjeção, 52, 121, 139, 165

    Ver também: projeção

intuição, 25-27, 33, 34, 42, 60, 154, 155, 167, 229, 233, 256, 258, 260

Jain, N., 18, 308

Johnson, S., 18, 306, 308

Kant, I., 19, 25, 28, 83, 256, 305, 313

Keats, G., 3, 4, 20, 25, 29, 39, 40, 41, 46, 54-58, 62, 63, 66, 72, 74, 79, 80, 81, 84, 85, 88, 90, 113, 114, 121, 124, 129, 130, 133, 135, 139, 140, 144, 153, 157, 158, 162, 166, 167, 168, 170-172, 174, 178, 180, 190-193, 195, 196, 198-201, 203-209, 214, 216, 228, 231, 234, 239, 247, 248, 250-252, 254, 257, 269, 274, 278,

280, 281, 287, 295-297, 299, 301, 302, 305, 308, 315

Belle Dame, 185, 231

Fall of Hyperion, 130, 196, 200, 203, 239, 247, 296, 302

Ode ao Outono, 167, 193-200, 203, 204, 207

Ode a um Rouxinol, 166-168, 186, 187, 208

Ode sobre uma Urna Grega, 166-168, 178

Ode à Psiquê, 167, 176, 185, 191, 192, 205

Keats, J., 305, 308

Kierkegaard, S., 101, 134, 149, 152, 308

Klein, M., 8, 15, 23, 24, 37, 49, 73, 237, 245, 288, 294, 303, 306, 313, 316

Lamarque, P., 27, 256, 306, 308, 309

lamento, 177, 197, 204

Langer, S., 17, 21, 34, 96, 111, 113-119, 151, 174, 179, 181, 214, 215, 224, 229, 231, 246, 256, 262, 265, 266, 270, 274, 299, 309

linguagem de consecução, 81, 166, 208, 247, 258, 271

Maclagan, D., 257, 309

MacLeish, A., 152, 309

Marvell, A., 107, 108, 128, 309

Meltzer, D., 3, 4, 8, 9, 14-17, 21-26, 28, 29, 31-33, 35-37, 39, 42, 48, 49, 51-55, 57, 62, 63, 65-71, 73, 74, 79, 81, 83, 86, 91-94, 97, 98, 104, 105, 109, 110, 118, 120, 121, 128, 130, 142, 144-146, 148-158, 162, 163, 209, 225-231, 233-235, 237, 238, 244-250, 252, 258, 260, 262, 265-267, 269, 270, 272-275, 277, 278,

285, 287-289, 292, 293, 295-301, 307, 309-313, 315, 316

Melville, H., 252

memória, 27, 39, 47, 56, 62, 66, 87, 89, 149, 150, 158, 162, 166, 197, 205, 206, 251, 261, 263, 265, 266, 288, 301

metáfora, 23, 24, 60, 85, 87, 88, 102, 103, 107, 112, 113, 152, 153, 170, 217, 225, 235, 267, 275, 276

Meurle-Hallberg, K., 226

Michelangelo, 58, 218

Milton, J, 20, 29, 38, 39, 40-43, 46, 55, 59, 67, 79, 81-83, 87, 88, 91, 96, 97, 107, 119, 129, 131-134, 138, 140, 144, 151, 153, 154, 159, 165, 172, 174, 187, 193, 196, 199, 200, 205, 218, 222, 254, 268, 276, 297, 299, 311, 315

Paraíso Perdido, 199

Mithen, S., 60, 312

mito, 23, 26, 55, 100, 111, 135, 196

modelo da mente, 14, 24, 32, 62, 93

Money-Kyrle, R., 16, 17, 25, 27, 49, 52, 53, 68, 88, 89, 108, 109, 116, 139, 140, 141, 159, 162, 190, 222, 256, 287, 288, 296, 309, 310, 312

mudança catastrófica, 45, 58, 65, 66, 78, 81, 90, 93-100, 102, 110, 115, 119, 123, 124, 133, 135, 142, 146, 149, 152, 154, 156, 206, 297, 298

mundo, 16, 22-24, 26, 32, 42, 49, 52, 54, 55, 59, 66, 69, 70, 72, 74, 75, 78, 84-86, 92, 103, 107, 109-111, 115, 116, 124, 132, 134, 138, 139, 141, 147, 157, 158, 163, 165, 171, 178, 179, 186, 189, 190, 193-195, 198, 199, 203, 207, 209, 211, 212, 215, 216, 219, 221, 222, 224, 232, 238, 247, 254, 255, 258, 262, 277, 278, 285, 287, 296-298

externo, 109, 110, 165, 178, 297

interno, 109, 277

real, 109

musa, 16, 107, 119, 130-135, 144, 163, 172, 174, 176, 177, 191, 192, 195, 196, 198-200, 203-206

narcisismo, 59

Negri, R., 56, 247, 278, 312

Newton, I., 41, 123, 305

Nordheim, A., 239, 312

objetividade, 179, 252

objeto(s)

    bom, 216, 296, 297

    combinado, 66, 70, 80, 107, 120, 153, 154, 156, 244, 267

    de arte, 69, 254-257

    de nutrição, 142, 144, 145

    interno, 32, 116, 122, 128, 139, 145-147, 153, 178, 262, 264

    parcial, 234

Oelsner, M., 249, 266, 312

Oelsner, R., 249, 266, 312

Olsen, S. H., 27, 306, 308, 309

onipotência, 36, 39, 52, 86, 94, 130, 145, 223

Palinuro de Virgílio, 73, 78, 107, 151

Platão, 19, 23, 26, 33, 42, 46, 94, 109, 116, 134, 135, 140, 180, 211, 297, 299

Podro, M., 19, 257, 313

Poincaré, H., 93

projeção, 52, 74, 75, 126, 128, 135, 138, 158, 162, 172, 269

projetiva

    identificação, 39, 74, 278

    introjetiva, 278

realidade

    (para) além, 97, 108, 120, 122

externa, 109, 165, 231

fundamental, 89, 119, 261, 272

interna, 109

psíquica, 15, 32, 58, 108, 111, 132, 139, 141, 153, 155, 232

Rhode, E., 182, 278, 313

Richards, I. A., 279, 313

Ricoeur, P., 27, 161, 261, 313

Rimbaud, A., 145, 313

Rousseau, J. J., 17, 18, 101, 305

Rustin, M., 302, 313

Rycroft, C., 279, 313

Sandler, P. C., 313

Sapen, D., 246, 259, 279, 313

satanás, 40, 42, 67, 154

Segal, H., 111, 314

Shakespeare, W., 75, 79, 80, 98, 108, 159, 179, 198, 199, 205, 207, 230, 235, 237, 244, 247, 257, 271, 274, 299, 301, 314

    A Tempestade, 138, 230, 237

    Hamlet, 54, 75, 76, 85, 97, 125, 189, 273, 314

    Macbeth, 108, 123

    Otelo, 68

    Rei Lear, 56, 153, 274

Sharpe, E., 229

Shelley, P. B., 101, 115, 117, 132, 143, 296, 302, 314

Sidney, P., 59, 314

símbolo

    formação, 23, 48, 59, 111, 123, 128, 208, 210, 230

    criação, 111, 115, 190, 222, 232

Sócrates, 116, 135, 136, 287

sonho, 57, 58, 87, 99, 101, 153, 167, 178, 200-202, 206, 209, 225, 229-233, 237-241, 243-246, 248-251, 257-259, 261, 272, 280, 285, 292, 300

324 ÍNDICE

devaneio, 265
vida (onírica), 229, 233, 237, 238, 246
Sparshott, F., 21, 215, 314
Stephenson, R. H., 20, 314
Stokes, A., 11, 172, 182-184, 187, 190, 208, 213, 214, 216-219, 221, 224, 225, 252-256, 296, 297, 299, 300, 308, 311, 314
Swift, J., 18

Tolstoy, L., 315
transferência, 22, 23, 34, 48, 60, 89, 111, 122, 123, 146, 155, 158, 162, 220, 223, 226, 228, 259, 262, 263, 265, 266, 281, 296
Ver também: contratransferência
turbulência, 76, 78, 79, 90, 97, 98, 102, 119, 123, 128, 158, 166, 210, 211, 212, 217, 233, 235, 270
Turner, J. M. W., 254

Upanishads, 111, 315

Vermeer, J., 44, 272
vértice(s)
religioso, 36, 43, 44, 60, 62, 74, 120, 121, 143, 153, 158, 167, 178, 189, 191, 192, 198, 199, 208, 244, 275, 298
científico, 36, 39, 44, 58, 60, 122, 178
único, 32, 41, 61, 86, 89, 104, 121, 148, 210, 228, 243
três, 74, 120, 167, 178

Waddell, M., 82, 110, 295, 316
Whitehead, A. N., 17, 111, 299
Williams, M. H., 3, 4, 7, 15, 20, 29, 35, 42, 51, 54, 62, 63, 67-70, 75, 81, 82, 90, 110, 111, 124, 128, 145, 151, 157, 162, 163, 167, 228, 229, 231, 252, 262, 265, 269, 295, 298, 299, 301, 302, 307, 310, 311, 315, 316
Wimsatt, W. K., 302, 303
Winnicott, D., 69, 114, 161, 316
Wittgenstein, L., 17, 21, 49, 299
Woodhouse, C. M., 19, 207, 208, 316
Woolf, V., 284, 317
Wordsworth, W., 52, 67, 79, 96, 133, 138, 139, 162, 237, 262, 296, 299, 317

Yeats, W. B., 215, 274, 317

GRÁFICA PAYM
Tel. [11] 4392-3344
paym@graficapaym.com.br